法治中国建设丛书

上海市中国特色社会主义理论体系研究中心
上海市社会科学界联合会　编

探索中的法治道路

沈国明　著

上海人民出版社

前　　言

　　呈现在读者面前的"法治中国建设丛书",试图写成一套兼顾学术性、知识性、通俗性和适用性,深入浅出,通俗易懂的读物,既受学界欢迎,又为大众喜爱。是否达此目的,留待读者评说。

　　法治中国建设,是坚持和发展中国特色社会主义的本质要求和重要保障,是实现国家治理体系和治理能力现代化的必然要求。中国共产党十八届四中全会作出关于全面推进依法治国若干重大问题的决定,对社会主义法治国家建设作出顶层设计,既抓住法治建设的关键,又体现党和国家事业发展全局的要求,开启了建设法治中国的新航程,意义重大而深远。

　　2015年年初,潜心研究依法治国的知名学者、上海市社会科学界联合会党组书记、专职副主席沈国明研究员,提议撰写出版"法治中国建设丛书",为推进全面依法治国贡献上海学者的智慧。此提议得到上海市中国特色社会主义理论体系研究中心、上海市社会科学界联合会的大力支持,得到沪上法学界、政治学界知名专家的热烈响应。上海市社会科学界联合会、上海市中国特色社会主义理论体系研究中心给予研究经费和出版经费资助,组织"法治中国建设丛书"策划会议,形成"法治中国建设丛书"架构。沪上法学、政治学领域11位著名学者:沈

1

国明、何勤华、郝铁川、叶青、郑成良、桑玉成、季卫东、孙笑侠、陈金钊、李瑜青、崔永东分别担任11个研究课题的首席专家。通过两次首席专家研讨会,形成了丛书的定位、撰写理念和基本要求。

"法治中国建设丛书"旨在以党的十八届四中全会精神为指导,深入客观地研究分析法治建设的重大理论和现实问题,为从法治上解决党和国家事业发展面临的一系列重大问题的制度化方案提供智力支撑,为推进全面依法治国、建设法治国家贡献智慧和思想,也试图为构建中国特色法学学科体系和话语体系积累经验。

"法治中国建设丛书"共有11种著作,每一种著作选择和聚焦一个方面的重大理论和实践课题。丛书重点研究了法治道路和法治体系、依宪治国、国家治理、法治政府、司法改革、法治社会、法治与德治、法治思维、法治与改革、党的领导与法治、法治队伍建设与法治人才培养等法治中国建设的时代课题,形成了内在逻辑联系紧密的、比较系统回答法治中国建设的系列著作。

"法治中国建设丛书"11种著作中,有9种在2015年底、2016年上半年就出版面世了。《探索中的法治道路》和《法治政府的理论、制度与决策》两书完稿在中国共产党的十九大召开后,吸收了十九大报告中关于建设中国特色社会主义法治体系、建设社会主义法治国家、坚持全面依法治国、深化依法治国实践等重要思想,体现了习近平新时代中国特色社会主义思想对法治中国建设的新精神和新要求。前9种著作前言写于2015年12月,这两种著作的前言,根据内容和完稿日期,前言内容中必须补充上述说明,因此,前言的写作日期为2017年12月。

参加"法治中国建设丛书"撰写的作者除首席专家外,也都是在法学、政治学领域某个方面有造诣的学者。丛书作者立足我国国情,立足社会主义法治建设实际,立足实现全面建成小康社会目标和各领域改革发展对提高法治水平的要求,从有利于坚持党的领导、坚持中国特色社会主义制度、贯彻党的十八大、十八届三中、四中全会以及十九大的精神出发,直面我国法治建设领域的突出问题,直面人民群众呼声和社会关切,直面改革攻坚期和深水区面临的难题,努力做到眼界开阔、求真出新、讲究逻辑,深入论证阐释党提出的全面推进依法治国一系列新观点、新论断、新举措,深入研究法治建设的重大理论和实践问题,深度揭示该课题领域的法治科学难题,丰富和发展法治建设理论。有的书稿还凝聚了审读专家的智慧。应该说"法治中国建设丛书"的每一种都是作者的倾力之作。

"法治中国建设丛书"的研究撰写,得到时任中共上海市委常委、宣传部部长、上海市中国特色社会主义理论体系研究中心主任徐麟,以及现任中共上海市委常委、宣传部部长、上海市中国特色社会主义理论体系研究中心主任董云虎的热情关怀和支持。时任市委宣传部副部长、上海市中国特色社会主义理论体系研究中心常务副主任李琪和现任市委宣传部副部长、上海市中国特色社会主义理论体系研究中心常务副主任、市社联党组书记燕爽,对丛书的研究撰写给予了具体指导。卸任市社联党组书记的沈国明研究员,不仅担任一个课题的首席专家,而且还是丛书的主要策划人。时任市委宣传部理论处处长、上海市中国特色社会主义理论体系研究中心秘书长季桂保,上海市中国特色社会主义理论体系研究中心副秘书长李明灿、市社联科研处处长金红,具体负责丛书的组织工作。

"法治中国建设丛书"能够如此快地、完整地面世,还得益于上海人民出版社副总编辑曹培雷和法律与文史读物编辑中心汪娜编辑的热忱帮助和通力合作。对所有在成书过程中给予的帮助不胜感激。

2017 年 12 月

目　　录

导　　论

习近平总书记在党的十九大报告中强调:"全面依法治国是中国特色社会主义的本质要求和重要保障。""法者,天下之程式也,万事之仪表也。"这些都是根据中国发展的历史,总结中国法治建设曲折发展道路之后得出的结论。在此之前,党的十八大明确提出,全面推进依法治国,加快建设社会主义法治国家,并对法治建设作出重大部署。党的十八大以来,以习近平同志为核心的党中央从实现国家治理体系和治理能力现代化的高度治国理政,坚定不移地推进全面依法治国,在实践中丰富和发展了社会主义法治理论,使社会主义法治国家建设的方向和道路日益明确。

一、由人治走向法治

1949 年 2 月 28 日,中共中央发布了《关于废除六法全书与确定解放区司法原则的指示》,宣布废除国民党六法全书及其一切反动法律。中华人民共和国成立以后,开始初步创设社会主义法制,以期建立起社会主义法律秩序。1950 年颁布了《婚姻法》;1951 年颁布了《惩治反革命条例》《妨害国家货币治罪暂行条例》;1952 年颁布了《惩治贪污条例》。1954 年经过全民讨论,第一届全国人民代表大会第一次会议通过了《中华人民共和国宪法》，以及《中华人民共和国全国人民代表大会组织法》等五部组织法。当时，也抓其他法律的制定，1950 年，刑法典的起草准备工作就开始了，中央人民政府法制委员会专门成立了刑法大纲起草委员会，并于当年草拟了《中华人民共和国刑法大纲草案》，到 1954 年 9 月，又草拟出《中华人民共和国刑法指导原则草案》（初稿）。1955 年 3 月 30 日，时任政务院政法委分党组书记、政法委副主任的彭真在党的全国代表会议上发言说：国家已经进入正常管理时期，迫切要求加强立法工作、司法工作，健全司法机关，并且在人民群众中，首先在干部、党员中进行守法教育，使党员、干部成为遵守法律的模范。工人阶级及其政党服从法律，就是服从自己的阶级意志。那种认为遵守国家的法律是束缚我们手脚，感到不方便、不称心的思想是完全错误的。①

1956 年，党的第八次全国代表大会上，确定了我国社会主要矛盾是"先进的社会主义制度同落后的社会生产之间的矛盾"。但是，不久，毛泽东便认为，这个判断有问题。1957 年在党的八届三中全会上，毛泽东提出："在整个过渡时期，在社会主义社会建成以前，无产阶级同资产阶级的斗争，始终是我国内部的主要矛盾。"1958 年 5 月 5 日召开的党的八大二次会议上，改变了党的八大对我国社会主要矛盾的正确分析，认为当前我国社会的主要矛盾仍然是无产阶级同资产阶级、社会主义道路同资本主义道路的矛盾。这对社会主要矛盾产生了误判，致使党的八大确定的正确判断和方针政策没有坚持和贯彻下去。

与党对社会主要矛盾认识的变化相一致，党对法治建设的认识也有反复。实际上，从 1957 年"反右"扩大化开始，法治建设就基本停顿了。从 1953 年到 1957 年反右派运动开始前的这段时间，是新中国司

---

① 《彭真传》，中央文献出版社 2012 年版，第 869 页。

法制度的探索和初创时期,尽管制度上、工作上还有不少缺陷,司法制度的框架已经搭建起来。至1955年6月,除边疆地区的法院外,绝大多数人民法院对人民法院组织法规定的公开审判、陪审、合议、辩护、回避等制度,已经基本贯彻执行。检察工作、公安工作尽管还有不少缺陷,但也已开始步入制度化轨道。

　　但是,随着1957年反右派斗争的开始,形势便发生了逆转。在反右派、随后的1958年"大跃进"及以后的几年中,使"左"的错误蔓延开来。1958年6月至8月,第四届全国司法工作会议对董必武的法治思想和主张进行了不点名的错误批判。在当年8月24日中央政治局常委和各协作区主任会议上,毛泽东说:"法律这个东西,没有也不行,但我们有我们这一套,调查研究,调解为主。不能靠法律治多数人,多数人要靠养成习惯。我们每个决议都是法。治安条例也靠养成了习惯才能遵守,成为社会舆论。"在"左"的思潮下,法治是被摒弃的。严格"依法办事"的法治原则被批判为"以法抗党"、"束缚自己对敌斗争手脚的绳索"的"资产阶级法律观点",法院"独立审判"原则被批判为"反对党的领导"、"向党闹独立性"。司法部党组被打成反党集团,随后司法部被撤销,律师制度也被取消。公、检、法"联合办案","一长代三长","下去一把抓,回来再分家",成了正常的办案方式,刚刚建立起来的司法制度遭受严重破坏。①

　　虽然在1962年3月毛泽东曾针对立法工作指出:不仅刑法要,民法也需要,现在是无法无天,没有法律不行,刑法、民法一定要搞。但是,却没有将立法工作提上议事日程。后经过"四清"运动,加上当时国际国内因素的影响,"左"的思潮达到了一个巅峰,终于引发了"无产阶

---

　　① 参见《彭真传》,中央文献出版社2012年版,第890页。

级文化大革命",中国的法制建设遭受重创。

　　1978 年召开的党的十一届三中全会,总结了中华人民共和国成立以来的历史经验教训,特别是"文化大革命"破坏法制、践踏人权,给国家和民族造成沉重灾难的惨痛教训,提出:发展社会主义民主,健全社会主义法制,为了保障人民民主,必须加强社会主义法制,使民主制度化、法律化,使这种制度和法律具有稳定性、连续性和极大的权威,做到有法可依、有法必依、执法必严、违法必究。实际上这是提出了社会主义国家法治建设的基本原则和基本方向,为以后将"依法治国,建设社会主义法治国家"作为治国方略提供了思想来源。由此,我国的民主法治建设掀开了新篇章。

　　党的十一届三中全会之后,我国的法制开始进入恢复和重建阶段。1979 年召开的五届全国人大二次会议,制定了七部法律,即《刑法》《刑事诉讼法》《地方各级人民代表大会和地方各级人民政府组织法》《全国人民代表大会和地方各级人民代表大会选举法》《人民法院组织法》《人民检察院组织法》以及《中外合资经营企业法》。这七部法律都是在短短三个月的时间里草拟完成的,在立法史上可谓是个奇迹。中国告别了"无法无天",迈出了社会主义法治建设的关键一步。邓小平评价说:"全国人民都看到了严格实行社会主义法制的希望。这不是一件小事情啊!"[①]

　　《刑法》和《刑事诉讼法》的制定,对惩罚犯罪、维护国家和人民的利益有重大作用,更从保障公民权利的角度,结束了"文化大革命"乱抓乱捕、无法无天的混乱局面。《地方各级人民代表大会和地方各级人民政府组织法》《全国人民代表大会和地方各级人民代表大会选举法》《人民

---

　　① 《邓小平文选》第二卷,人民出版社 1994 年版,第 243 页。

法院组织法》《人民检察院组织法》结束了"文革"期间对国家政体的破坏,重新确立了与人民代表大会制度这个国家根本政治制度相适应的政权组织形式。《中外合资经营企业法》则成为我国向世界打开国门、对外开放的第一份法律宣告书。这七部法律的制定,标志着新时期法制建设拉开了序幕。此后,中国逐步进入了立法快车道。1979 年又恢复了司法部和律师制度,党中央宣布取消党委审批案件的制度。

　　经过四十年的改革开放,我国经历了从人治到法治的转型。1978 年 12 月,邓小平在中央工作会议闭幕会上的讲话提出,现在的问题是法律很不完备,很多法律还没有制定出来。往往把领导人说的话当做"法",不赞成领导人说的话就叫做"违法",领导人说的话改变了,"法"也就跟着改变。他强调,必须使民主制度化、法律化,使这种制度和法律不因领导人的改变而改变,不因领导人看法和注意力的改变而改变。①这个讲话阐明了依法治国的思想,明白无误地宣布我国将实现由人治向法治的转变。

二、建立与社会主义市场经济相适应的法律体系

　　党的十一届三中全会前后,党中央认为,要恢复社会秩序,把工作重心转移到经济建设上来,除了迫切需要完善有关国家政权体制的法律、制定有关促进对外开放的法律之外,必须抓紧制定民事法律,规范公民之间、法人之间以及公民与法人之间的民事活动。1978 年 12 月 23 日,邓小平在中央工作会议闭幕会上所作的《解放思想,实事求是,团结一致向前看》的讲话中提出:"国家和企业、企业和企业、企业和个人等等之间的关系,也要用法律的形式来确定;它们之间的矛盾,也有

---

　　① 邓小平:《解放思想,实事求是,团结一致向前看》(一九七八年十二月十三日)。

不少要通过法律来解决。"①

　　但是,制定与经济社会发展相适应的法律不是轻而易举的事。新中国在成立初期,选择计划经济体制,这是由当时特定的社会历史条件决定的。为了稳定物价,克服财政困难,当时我党提出并实行统一财经工作的方针,并且强调高度的集中统一。在党的七届三中全会以后,初步形成了计划经济体制的决策结构,在国家的集中统一领导下,以制定指令性计划的形式,对国民经济各方面开始实行全面的计划管理,计划经济体制已初步形成。计划经济体制进一步健全并得到法律的确认。

　　新中国成立后,我国存在着先进的政治制度与落后的经济、文化发展水平的矛盾。高度集中的指令性计划,集中全国资源、资金和劳动力,很快建成了社会主义应该具备的物质基础。1957年,全国工业总产值比1952年增长128.6%,农业总产值增长25%,高等院校由181所增加到229所。资源、资金的大量投入,取得了工业规模的快速发展,但是,经济发展是粗放型的,劳动效率也比较低,经济效益差,企业缺乏竞争力,农业生产相对滞后,轻工业发展缓慢。当经济发展到必须由规模扩张转变为经济效益提高时,大批国营企业出现了停滞不前的状况。1958年至1960年,我国实施急于求成的冒进战略,造成国民经济比例严重失调,经济效益急剧下降。"文革"期间又重犯"左"的错误,使经济处于崩溃的边缘,比例失调进一步加剧。

　　在计划经济体制下,企业生产任务是根据国家下达的指令性计划确定的,完全不用考虑市场供应情况。企业生产所需的原材料、能源动力、交通运力供应是由国家调拨的,企业不必去市场采购,事实上也不

---

① 《邓小平文选》第二卷,人民出版社1994年版,第147页。

能由企业自行采购。用工指标和工资标准是国家严格控制的,企业不能自行作主,基本按照计划进行,企业没必要去市场销售,事实上也不能让企业直接去市场销售。在这样的经济体制和不合理的经营机制下,企业与上级主管部门发生纵向的领导与被领导关系,企业与企业之间基本不存在横向的竞争关系,没有优胜劣汰,也没有企业破产和职工失业问题,"大锅饭"、"铁饭碗"、"平均主义"现象严重,严重制约了资源优化配置,束缚生产力的发展,企业缺乏技术进步的压力和动力,以完成计划为己任,最终导致技术和生产落后。

为了保证计划的实现,特别强调计划的刚性,在"计划就是法律"的思路影响下,企业只有执行国家计划的义务,而对不符合企业情况的计划指标没有改变和抵制的权利。除非临近年底,企业实在完不成计划,才被允许修改计划指标。

党的十一届三中全会提出全面改革经济体制的任务,工作重心由以阶级斗争为纲转到发展生产力上来,要从封闭转到开放,从墨守成规转到各方面改革。认识到,经济体制改革的核心问题是正确处理国家与企业的关系、计划与市场的关系,改革的方向是扩大企业自主权,扩大市场与市场机制的调节作用。在此基础上,党中央认为,要恢复社会秩序,把工作重心转移到经济建设上来,除了迫切需要完善有关国家政权体制的法律、制定有关促进对外开放的法律之外,必须抓紧制定民事法律,规范公民之间、法人之间以及公民与法人之间的民事活动。

1978年12月13日,邓小平在中央工作会议闭幕会上所作的《解放思想,实事求是,团结一致向前看》的讲话中提出:"应该集中力量制定刑法、民法、诉讼法和其他各种必要的法律","国家和企业、企业和企业、企业和个人等等之间的关系,也要用法律的形式来确定;它们之间的矛盾,也有不少要通过法律来解决。"①

由于我国长期实行计划经济,用行政手段管理经济和社会,经济和社会中的各类民事活动在改革开放之初还未充分展开,因而民事关系的发展还很不成熟。随着经济体制改革的推进,很多经济和民事方面的关系正在发生变化,但又没有定型,这对制定与经济社会发展相适应的法律带来很大的困难。

改革是以市场为取向的,整个四十年改革过程,是市场因素不断加大的过程。但是,在实行改革开放后的十余年里,经济体制改革的方向并不很明晰,关于以计划经济为主还是以市场经济为主,一直存在争议。

1978—1979 年,在计划与市场的关系上,我国提出了"实行计划经济,但要利用商品交换价值规律",在肯定社会主义经济是计划经济时,不否定社会主义经济同时也具有商品经济的属性;1979 年至 1984 年 10 月,仍坚持"以计划经济为主,市场调节为辅",但明确了恢复市场交换关系的发展方向;1984 年 10 月,党的十二届三中全会通过的《中共中央关于经济体制改革的决定》明确提出,社会主义经济是公有制基础上的有计划的商品经济;1987 年党的十三大进一步提出了"逐步建立起有计划商品经济新体制的基本框架","社会主义有计划商品经济的体制应该是计划与市场内在统一的体制",进一步提出"新的经济运行机制应当是国家调节市场,市场引导企业的机制";1989 年 6 月,提出"计划经济与市场调节的有机结合";1992 年邓小平南方谈话中明确提出:"计划多一点还是市场多一点,不是社会主义与资本主义的本质区别。计划经济不等于社会主义,资本主义也有计划;市场经济不等于资

---

① 《邓小平文选》第二卷,人民出版社 1994 年版,第 146、147 页。

本主义,社会主义也有市场。计划和市场都是经济手段。"从 1992 年开始,我国经济体制改革的目标明确为"建立社会主义市场经济体制"。回溯改革的目标模式逐步清晰的过程,有助于理解:在渐进式改革过程中,要制定价值取向鲜明、可以长久适用的法律是不现实的。

每次对改革目标模式认识的进步,都会释放经济发展的动力,也会对既有法律形成冲击。当时使用频率很高的词汇,如"制度松绑"、"放权"实际都是对法律制度的改变,体现了渐进式改革的明显特点。渐进式改革的基本方式是"摸着石头过河",也就是先选择若干地区或单位进行试点。所谓试点,就是突破既有规则,实行新的方法和规则,试点成功后依据正式程序修改规则,形成新的规则,将成功的经验全面推开。中国的改革之所以成功,与这种改革思路密切相关。几乎在与中国改革相同的时期,苏联改革采用了"休克疗法",结果导致改革失败,苏联解体。

因为是渐进式改革,整个改革过程始终存在理念的冲突、规则的冲突,随着人们对计划与市场的认识逐步趋于深化,经济社会发展对法律制度的要求不断提高,对既有法律也不断发出挑战。为适应经济社会发展的需求,立法理念和价值取向必须与时俱进,使法律制度与改革目标相一致。因此,法律的生命周期是相对短暂的。尤其在 1992 年改革的目标模式被清晰地定为"社会主义市场经济体制"之前,整个 80 年代这种现象很普遍。当时,有关是否应该制定民法通则之争,有关"恶法亦法"是否正确之争,有关"星期日工程师"是否经济犯罪之争,有关实行城市土地使用权有偿出让是否违宪之争,等等,都带有渐进式改革带来的观念更新、规则替代这一新旧交替时期鲜明的时代特征。

以社会主义市场经济为价值取向的改革目标模式清晰之后,与社会主义市场经济相适应的法律体系价值取向也就清晰了。但是,在改革开放大背景下,政治、经济、文化等各方面的情况都在变化,面临着大量新的问题,而且有很多是根本性的问题。要立法,许多解决问题的经验还不成熟,有些问题,从国外可以找到些可借鉴的经验,但不可能找到能够根本解决我们的问题的完整办法。要解决这些问题,必须了解我国国情,基于实际制定管用的法律。

1997年,党的十五大提出,到2010年形成中国特色社会主义法律体系。立法是社会利益博弈的过程,也是各种价值观碰撞的过程,由于价值取向清晰,立法在权利义务配置的过程中,比较能够形成共识,出台有利于社会主义市场经济发展的法律法规。经过近四十年,特别是这二十多年的努力,全国人大及其常委会制定出包括宪法及宪法相关法、民商法、行政法、经济法、社会法、刑法、诉讼与非诉讼程序法等七个门类的现行有效法律270余件,国务院制定的行政法规900余件,地方性法规近万件,再加上自治条例和单行条例,以宪法为核心的中国特色社会主义法律体系已经形成。

在法律体系形成以后,有些改革的方法和路径也应作相应调整,以维护法律的权威。党的十八届四中全会提出,实现立法与改革决策相衔接,做到重大改革于法有据、立法主动适应改革和经济社会发展需要。立法实践条件还不成熟、需要先行先试的,就要按照法定程序作出授权。这样的要求是符合法治国家建设实际的,如果没有这项要求,大家都借改革之名大行突破法律之实,就会使原本并不厚实的法治基础被削弱,距离法治的要求也会更远。

建立中国(上海)自由贸易试验区这项改革的实施,充分体现了重大改革于法有据、需要先行先试的按照法定程序作出授权的精神。《立法法》第十三条规定:全国人民代表大会及其常务委员会可以根据改革发展的需要,决定就行政管理等领域的特定事项授权在一定期限内在部分地方暂时调整或者暂时停止适用法律的部分规定。2013年,全国人大常委会发布《关于授权国务院在中国(上海)自由贸易试验区暂时调整有关法律规定的行政审批的决定》,为上海自贸试验区探索发展提供了法律支持。该决定授权国务院在上海自贸试验区内,对国家规定实施准入特别管理之外的外商投资,暂时调整外资企业法、中外合资经营企业法、中外合作经营企业法规定的有关行政审批。将上述三部法律中有关行政审批给位备案管理,为外资、合资企业发展松绑。

全面用理性的法治来推进改革,反映出对法治的认识已经达到相当高度,说明历史已经进入了一个新时代,全面依法治国进入了新阶段。但是,强调立法与改革决策相衔接,并不意味着不需要改革的精神和勇气了。法律要适应社会主义市场经济,不可能一成不变;建设社会主义法治国家,不可能有一套全面、综合、配套的方案和路径,这意味着改革仍需要探索。中国正在经历急速的发展和变化,面临很多未知,许多难题和矛盾需要通过改革才能解决,解决这些矛盾和难题往往没有现成的办法可供遵循,需要创新,"摸着石头过河"仍是改革不可弃用的成功之道。改革仍将是渐进式的,通过逐个实现阶段性目标,积小胜为大胜,直到最后取得成功。这也决定了在社会主义法律体系形成后,法律仍需要与时俱进,不断适应和满足经济社会发展的需要。可以预见,在今后较长一个时期内,法律的生命周期仍然有限,立、改、废、释的任务仍然艰巨。

当然,其他原因也会导致法律生命周期相对较短。经济社会发展迅猛令既有法律不能满足现实需要,也会促使法律制度变化。关于个人收入调节税起征点的变化很能说明问题。2005年,全国人大常委会就个人收入调节税起征点举行立法听证会,当时的草案设定的起征点是月收入1 500元,经过听证,采纳听证会上的普遍意见,立法将起征点调整为 1 600 元,可是现在,不少地方职工月最低工资线已定在 3 000 元左右了。在 2006 年至今的十二年里,起征点实际上调整了 7 次,2018 年立法将起征点定为 5 000 元。这个例子说明,经济社会发展迅猛是法律生命周期短的原因之一。社会生活中,这样的例子不胜枚举。

法律制度总的发展轨迹是,越来越趋于完善,越来越能够适应和满足经济社会发展的需要;在确认和规范公共权力的同时,越来越注重保障公民权利;在注重效率的同时,越来越关注公平正义;在注重实体法的同时,越来越注重程序法。

三、法治激发经济社会发展的活力

法治对经济发展具有明显的作用,从传统经济向现代经济转型转变,市场化与法治化是相生相伴的。法治作为规制无序市场竞争的有效工具,是一种价值判断。但是,过去人们对法律的认识很片面,往往把法律视作约束人们行为的管制工具,是惩罚罪犯的,最多也只是在市场经济出现混乱时,用来恢复和建立秩序的。现在,全社会观念都在进步,越来越多的人认识到法律积极促进和保护权利的作用,认识到必须靠法治来激发每个个体的积极性,从而保持长期的经济繁荣和社会进步。成熟的市场经济更是根据法律制度让市场在资源配置中发挥决定性作用的经济形态。为建成社会主义市场经济体制,法治建设任重道远。

(一) 计划经济向市场经济转换逼使规则替换

中华人民共和国成立的时候,我国是一个十分贫穷落后的国家,1949 年全国人均收入只有 66 元人民币,大量民众过着吃不饱、穿不暖的生活。为了尽快解决人民的温饱问题,中央提出了"以农业为基础,以工业为主导"的经济发展方针。为了实现快速发展,当时实行计划经济体制,产品统一收购、物资统一调拨、资金统一拨款、劳动力统一分配,金融、外贸国家高度集中管理。这样的计划经济持续了三十年。

计划具有极强的社会规范作用,当时,计划成为社会基本运作规则。为了保障计划的制定和执行,中央人民政府政务院、国务院及有关部门颁布了一系列调整计划关系的法规和规范性文件,如财政经济委员会《国民经济计划编制暂行办法》(1952 年 1 月公布)、国家计划委员会《关于编制国民经济年度计划暂行办法(草案)》(1953 年 8 月 5 日试行)、国务院《关于各部负责综合平衡和编制各该管生产、事业、基建和劳动计划的规定》(1957 年 1 月 15 日发布)、中国共产党中央委员会、国务院《关于改进计划管理体制的规定》(1958 年 9 月 24 日发布)、国务院《关于加强综合财政计划工作的决定》(1960 年 1 月 14 日公布)、《国务院批转国家计划委员会等部门关于编制综合财政信贷计划的报告的通知》(1983 年 4 月 6 日),等等。在实践中,对编制和完成计划做出显著成绩的单位和个人给予奖励;对于由于主观原因造成编制计划上的错误、破坏国民经济综合平衡的,或擅自变更计划、不执行计划的,根据情节轻重和造成损失的大小,追究相关负责人和责任者责任。这些法规对于编制计划、调节计划关系、促进社会生产力的发展,发挥了一定作用,强化了计划作为社会基本运作规则的地位。

计划经济体制下,我们初步建立起了工业体系,但是,高度公有的体制、国家统一配置生产资料和消费资料的模式,以及在对外经济方面走进口替代和自我封闭循环的道路并不成功。中华人民共和国成立后至改革开放前,我国的经济总量占世界 GDP 总量的比例在下降,人均 GDP 水平在世界各国的排名不断后移。从经济总量和人均 GDP 水平看,1952 年,中国 GDP 总量占世界 GDP 总量的比例为 5.2%,1978 年下降为 5.0%。人均 GDP 水平按当时官方高估的汇率计算,也只有

224.9 美元。1948 年,中国人均 GDP 在世界各国排名第 40 位,到了 1978 年中国人均 GDP 在世界各国排名倒数第 2 位,仅是印度人均 GDP 的三分之二。人民生活水平低下,1977 年,全国有 1.4 亿人平均口粮在 300 斤以下,处于半饥饿状态;1978 年,全国居民的粮食和食油消费量比 1949 年分别低 18 斤和 0.2 斤;实际城镇失业率高达 19% 左右,居民食品消费占其总支出的比重,即恩格尔系数,城乡分别高达 56.66% 和 67.71%。家庭轿车普及率几乎为零。居住方面,1978 年,城镇居民人均居住面积仅为 3.6 平方米,农村居民每户平均居住面积仅为 8.1 平方米。整个国家和人民的发展和生活水平,大多数发展和生活指标排在世界各国和地区的第 170 位以外,处于联合国有关部门和世界银行等组织划定的贫困线之下。改革开放前,除了军事工业技术某些方面有一些进展外,科学技术进步总体步伐缓慢,与世界发达国家,包括一些新兴的发展中国家科学技术水平的差距越来越大,落后发达国家四十年左右,落后韩国、巴西等发展中国家二十年左右。

而且,计划经济并没有实现国民经济和社会事业有计划、按比例地发展,没有抗住投资扩张的天性。在计划经济时代,发生过三次大的投资规模膨胀,即资本扩张。第一次是 1958—1960 年的三年"大跃进"。从国家计委到各部门、各地方和各企业,大家都要编制"两本账",导致了全国范围的计划层层加码;第二次是"文化大革命"后期的 1970—1975 年。在"四五计划纲要"上提出大办"五小"、一省一个工业体系、扭转南粮北调和北煤南运;第三次是 1978 年的"大干快上",全国要搞"十来个鞍钢""十来个大庆",由"22 个引进项目"引发了"洋跃进"。这三次投资扩张冲动,追求高速度、高指标,结果是"生产压基建,基建压财政,财政挤银行",最后投资规模失控,逼得"银行发票子"。

改革开放就是起始于这种生存面临危机的背景,我国亟需通过改革和开放,走出发展的困境。回首改革开放的过程,我们可以看出由计划经济向社会主义市场经济转变的清晰轨迹,这个过程也是规则替代的过程。我们摒弃了"计划就是法律"的理念,并且将计划由指令性改为指导性,将五年计划改为五年规划,注重发挥市场对资源配置的决定性作用。

在改革中,形成了公有制为主体、多种经济成分共同发展的格局,建立了市场经济要求的,产权清晰、权责明确、政企分开、管理科学的现代企业制度。也就是用公司制即有限责任公司和股份有限公司制度改组国有企业。企业法人产权关系一旦明确,所谓企业自主经营、自负盈亏,对出资者承担资产保值增值的责任才成为可能。实行现代企业制度的同时,也建立起了科学的管理制度和方法,以及合理的企业领导体制和组织制度。

建立了统一、开放、竞争、有序的市场体系。市场体系包括资本市场、货币市场、劳动力市场、房地产市场、技术市场和信息市场等。其中建立资本市场和劳动力市场经历了思想解放的过程,认识到,没有资本市场,不可能实现对资源的优化配置;人的劳动能力的出让不等于改变劳动者的主人翁地位,发展劳动力市场,才能促进就业矛盾的解决。

建立宏观经济调控体系。政府在宏观调控中发挥作用,是各市场经济发达国家的经验。我国的政府在宏观调控方面也负有责任,但是,应以间接手段为主,不能像计划经济体制下,无论宏观经济问题还是微观经济问题都要管,既管不了,又管不好。经过改革,政府更加注重对社会经济发展的宏观把握,淡化过多、过细的量化指标,更注重经济调节和市场监管,以及在公共服务、生态环境、资源保护、优化发展环境等方面履行公共服务职能。由于政府具有权力扩张的天性,因此,与宏观调控体系建设同步,管束政府的法律法规越来越健全和完善。

在财税体制上,实行了中央和地方之间的分税制。实行分税制,需要法律划清事权,产生了实行法治的内生动力,较为完备的法律制度克服了包干制、分成制的缺陷,形成了稳定性强、较为透明的财政管理体制。分税制有利于走共同富裕的道路,有利于国家统一和团结。至于分税制实施以后存在的问题,要靠全面深化改革和进一步完善法律制度加以解决。总体而言,分税制的实施对经济社会发展产生了重要作用。

建立了以按劳分配为主体,兼顾效率和公平的分配制度。完全改变了以前的分配制度,极大地消除了吃"大锅饭"、"出工不出力"的状况,激发了广大社会成员的工作积极性。邓小平还提出:"要允许一部分地区、一部分企业、一部分工人农民,由于辛勤努力成绩大而收入先多一些,生活先好起来。"①与此同时,制定了社会法领域的一系列法律制度,对以前的用工制度、社会保险制度等进行了较为彻底的改革,陆续建立了与国情相适应,与经济实力相匹配的社会保障、社会救助、社会福利、优抚安置、医疗保险等制度。

在由计划经济向社会主义市场经济转换的过程中,形成了与社会主义市场经济相适应的法律体系,这样的规则体系转换也促进了改革的顺利推进和经济社会发展。但是,在实行社会主义市场经济的情况下,也并不全然否定计划的作用,计划在宏观调控中的功能和作用是必须肯定的。即使社会主义市场经济比较成熟了,在财政、土地利用等方面实行一定的计划,进行国家干预仍然很有必要。宏观调控主要依靠计划、财政、金融三种手段,目前,与这三种手段相关的法律制度已经较为完善,今后,随着各种社会关系日益成熟,政府依法行政水平日益提高,相关的法律制度将日臻完善。

---

① 《邓小平文选》第二卷,人民出版社1994年版,第152页。

（二）市场经济呼唤法治

回溯历史,可以看出,经济社会发展与法治逐步推进呈正相关的关系。经济社会的发展促进了法律的进步和完善,反过来,法律的进步和完善,也促进了经济社会的发展。

在市场经济的早期,法治往往表现为管制,在维护市场秩序和促进市场竞争中发挥过重要作用。近代社会经济史表明,随着市场的逐步扩大,一些曾经有利于市场经济的管制,有可能演变成自由市场竞争的障碍。人们对市场的认识也由此变化,由起先希望通过管制保护自由竞争的市场,而当管制偏多,又企望自由的市场竞争,最终是选择市场与管制互动。例如,美国在19世纪末对运输、电信等行业实施管制,因为受技术条件的限制,供给成本较高,因而供给有限,通过鼓励产业的自然垄断和寡头垄断,可以扩大有效供给,促进经济发展和社会福利提升。经过一段时间,经济发展到了一定的台阶,服务业变得普及,并且由于技术的提升导致服务成本下降,管制渐渐地失灵了,市场的作用渐渐显现出来,在这个过程中,需要法律随之改变。

经过这些实践,人们逐步认识到,法律对于市场,代表着良好秩序、目标引导和保障,同时也是限制、约束。在市场的作用下,法律或是向市场化让步,或是自身更新,以适应和推动经济社会发展。法律与市场机制两者之间的关系是互动且平衡的,如果产生冲突,一种可能是,市场经济的发展水平超越了法律的限定,导致必须修订或废止旧的法律,放松管制,才能促进经济发展;另一种可能是,法律失灵或者存在缺陷,导致管制不严,需要修改法律,进一步加强管制。有效的法律制度应该是在市场和管制不断磨合与匹配中形成的,而且,应当随着外界情况的变化,不断地制定、修改或废止,比较理想的市场化与法治化结合的状态就是这样的。

现代市场经济最关键的元素就是法治,法治可以促成政治平权和法律平权,使得任何权力都受到制约,防止出现原始市场经济常见的反市场力量膨胀却无法遏制的局面,以减少国家动荡,从而达到效率与社会治理稳定的结合,使经济增长的收益惠及每个社会成员。法治对市场经济的作用表现在很多方面:首先,确定市场主体法律地位,保证市场主体在平等、公平、公正、自愿的环境下交易和竞争;其次,保障市场经济运行,包括规范市场主体的交易行为,维护正常的市场交易秩序,营造良好的市场交易环境,等等;再次,保证政府在法律框架内对经济实施有效管理和调控,对社会公平这种靠效率、靠市场化不能达到的目标所需的资源进行配置和供给。

中国的经济改革成功地用法律逐步替换了计划和政府管制,使法治逐步成为经济发展的重要推动力。1978 年 12 月,在为党的十一届三中全会做准备的中共中央工作会议上,邓小平在题为《解放思想,实事求是,团结一致向前看》的重要讲话中说道:"我想着重讲讲发扬经济民主的问题。现在我国的经济管理体制权力过于集中,应该有计划地大胆下放,否则不利于充分发挥国家、地方、企业和劳动者个人四个方面的积极性,也不利于实行现代化的经济管理和提高劳动生产率。"① 他提出:"应该让地方和企业、生产队有更多的经营管理的自主权。"② 并强调:"当前最迫切的是扩大厂矿企业和生产队的自主权,使每一个工厂和生产队能够千方百计地发挥主动创造精神。"③ 不仅如此,经济民主还要落实到劳动者个人,"要切实保障工人农民个人的民主权利,包括民主选举、民主管理和民主监督"。④ 他还提出:"国家和企业、企业

---

① ② 《邓小平文选》第二卷,人民出版社 1994 年版,第 145 页。
③ ④ 同上书,第 146 页。

和企业、企业和个人等等之间的关系，也要用法律的形式来确定；它们之间的矛盾，也有不少要通过法律来解决。"①

在中国实行改革开放之初，经济与社会运行规则仍是适用于计划经济的，并不符合建立市场经济的需要，当时的经济管理体制权力过于集中，制约了国家、地方、企业和劳动者个人四个方面的积极性的发挥。为了使每一个企业成为市场主体，充分发挥出主动创造精神，改革之初的重要措施是大胆下放权力，让地方和企业、农村的生产队有更多的经营管理的自主权，同时，改变了收入分配的平均主义，多劳多得，焕发了劳动者的生产积极性。"松绑""放权"是那时的热词，适应了现代化经济管理和提高劳动生产率的需要。

在破除既有规则的同时，立法需求大增，"市场经济是法制经济""市场经济呼唤法治"的提法不绝于耳。邓小平针对法律很不完备，很多法律还没有制定出来的状况，提出应该集中力量制定刑法、民法、诉讼法和其他各种必要的法律，例如，工厂法、人民公社法、森林法、草原法、环境保护法、劳动法、外国人投资法，等等。

1978年12月，邓小平结合立法的实际指出：现在立法的工作量很大，人力很不够，因此法律条文开始可以粗一点，逐步完善。有的法规地方可以先试搞，然后经过总结提高，制定全国通行的法律。修改补充法律，成熟一条就修改补充一条，不要等待"成套设备"。总之，有比没有好，快搞比慢搞好。1985年6月27日，他在同彭真就立法问题和立法力量的组织问题交换意见时提出，民法总则一定要搞，不可能那么完备，不完备不要紧，有错就改，总比没有好。"法制要在执行中间逐步完备起来，不能等。"②邓小平关于立法工作的一系列论述，其核心就是立

---

① 《邓小平文选》第二卷，人民出版社1994年版，第147页。
② 同上书，第255页。

法工作要从实际出发,既要有紧迫感,又要实事求是,循序渐进。这些论述,对于我国制定和完善与社会主义市场经济相适应的法律法规,建立中国特色社会主义法律体系,具有重要的现实指导意义。

1979年,第五届全国人大第二次会议制定并公布了包括刑法、刑事诉讼法等在内的七部重要法律。在出席这次会议的党内负责人会议上,邓小平谈到民主与法制问题时强调:我们制定法律的步伐要加快。确实要搞法制,特别是高级干部要遵守法制。以后,党委领导的作用第一条就是应该保证法律生效、有效。没有立法之前,只能按政策办事;法立了以后,坚决按法律办事。我们这次大会要认真立法,大会以后还要立一系列的法。这是很严肃的事情。国际上认为中国有个新的开端,不但指四个现代化,还有加强民主和法制。

这次会议后不久,邓小平在会见日本公明党第八次访华团时,结合这次的立法成就,就完善我国的立法问题对代表团成员说:"我们好多年实际上没有法,没有可遵循的东西。这次全国人大开会制定了七个法律。有的实际上部分地修改了我们的宪法,比如取消革命委员会,恢复原来的行政体制。这是建立安定团结政治局面的必要保障。……这次会议以后,要接着制定一系列的法律。我们的民法还没有,要制定;经济方面的很多法律,比如工厂法等等,也要制定。我们的法律是太少了,成百个法律总要有的,这方面有很多工作要做,现在只是开端。"[①]对于1979年五届全国人大二次会议制定颁布的七部法律,邓小平给予很高的评价,他说:"在建国以来的二十九年中,我们连一个刑法都没有,过去反反复复搞了多少次,三十几稿,但是毕竟没有拿出来。现在刑法和刑事诉讼法都通过和公布了,开始实行了。全国人民都看到了

---

① 《邓小平文选》第二卷,人民出版社1994年版,第189页。

严格实行社会主义法制的希望。这不是一件小事情啊!"①

　　此后,当代中国开始进入大规模的立法时期。尽管目标明确了,真的制定相关法律时,还是会遇到很大困难。在各国法律体系中,民法都是最重要的法律之一。但是,在改革之初,制定民法的基本条件并不具备,正如彭真同志所说:"全民所有制单位、集体所有制单位、个人单位和个人,它们相互之间的经济关系是民法的基础,农业、工业、商业、服务业体制许多问题正在摸索中,搞民法就有困难。"②鉴于当时的条件,他认为:"民法不是短时间可以制定的。这不是我们不努力,而是问题本身就十分复杂,加上体制正在改革,实际上有困难。"他提出:"制定民法可以同制定单行法同时进行",认为先搞单行法可以使民法制定工作的进度快点。当时起草的民法总则到最后不仅包括总则的内容,也包括了分则的一些内容,根据这种情况,后来将名称确定为《民法通则》。在调整范围上,有人主张,民法通则只调整公民之间的民事关系,而不应当调整法人即企业之间的民事关系。由于当时的企业只有国营企业与集体企业,他们认为,我们是计划经济的国家,企业之间的关系属于政府管理的范围,不是民事关系,民法调整不了。彭真针对这种观点,指出:"国营企业进入商品交换领域,同样要遵循平等自愿、等价有偿的原则,同时要遵守法律。任何企业对国家计划当然要执行,但同时要遵守法律。"③在经济体制改革初期,计划在经济活动中还起着主要作用,民法通则制定过程中经历的曲折,足以说明,法律要逐步完备,任务是繁重的,任重道远。民法通则以法律形式确认并保障了平等主体之间的民事活动,改变了计划经济体制下由政府包揽经济活动的局面,为推

---

① 《邓小平文选》第二卷,人民出版社 1994 年版,第 243 页。
② 《彭真传》,中央文献出版社 2012 年版,第 1643 页。
③ 同上书,第 1549 页。

进有计划的商品经济并进而实行社会主义市场经济,奠定了重要的法治基础。在立法为改革服务的进程中,民法通则具有里程碑意义。随着形势的发展和实际的需要,此后,我国陆续制定出二十多部民商事法律,与社会主义市场经济相适应的法律体系逐步地由简而繁地发展和完备起来,逐渐做到用法律来确定并调整国家和企业、企业和企业、企业和个人之间的关系;以完善的市场为价值取向,遵循自由竞争和优胜劣汰市场规律的法律制度,释放了市场的力量,为企业、公民和其他组织提供了自由度和创业空间。同时,对各种不利于经济社会发展的行为加以管束和遏制。经过近四十年的持续建设,中国形成了经济社会发展的良好秩序,中国特色社会主义法律体系业已形成,并日益趋于完善。

(三)体现制度创新的法治是经济社会发展的动力

一段时间以来,大家都在探讨,中国近四十年经济高速增长背后的深层动力是什么,法治建设与经济增长是什么样的关系?中国的经济增长是政府主导型的经济增长,政府主导型的改革促进了经济增长。包括张五常在内的一些经济学家认为,中国经济高增长是因为存在一个鼓励县域竞争、地方竞争的发展模式。这些解释都有道理,但是还不够。从法学角度观察,中国近四十年的经济改革之所以成功,经济得以持续增长,重要动因是制度创新。

制度创新,是指根据事物发展规律新的认识对原有制度加以革新、创造,从而使之产生新的价值和功能,满足现实需要。制度具有普遍适用性和相对稳定性,人们可以据此对自己行为的预期作出判断,这有助于激发人们的积极性,形成经济社会发展的动力。中国的改革过程实际上是制度创新的过程。中国的改革不少是自上而下的制度创新,有顶层设计的,但是,更多导致传统制度发生改变的是自下而上的制度创新,也就是基层实践对旧规则的突破。其中,影响最大的要数安徽小岗村农民违反当时的法律私下搞"大包干",实行"包产到户"。实践证明,这种做法一改过去很多农村劳动力"出工不出力"的消极情况,长期被压抑的生产积极性被释放出来,解决了长期存在的农产品匮乏的问题。1979—1984 年,我国农业总产值增长 455.40%,粮食产量由 1978 年的 3.04 亿吨增加到 1984 年的 4.07 亿吨。其结果是最终导致宪法修改,取消了"农村人民公社",确认"家庭联产承包为主的责任制"的法律地位;规定"农村集体经济组织实行家庭承包经营为基础、统分结合的双层经营体制"。这种制度创新给生产力的发展带来巨大动力,也给经济社会进一步发展带来巨大空间。

(四)制度创新与改革全过程一路相伴

回顾四十年的改革历程,从制度史角度考察,可以清晰地看出,改革开放的过程就是不断完善法律制度的过程。经济社会的发展不断提出在法律制度方面的需求,法律制度则不断地在回应现实需要,以推动经济社会的发展,在这个过程中实现自我完善,形成与经济社会相适应的具有中国特色的社会主义法律体系。

自 1978 年党的十一届三中全会后,我国 1979 年设立经济特区;1982 年确立家庭联产承包责任制;1984 年提出有计划的商品经济;1986 年启动全民所有制企业改革;1987 年提出"一个中心、两个基本点"基本路线;1988 年提出"科学技术是第一生产力";1992 年确立社会主义市场经济体制改革目标;1993 年建立现代企业制度;1993 年进行分税制改革;1993 年提出金融体制改革目标;1994 年外贸体制综合配套改革;1992 年、1994 年施行医疗、住房市场化改革;1995 年提出"两个根本性转变"目标;1996 年大力推进外汇管理体制改革;1997 年十五大提出党在社会主义初级阶段的基本纲领;1999 年明确非公有制经济是社会主义市场经济的重要组成部分;1999 年提出西部大开发战略;2001 年中国正式成为世贸组织成员;2002 年十六大确定全面建设小康社会的奋斗目标;2003 年提出振兴东北地区等老工业基地战略;2004 年颁布推进资本市场发展的"国九条";2004 年国有商业银行进行股份制改革;2004 年保护私有财产入宪;2005 年废止农业税;2005 年提出建设社会主义新农村的重大历史任务;2005 年启动股权分置改革试点;2006 年作出构建社会主义和谐社会重大决定;2007 年出台《物权法》;2013 年上海自由贸易试验区运行,全国人大作出决定,三部法律在自贸区暂时调整适用,等等。党的十八届三中全会提出 336 项改革举措和任务,涉及政治、经济、文化、环境、国防与军队等各个方面,对制度创新和法治建设提出了进一步的要求。

这四十年的改革,一路走来并不容易,每项法律制度的创新都很艰辛,改革开放初期,计划经济的影响根深蒂固,无论是政策还是法律,制定过程中都会有价值取向的争论,制度创新是思想解放的过程,是统一认识的过程。上海市人大常委会在 20 世纪 90 年代初,否决了市政府提交的关于实行城市土地有偿出让和转让制度的立法议案,为了适应中央关于浦东开发开放的需要,这个议案只能改为制定政府规章,以政府规章的形式颁布。这个例子可以说明,为什么当时颁布政策比较多。有人认为,当时不注重法律,不是实行法治,而是实行政策治国,实际是对当时情形缺乏了解。这样的例子也有助于理解邓小平说"不争论"的背景和意义。

关于法律以及制度与经济增长的内在关联问题,很多思想家作过研究。马克斯·韦伯在《新教伦理与资本主义精神》中阐释了"理性的法律制度"是资本主义萌芽的前提的论点。中国以市场经济为价值取向的改革之所以成功,重要原因之一是实现制度创新。遵循自由竞争和优胜劣汰市场规律的法律制度,激发和保证了市场主体的积极性,与此同时,以让每个社会成员能够有尊严生活为宗旨的社会法制日益完善,保障了所有社会成员的基本生活条件,这样的法律制度,既让社会充满活力,又使社会保持稳定。经过四十年改革开放,很多计划经济体制下存在的弊病已经革除了,中国经济实现了跨越式发展,经济总量位居世界第二,但是,经济和社会发展仍然面临很多矛盾和问题,其中,不少都涉及深层次矛盾,触及体制性、结构性问题。这些矛盾和问题的解决,需要体制机制创新,需要制度创新,需要法治,为满足这些需求,法律必须与时俱进。由此可见,全面深化改革的过程,也是全面依法治国的过程,必定会对法治中国建设产生巨大的推动作用。

（五）渐进的改革决定了法治的渐进性

我国的法治建设是曲折的,在经历过"文革"彻底破坏之后,法治建设几乎是从零起步的,这个过程恰与经济体制改革同步。在经历了计划经济的失败后,经济体制要由计划经济向社会主义市场经济转型,这个过程不可能一下子完成,需要解放思想,挣脱长久以来计划经济观念的束缚,正确认识市场和计划,在微观层面更要改变经济运行规则,释放全社会积极性,促进生产力发展。这不仅仅是经济层面的技术性的改变,而是一场全局性的深刻革命。因此,改革之初,虽然认定向市场经济方向走,但是一路走来却并不容易,具体表现为,在改革的过程中不断增加一些市场的因素,使经济更有效率,最终使中国走上了社会主义市场经济的道路。

法治建设与这个过程相同步,始终以与市场经济相适应为原则。立法坚持从实际出发,既有紧迫感(不能等),又实事求是,不求完美,循序渐进,让法律在执行中间逐步完备起来。宪法对民营经济规定的演变很能说明这一特点。

改革开放之初,民营经济没有合法的生存环境。实践证明,民营经济在社会生活中不可缺少,是公有制经济的补充。党的十一届三中全会肯定了一定范围的劳动者个体经济是社会主义公有制经济的必要补充。而后,政策层面先有突破,绕过了一些羁绊,改变了政府传统的监管与控制。随后法律跟进,实现了制度创新,1982年的宪法对个体经济加以确认。而后,1987年党的十三大提出发展私营经济,将个体经济和私营经济作为社会主义经济体系中的"必要的和有益的补充"。1988年4月12日第七届全国人民代表大会第一次会议通过宪法修正案,决定在宪法第十一条增加规定:"国家允许私营经济在法律规定的范围内存在和发展。私营经济是社会主义公有制经济的补充。国家保护私营经济的权利和利益,对私营经济实行引导监督和管理。"1988年,国务院颁布行政法规《私营企业暂行规定》,让私营企业取得了合法经营的权利。1992年,党的十四大提出:"在所有制结构上,以公有制包括全民所有制和集体所有制为主体,个体经济、私营经济、外资经济为补充,多种经济成分长期共同发展。"1999年,宪法将其确定为我国的基本经济制度。经济体制改革不是一步到位的,法律也不可能一下就得到完善。所谓同步前行,就是在改革的举措取得突破之后,法律以最权威的形式及时给予肯定,使其成为社会一般行为规范,推动经济社会发展,这是改革过程中一个带有规律性的现象。

随着市场经济逐步成熟,上述渐进的过程有可能缩短,鉴于此,党的十八届四中全会公报与习近平总书记在全面深化改革领导小组第六次会议上的讲话都对法治提出了进一步的要求,要求实现立法和改革决策相衔接,做到重大改革于法有据、立法主动适应改革和经济社会发展的需要。其中包括三个要求:第一个是立法和改革决策相衔接;第二个是重大改革要于法有据;第三个是要用法治推动改革和经济社会发展。虽然对法治的要求提高了,但是,法治首先要做到的还是紧随改革的步伐,与改革的进程同步,为改革提供依据、提供支撑和保障。为此,立法机构要加强法律的立、改、废、释工作。法律空白的领域要加强立法;现有的法律不适应改革的,要加快修改;一些不合时宜的法律要尽快废掉;对法律理解有歧义的条文,要及时作出解释。

在处理改革与法治的关系上,我们还要看到,当下所谓的"超前立法"是不现实的。我们所需要的法律制度必须既符合市场经济规律,又符合中国国情,但是,我国发展市场经济的时间比较短暂,没有充分的实践经验,不可能凭空实现制度创新。沿袭国外的制度并不管用,实践反复证明,一些在他国有效的法律制度,在中国实行结果完全不同。当然,为了提高法律制度与经济社会发展联系的紧密度,立法和政策制定工作仍可以再做些改进。现有的立法和制定政策过程,对群众性的制度创新重视不够,没有充分把这支力量吸纳进来。

此外,还要培育一支强大的能够使法律制度落到实处的队伍。法律制度的落实需要专业队伍,也需要一批有能力、有公益心的参与者,他们的宣传、组织和行动,有利于法律制度渗透到社会各层面,客观上增大法律制度的供给。现在缺乏这样一批能将现实中的问题反馈至法律制度设计层面,又能对社会问题作出科学解释的专业和非专业人士。也必须看到,目前有一种倾向,就是不分改革巨细,统统要法律制度配套,这就人为拉长了改革关联的链条,加大了改革的难度。其实,有些涉及的关系比较简单,依据现有的法律制度是可以单独先做的。

虽然存在着一些不足,但也必须承认,我国法律制度的质量在改革过程中明显得到了提高,法律促成了一些社会关系的产生和发展,也提高了我国经济总量的快速发展,像上述民营经济的发展就是鲜活的例证。这些制度层面的变革,降低了改革的成本,加速了改革的进程,而实践中积累起来的力量,又推动了适应市场经济要求的法律体系的形成和完善。但是,改革还将持续,法治也将随着改革进一步完善。"行百里者半九十",我们要保持清醒的头脑,切不可半途而废。要实现民族复兴伟大的中国梦,必须取得改革的成功,特别是要跨过"中等收入陷阱"。我们一定要保持清醒的头脑,要注重思想观念更新,要吸取一些拉美国家的教训,防止制度设计失当,形成既得利益集团,使改革处处受到掣肘,因为既得利益集团为了维护自身利益,反对一切改革举措。渐进的法治使我国改革付出的成本相对较低,今后仍应当主动适应来自实践的变化,经过磨合,形成更能反映市场经济规律的法律体系。

四、法治建设的关键是处理好市场与政府的关系

着眼于不同国家经济主体之间的关系,我们可以看出,不同的结构关系、关系的性质、关系的程度,将造成各国法律制度各不相同。美国的多元市场经济模式是以个人为基础形成的经济主体结构关系,各经济主体之间的关系比较松散,主要通过法律来规范其关系。德国的社会市场经济模式突出了政府在经济主体结构关系中的作用,以法律的形式使政府与企业、个人保持着较密切的关系,比如,国家控股、国家提供社会保障体系,等等。

我国法治建设也必须契合自身的特点。首先,我国缺乏市场经济的基础,在传统体制的基础上从头开始搞市场经济,全社会对市场经济比较陌生。在传统体制下,政府与企业是父子关系,企业与职工是大家庭式的关系。许多企业是政府创建的,即使是改革开放后出现的乡镇企业、三资企业、私营企业等非国有经济,在很大程度也是政府扶持发展起来的。因此,中国的企业与政府有着天然的、千丝万缕的复杂联

系。而且,企业作为市场主体,背负着庞大的国有资产,承受着就业、福利性养老、保健和住宅等压力,面对上下左右,必须有大量的行政组织。这种非市场性质的关系与市场经济是格格不入的,法治建设必须顾及企业存在的沉重历史包袱的处理,不可能都扔给政府,一卸了之。这方面的改革犹如抽丝剥茧,必须进行精细化的制度设计,从改革的实践过程看,法治在解决就业、福利性养老、保健和住宅等方面是起了积极作用的。

其次,中华人民共和国成立以后,形成了强有力的政府以及科层组织体系,政府与社会之间的关系主要是行政性关联,各级政府都是民众的"父母官"。在此基础上,人们安于现状,平均主义倾向严重。政府过于强势的状况必须改革。1982 年《宪法》规定:"国营企业在服从国家的统一领导和全面完成国家计划的前提下,在法律规定的范围内,有经营管理的自主权。""国营企业依照法律规定,通过职工代表大会和其他形式,实行民主管理。"1993 年《宪法修正案》第八条将其修改为:"国有企业在法律规定的范围内有权自主经营。""国有企业依照法律规定,通过职工代表大会和其他形式,实行民主管理。"第九条将《宪法》原来规定的:"集体经济组织在接受国家计划指导和遵守有关法律的前提下,有独立进行经济活动的自主权。""集体经济组织依照法律规定实行民主管理,由它的全体劳动者选举和罢免管理人员,决定经营管理的重大问题。"修改为:"集体经济组织在遵守有关法律的前提下,有独立进行经济活动的自主权。""集体经济组织实行民主管理,依照法律规定选举和罢免管理人员,决定经营管理的重大问题。"在我国的经济体制中,政府的作用是不可或缺的,但是,企业必须拥有充分的自主权,对微观经济活动,政府不宜干预。按照改革中逐渐清晰的思路,宪法修正案确立了企业在市场经济中的主体地位。

再次,我国社会中长期以来形成的"全能政府"影响深远,改革不易。邓小平在《党和国家领导制度改革》中指出:"我们的各级领导机关,都管了很多不该管、管不好、管不了的事。"[1]政府管得太多,为官僚主义和各种消极腐败现象提供了温床,因此,改革与经济建设和解决生产力不相适应的行政管理体制,下放管理权力,正确处理好政府与企业、政府与社会的关系,充分调动基层单位的积极性,应成为新时期行政改革的内容。这为政府如何适应市场经济履行职责、如何建立与国家治理现代化相适应的政商关系指明了方向。针对计划经济体制下形成的"全能政府",改革逐步推进,依法给政府机构"消肿",1983 年起经过多次改革,1984 年初步推行政企分开,进而提出以转变政府职能为核心目标。通过制定《行政诉讼法》《行政法复议法》《行政强制法》等一系列法律制度,规范了政府的权力,压缩了政府的自由裁量权。值得一提的是,通过制定《行政许可法》,大幅度减少行政审批事项,对于激发市场活力、提高效率起到了明显的积极作用,推动了服务政府、责任政府、法治政府的建设。根据法治政府建设的基本要求,简政放权、加强监管、优化服务成为政府转变职能的主要内容。经过这些实践,政商关系日渐清晰,也更为健康。

五、人民日益增长的美好生活需要与法治供给

习近平总书记在党的十九大报告中指出:"我国社会主要矛盾的变化是关系全局的历史性变化。"党的十九大报告把我国社会主要矛盾的表述修改为:"人民日益增长的美好生活需要和不平衡不充分的发展之间的矛盾。"现在,人民生活显著改善,对美好生活有着强烈的向往和憧

---

① 《邓小平文选》,人民出版社 1994 年版,第 328 页。

憬,不仅对物质文化生活有很高的要求,在民主、法治、公平、正义、安全、环境等方面,也提出了很高的要求。同时,人民群众的民主意识、法治意识、公平意识、参与意识、监督意识、维权意识在不断增强。

(一) 法治建设必须回应社会,满足人民群众的需要

法律是治国之重器,良法是善治之前提。经济社会发展了,人民群众的民主法治意识提高了,法治建设必须适应这样的变化,回应社会和人民群众的需求。

进一步加强法治建设,建设法治国家,是人民群众的强烈期盼,也是中国梦的重要内容。党的十八届四中全会通过的《中共中央关于全面推进依法治国若干重大问题的决定》明确提出:"全面推进依法治国,总目标是建设中国特色社会主义法治体系,建设社会主义法治国家。这就是,在中国共产党领导下,坚持中国特色社会主义制度,贯彻中国特色社会主义法治理论,形成完备的法律规范体系、高效的法治实施体系、严密的法治监督体系、有力的法治保障体系,形成完善的党内法规体系。"党的十九大报告反复提到了"中国特色社会主义法治体系"。报告在阐述新时代中国特色社会主义思想时指出,新时代中国特色社会主义思想"明确全面推进依法治国总目标是建设中国特色社会主义法治体系、建设社会主义法治国家";在阐述新时代中国特色社会主义基本方略时再次提出,全面依法治国要"坚定不移走中国特色社会主义法治道路,完善以宪法为核心的中国特色社会主义法律体系,建设中国特色社会主义法治体系"。由此可见中国特色社会主义法治体系的独特地位。

人民群众民主意识、法治意识、公平意识、参与意识、监督意识、维权意识的增强,表现之一是对执政党的要求在提高。因此,每个党政机关、每个领导干部必须服从和遵守宪法法律,不能把党的领导作为个人以言代法、以权压法、徇私枉法的"挡箭牌"。领导干部要做尊法的模范,带头尊崇法治、敬畏法律;做学法的模范,带头了解法律、掌握法律;做守法的模范,带头遵纪守法、捍卫法治;做用法的模范,带头厉行法治、依法办事。事实上,党的十八大以来,党内法规制度建设被提到一个新的高度。《中国共产党党内法规制定条例》《中国共产党党内法规和规范性文件备案规定》等一批党内法规相继出台,《中国共产党地方委员会工作条例(试行)》《干部教育培训工作条例(试行)》《党政领导干部选拔任用工作条例》《中国共产党党内监督条例(试行)》等一批党内法规先后被修订,党内法规执行状况良好,党风明显好转,人民群众是满意的。

(二)人民群众对法律抱有很高的期盼,立法工作仍不可放松

虽然社会主义法律体系已经形成,但是像《民法典》这样重要的法律还在编纂中,没有全部出台。随着改革的深入,经济关系逐渐理顺,法律规则趋于相对稳定,对于制定《民法典》,是能够形成广泛共识的。过去,也曾多次设想制定《民法典》,但是,20 世纪 80 年代由于还未曾出现民营经济,生产资料是公有的,实行的是按劳分配制度,不存在制定物权法的条件,当然也就谈不上制定《民法典》,出台的《民法通则》只相当于《民法典》中的债权编。现在则不同了,多种经济成分都得到了发展,个体经济、民营经济、外资企业都存在,而且在经济总规模中占有相当比例。社会成员个人生活资料也比过去富足,城市居民绝大部分拥有不动产,在按劳分配之外还有按资分配等其他多种分配形式。这说明,民法调整的各种社会关系现在都存在,需要得到有效的保护和规范。抓紧制定《民法典》是适时的。此外,既有的法律法规往往比较原则,影响人们对法律法规的理解和有效实施。今后,立法工作要更加细致、科学,让法律与广大社会成员的经济和社会生活能够结合起来。为此,要加强科学立法、民主立法,这也要求立法部门设计出一些方式和程序,以方便社会各界广泛参与。

(三) 法治要进一步关注民生

满足人民日益增长的美好生活需要,保障和改善民生是一项长期工作,没有终点站,只有连续不断的新起点。习近平总书记 2013 年 4 月在海南考察工作时指出:"抓民生要抓住人民最关心、最直接、最现实的利益问题,抓住最需要关心的人群,一件事情接着一件事情办、一年接着一年干,锲而不舍向前走。"

在这方面,法治的作用更大,任务更重。要按照人人参与、人人尽力、人人享有的要求,制定和完善相关法律制度,保障群众基本生活,对重点群体和重点地区要有所倾斜。在制定相关法律制度时,要多谋民生之利,多解民生之忧,要以形成系统全面的制度保障为目标,力求使制度更加公平、普惠和可持续。需要注意的是,民生工作一定要顾及财力,量入为出,形成良好的社会预期,不能靠一味许诺、取悦群众,把老百姓的胃口吊得很高,而实际又做不到。因此,在制定相关政策、法律和各项制度时,要掌握尺度,既要把改善民生作为党和政府工作的方向,又将改善民生变成广大人民群众自身奋斗的目标,不能样样都靠政府来解决,应当做到上下齐心,通过共同艰苦奋斗,全面建成学有所教、劳有所得、病有所医、老有所养、住有所居的小康社会。

在民生立法方面,还有很多工作要做。要坚持就业优先战略,创造更多就业岗位,着力解决结构性就业矛盾;要更加注意维护劳动者平等就业权利,构建与发展和谐劳动关系,促进收入分配更合理、更有序;要完善以税收、社会保障、转移支付为主要手段的再分配调节机制,保护合法收入,规范隐性收入,取缔非法收入,缩小城乡、区域、行业收入分配差距;要建立健全更加公平、更可持续的社会保障制度,完善城镇职工基本养老、城乡居民基本养老、城镇基本医疗等保险制度,健全社会救助体系,提高社会福利水平;要遏制恶意炒作,助推住房保障和供应体系健康建设;要落实立德树人的根本任务,尤其要加强职业教育,培养高素质劳动者和技术技能人才;要有效推进医疗卫生事业的改革和发展,解决人民群众"看病难,看病贵"的问题,提高人民健康水平,推进健康中国建设;要广泛开展全民健身运动,促进群众体育和竞技体育全面发展;要促进人口均衡发展,坚持计划生育基本国策,在实施一对夫妇可生育两个孩子政策后,改革各项服务和管理;要合理调节各类城市人口规模,提高中小城市对人口的吸引能力。

法律在设定和推进各项目标实现方面作用很明显,但是,法律的制定总是受到很多条件的限制,在民生方面的立法尤其要顾及法律法规实现的条件,不能过于理想化。现在,物业管理矛盾日益突出,过去普遍认为物业管理可以实现业主自治,各方都不太主张政府介入。实践证明,目前尚不充分具备业主完全自治的条件,不少小区,无论是业主,还是物业公司,要求政府参与管理的呼声很高。一些地方对相关法规都已作出修改,以适应当下的社会现实的需要。

法律不是万能的,也不能都按照理想状态配置权利义务和设定规范。剖析广受诟病的居住区车位不足问题,有利于各方形成共识。停车位不足仅仅归咎于规划制定失误、技术规范缺失并不很准确和全面。其实,形成停车难问题的原因是很复杂的。

首先,改革开放以后,大规模的城市建设一般都不是在一片空地上进行的,而是在既有城市里进行改造。有的城市,如上海,市域面积仅6 340平方公里,却有2 400万常住人口,人均占用空间面积很有限,这就决定了今后也不可能充分满足停车的需要。其次,城市改造的资金靠多元筹集,一般都是通过土地使用权出让实现改造,是一片一片逐步进行的,哪一片土地利用都存在资金平衡的矛盾,不可能用本来就非常紧张的资金再去建更多的停车场。再次,急迫的任务是改善居民居住条件。以上海为例,当时上海解决居住困难户,划定的困难户标准是人均 3 平方米以下,后来提高到 4 平方米以下,在人都没有解决容身之处问题时,不可能把停车问题放在首位。最后,谁也没想到,中国经济发展得如此之快,由 1978 年改革初起时经济总量列世界第 15 位,跃升到 2010 年的世界第 2 位。在近二十多年时间里,居民的住房条件得到迅速改善,中国快速进入了汽车社会。政府在最初进行城市改造时,以为我们离汽车社会很遥远,住宅套数与车位比定在 100∶6,即使这样,还是有很多需求放空,现在,即使按照一户配一个车位也未必能满足需求。车位紧张问题,是发展带来的问题,对问题的形成要客观分析,即使今天经济实力大增,即使规划预留了更多的空间,总体而言,土地紧张仍是不可摆脱的制约因素。因此,法律会对停车问题进一步加以规范,力图缓解矛盾,但是,也不能对法律抱有不切实际的期望。

六、保持走中国特色社会主义法治道路的定力

现在,经常可以听到一些对中国法治建设道路的批评,批评者们的参照系往往是西方成熟的法律制度。这就涉及条件性问题,脱离具体条件来判断道路正确与否,不能解释,更不能解决中国的问题。我国是典型的后起发展国家,为了充分发挥后发优势,要保持经济持续、稳定、高速发展,实现跨越式发展,从而缩短与发达国家间的差距,为此,必须在推进工业化的同时,大力推进城市化,加快基础产业和基础设施建设。在这方面,我国的法治建设目标十分明确,中央和地方都十分注重制定各领域法律法规和具体政策,为经济社会的建设和发展提供保障。

随着法治建设的深化,法治实施、法治监督、法治保障也日益受到

重视。由于我国是共产党执政的社会主义国家,党的状况决定国家的前途命运,现在,党内法规也纳入法治体系之中。这些都充分显示了我们所走法治道路的中国特色。

法治道路的中国特色,与中国曲折发展的进程相伴,是与生俱来的。至于形成中国法治道路独特性的历史等原因,在后几章有专门论述,这里,仅就 20 世纪 80 年代改革冲击传统的体制,破除了许多既有规则,创造出大量制度需求来做个简述。中华人民共和国成立之前,市场经济没有很好地发展过,在中华人民共和国建立以后的长达三十年高度行政集中的产品经济中,市场因素被严格限制,人们对市场经济普遍感到陌生。改革对旧体制进行冲击,法治建设顺应这些需求,建立了一系列新规则,包括《破产法》《证券法》等与计划经济完全冲突的一批法律。

但是,法律制度作为公共产品,在供给上是落后于制度需求的。出现这种情况的原因很多。法律制度有天然的稳定性、滞后性,立法者不可能在实践出现之前,设计出尚不存在的社会关系并加以规范。有的滞后是因为中央政府与地方政府之间事权不清,没有明确的划分和规定;有的是政府与企业关系不明确,干预过多,企业没有真正拥有市场主体地位;有的是对市场经济秩序缺乏足够认识。随着发展,这种状况得到了改变,法律随之进步,逐渐划出了各种社会关系相关者的权力边界,制定出了一些解决问题的规则。制定规则的过程,是各种利益博弈的过程,各种利益群体都有自己的主张,都要表达各自的利益诉求。科学立法、民主立法成为现实的需要。

在国家治理体系和治理能力现代化过程中,2014 年,党的十八届四中全会通过的《中共中央关于全面推进依法治国若干重大问题的决心》是一个新起点。要保持稳定的较长期的繁荣和社会进步,必须靠法治来推动。如果说前面三十多年的改革,更多是靠制度松绑,靠一些法律规则的推进的话,那么,现在到了一个全面依法治国,全面用理性的法治来推进改革、推进社会文明进步的新时代。法治真正将成为党和国家生活的重要部分,成为经济发展和增长的主要推动力,成为整个社会文明进步的很好保障。要形成这样一个法治的环境,需要让国家工作人员确立法治基本理念和思维方式,用法治来推进改革,用法治思维、法治方式、法律程序、法治理念来推进改革,让法治成为改革的价值目标与动力机制,用良法善治来提高国家治理能力。

鉴于我们国家没有实施法治的历史和传统,也需要让公民接受法治基本理念和思维方式。由于历史原因,在人们心目中,法治被视作只与专政的"刀把子"相关,其实,法治是渗透到人们的日常生活中的,各种法律在社会生活中发挥着配置权利义务、配置各种资源、建立秩序、保障权益等作用,普通公民都能感受和触摸到法律的存在和对他们全方位的保护。法律的制定和修改只是法治建设的一个环节,法律的有效实施才是焕发法律生命力、维护法律权威的关键。为此,要加强普法,进行全民守法的教育。更重要的是,必须深化司法体制改革,深化行政执法体制改革,使法律的实施更加公正、高效、权威,能够充分维护人民权益,维护宪法法律权威,进而实现法治中国的伟大目标。

第一章　近代法治道路探索的历史经验

　　党的十八届三中全会通过的《中共中央关于全面深化改革若干重大问题的决定》,把"推进法治中国建设"确立为新时期法治建设的新目标。党的十九大报告提出:明确全面推进依法治国总目标是建设中国特色社会主义法治体系、建设社会主义法治国家。这是我们党继十五大提出"依法治国,建设社会主义法治国家"的基本方略后,根据法治建设的新进展,在法治中国建设方面提出的新要求。

　　法治中国是成为现代国家之后的历史必然,也是中国实现强国梦的必然要求。中国历史上长期处于封建统治之下,没有法治传统,皇帝看似至高无上,权力很大,实际上,治理能力很有限,所谓"天高皇帝远",表明中央政府没有很强的组织能力和动员能力,存在很多国家治理到达不了的地方。广大农村基本上是宗法社会,乡村治理靠乡绅,依据的是习俗。即使到了1949年中华人民共和国成立时,中国的城市人口仍仅占总人口的9%,90%以上人口生活在农村。这样的经济、政治、社会、文化状况,决定了中国的社会主义建设还包括现代国家的建设过程。经过持续的努力,中国现在已经形成了前所未有的统一的政府、市场、经济、教育、国防、外交、金融、财税等体系,也建立起了法律体系,成为现代国家。但是,回溯近代以来一百多年的历史可以看出,肩负着沉重历史包袱的中国,法治建设道路必然曲折而艰难。

第一节　洋务运动的探索

鸦片战争拉开了中国近代史的序幕,也开启了中国近代法治探索的道路。在鸦片战争中,清政府本土作战,坐拥数十万八旗、绿营兵力却在两万余人的英国侵略军面前连连惨败,毫无招架之力,最终只能在《南京条约》上签字,蒙受割地赔款的奇耻大辱。鸦片战争给当时的中国人所带来的巨大冲击莫过于西方列强的坚船利炮,以林则徐、魏源为代表的中国具有先进思想的一批人士看到了西方列强军事实力的强大,他们提出了"师夷长技以制夷"的口号,主张向西方列强学习军事技术来提高清军的战斗力,实现国家富强的目的。

值得注意的是,林则徐等先进思想者在专注于西方军事技术的同时也关注到了西方的法律、政治制度。鸦片战争前后,林则徐在与英国商务代表义律等人的一系列交涉中,就认识到了以国际法为武器来维护国家利益的重要性。林则徐在当时就组织翻译了一系列国际法、英国法,并用其来驳斥英国代表的无理要求,这是近代中国人迈出的探索法治的第一步。鸦片战争虽然给中华民族带来了巨大的痛苦,但是也在客观上给中华大地带来了近代科学技术与文化思想。根据鸦片战争后签订的《南京条约》规定,香港岛被割让给英国。根据《南京条约》的附件《五口通商附粘善后条款》规定,允许英国人在通商城市租地。"允准英人携眷赴广州、福州、厦门、宁波、上海五港口居住,不相欺侮,不加拘制。但中华地方官必须与英国管事官各就地方民情,设定于何地方,用何房屋或基地,系准英人租赁。"①于是大量租界在中国通商口岸城市设立,这些区域的实际治权逐渐落入西方列强之手。然而谁也不能否认这些地区为中国的领土,这些地区里的绝大部分居民为中国居民。正是在上述地区,西方列强率先用近代法律来治理,居住在这里的居民被动地接受了西方法治,其影响也逐步传播到了中国其他区域。

其中,尤其以上海的租界法制建设最为成功。正如有学者所言,"中国大地上的法制现代化进程始于租界。租界当局通过大量移植现代法制,使中国租界的法制率先实现现代化"。②"租界的法制是现代法制中国化的一个缩影,代表了中国法制发展的方向,是一种历史的演进,顺应了历史的潮流,具有其积极的一面。"③

今天看来,第一次鸦片战争对于近代中国的改变不可谓不剧烈,但是在当时的大环境下,能够"开眼看世界"的中国人少之又少。因此,虽然蒙受了割地赔款的屈辱,清政府却并未进行政治、军事改革,依旧端着"天朝上国"的架子,军队的武器装备依然陈旧低劣。此后,国内矛盾愈发尖锐,各地农民起义不断。1851年太平天国起义后,战火迅速蔓延,腐朽的清军一败涂地,太平军占领了南方大部分地区,北伐军一直打到天津、河北一带。此时,清政府在处理与英国、法国等西方列强之间的关系时也昏招迭出,最终爆发了第二次鸦片战争。英法联军攻陷了北京城,火烧圆明园,再一次逼迫清政府签下了一系列不平等条约。

就在这种内外交困的局面下,清政府不得不对自己的内外政策进行反思和调整。清朝的统治阶层是满族贵族,长期以来他们实行"首崇

---

① 王铁崖:《中外旧约章汇编》(第1册),生活·读书·新知三联书店1957年版,第35—36页。

② 王立民:《中国的租界与法制现代化——以上海、天津和汉口的租界为例》,《中国法学》2008年第3期。

③ 王立民:《中国租界法制初探》,法律出版社2016年版,第36页。

满洲"的国策,汉族官僚的地位远低于满族官僚,更难染指军政大权。此时,"八旗子弟"早已腐化堕落难堪大用,清政府不得已开始重用以曾国藩、李鸿章、左宗棠为代表的汉族官僚。清政府委任这些人为封疆大吏,赋予军政大权,使其组建了湘军、淮军等地方武装。

曾国藩、李鸿章、左宗棠等开明汉族官员在镇压农民起义的过程中认识到西方军事技术的先进。他们开始向西方列强学习军事技术,花重金购买西洋军事装备,甚至聘请西方教官训练中国军队,使得湘军、淮军的战斗力大大提升,最终镇压了太平天国等一系列农民起义,使清政府暂时转危为安。学习西方军事技术在实践中发挥了巨大作用,更加坚定了朝中有识之士向西方学习的决心。他们希望清廷能够认识到当前"数千年未有之变局"的境遇,大力向西方学习。

李鸿章在给清廷奏折中客观分析了当时中国所面临的严峻局面。"历代备边多在西北,其强弱之势、客主之形皆适相埒,且犹有中外界限。今则东南海疆万余里,各国通商传教,来往自如,聚集京师及各省腹地,阳托和好之名,阴怀吞噬之计,一国生事,诸国构煽,实为数千年来未有之变局。轮船电报之速,瞬息千里。军器机事之精,工力百倍;炮弹所到,无坚不摧,水陆关隘,不足限制,又为数千年来未有之强敌。外患之乘,变幻如此,而我犹欲以成法制之,譬如医者疗疾不问何症,概投之以古方,诚未见其效也。庚申以后,夷势骎骎内向,薄海冠带之伦,莫不发愤慷慨,争言驱逐。局外之訾议,既不悉局中之艰难;及询以自强何术? 御侮何能? 则茫然靡所依据。"①

尽管如此,在当时仍有一大批传统士人不屑于向西方学习,沦为顽固派,对向西方学习的举措百般阻挠,大学士倭仁就是其中的代表。为

---

① 李鸿章:《李鸿章全集》第 6 册,安徽教育出版社 2008 年版,第 159、160 页。

此,以恭亲王奕䜣为首的一批开明官僚与这些顽固派进行了激烈的论战。最终,只能空喊口号于国富兵强实践毫无一策的顽固派不得不认输。于是,一场轰轰烈烈的以"自强""求富"为口号的洋务运动便展开了。在中央,以恭亲王奕䜣、文祥为代表;在地方,以曾国藩、李鸿章、左宗棠、张之洞等掌握实权的督抚为代表。

洋务运动是中国走向近代化的重要阶段。在洋务运动中,洋务派向西方列强学习军事技术,不仅向西方购买了大量军事装备,还自己创造了一系列军工企业,如安庆内军械所、江南制造总局、天津机器局、福州船政局等。与此同时,洋务派还建立了轮船招商局、汉阳铁厂、开滦煤矿等民用企业,并向西方各国派出大量人员,全面学习西方的科学技术。洋务运动在当时可谓让中国面貌大为改观,铁路、电报、电灯等一系列近代科技产品在中国纷纷落地生根,中国甚至建立了第一支近代化海军北洋舰队。

洋务运动给中国带来的改变并不只停留在物质层面。也就是在这个过程中,部分开明人士认识到了西方政治、法律制度的优越性。例如近代著名的思想家郭嵩焘、严复等人在游历西方各国的时候就对西方的政治、法律制度十分关注。严复在旁听了英国法院的庭审后"归邸数日,若有所失",认为"西洋胜处,在事事有条理"。曾官居福建巡抚的徐继畬更是对美国首任总统华盛顿钦佩不已,他说:"华盛顿,异人也。起事勇于胜广,割据雄于曹刘,既已提三尺剑,开疆万里,乃不僭位号,不传子孙,而创为推举之法,几于天下为公……米利坚合众国之为国,幅员万里,不设王侯之号,不循世袭之规,公器付之公论,创古今未有之局,一何奇也。"

可见,当时中国的开明士大夫已经对于西方法律制度有了一定认知,也多少认识到了近代法治与国富民强之间的关系。从这些只言片语中,不难看出他们对这一问题其实已有了自己的思考,近代法治的萌芽俨然已经萌发,近代中国人在洋务运动中对法治的探索也并未停止,尽管这种思潮在当时的中国的确是如凤毛麟角一般。

随着洋务运动如火如荼地进行,国家进入了一段相对安宁的时期,清政府谓之"同光中兴"。然而,不对腐朽的专制制度进行改革,尽管通过购买、仿造大量西式装备,建立了一些近代工业,仍然无法让积贫积弱的中国真正强大,一旦遇到外来势力强有力的挑战,注定会再次失败。果然,1894 年中日甲午战争爆发。此时的日本通过明治维新数十年的励精图治,已经变成一个全盘西化的近代国家。甲午战争中,清军虽然装备了大量先进武器,但是在组织、训练、后勤保障以及国家机器对于战争的支持等方面仍然处于封建国家的水平,在与日军的交战中全面溃败,最终向日本求和,签下了屈辱的《马关条约》。

甲午战争的失败对于当时的国人如同晴天霹雳,越来越多的开明之士终于认识到了国家之所以积贫积弱在于深层次的落后的政治、法律体制,而非表面上的武器装备与科学技术。他们认识到,当时世界上的主要强国都已迈入近代法治国家行列。即便是实际上仍然保持着君主专制制度的德国、日本,也是资本主义国家而非封建制国家,其法律制度也是近代法制而非封建法制。于是,当时一些开明的中国人开始酝酿中国全面学习西方的政治体制,吹响了戊戌变法的号角。

第二节　戊戌变法的失败

鸦片战争后,中国面临"数千年未有之变局",清朝统治内忧外患,日显危机。在这种情况下,开明地主阶级发起了以"自强"和"求富"为口号的洋务运动,正式开启了中国近代化的历程。洋务运动虽然学习了西方大量科学技术,建设了一批近代军用、民用工业,购买了大量西洋军事装备,还建立了近代海军北洋舰队,但是并未从根本上改革清政府的政治法律制度,这就导致了这种变革只是"徒有其表",一旦遇到真正对手必然原形毕露。果然,在中日甲午战争中,清政府遭受了惨败。有识之士开始反思中国何以沦落如此地步,于是维新变法的思潮开始兴起,最终促成了戊戌变法。尽管这次变法仅仅一百零三天就因以慈禧太后为首的顽固派强烈阻挠而破产,但是这次变法在中国法制史上具有重大意义。戊戌变法虽然失败了,但是它极大地唤醒了当时的中国民众,激发了一批志士仁人的爱国热情,它是近代中国人探索法治的关键一环。

一、戊戌变法的历史背景

变法虽然是富国强兵的重要手段,但是在传统中国,变法却是一个非常敏感的问题。自从战国时期商鞅变法让秦国实力迅速变强,最终吞并六国之后,变法遂成为历代政权到了中后期谋求复兴的重要手段。然而不幸的是,因为变法总要触及很多当权者的既得利益,又受到后来儒家保守"法先王"思想的影响,主张变法者在当时以及身后的历史评价都不高,往往变法者本人要付出巨大的甚至是生命的代价,还不免要成为王朝灭亡的替罪羊。中国历史上著名的王安石变法、张居正改革都是如此,变法大多难逃失败的命运。

值得一提的是,在这些变法中,并未对中国传统的政治法律制度作出颠覆性改革,其变法思想依然是东方文化,尚且受到如此争议。而康有为等人提出的变法思想,其本身就是建立在大量学习西方政治法律制度基础上的,对传统中国的政治法律制度提出了强烈挑战。可以说,这种维新思想若非当时的中国受到强有力挑战,面临着亡国灭种的危机,根本不可能被提上议事日程。然而也正是如此,戊戌维新变法从思想萌发之日起就是在巨大压力下进行的,这也是它最终不免失败的重要原因。

1895年,清军在中日甲午战争中一败涂地。北洋海军全军覆没,淮军陆军主力也大多被日军歼灭。日军攻占了旅顺、威海港口,渤海、辽东、山东门户洞开,日军兵锋直指北京,而清军再也无力组织有效的抵抗。无奈之下,清政府只好派出李鸿章赴日求和。败军之将不足言勇,经过几番毫无意义的讨价还价后,清廷被迫接受了日方提出的全部要求,这就是丧权辱国的《马关条约》。《马关条约》规定:中国割让辽东半岛、台湾岛及其附属各岛屿、澎湖列岛给日本,赔偿日本两亿两白银。中国还增开沙市、重庆、苏州、杭州为商埠,并允许日本在中国的通商口岸投资办厂。后因三国干涉,日军放弃了对辽东半岛的割让请求,但又逼迫清政府额外支付了三千万两赎辽费。《马关条约》是中国近代史上最为丧权辱国的不平等条约之一,以往数十年中国赔偿给英法等国的赔款尚不及此次对日赔款的零头,直接让清政府本已捉襟见肘的财政处于崩溃状态。而割让的台湾、澎湖等地是中国东南沿海之屏障,中国东南海疆洞开,国防遭受重创。

长期以来,昏聩的清政府却一直坚守落后的专制制度。清政府虽然认同学习西方的科学技术,但是大量顽固保守派却坚决反对进行政治改革。甲午战争的失败让清政府遭遇前所未有的危机,不得不让执政者反思自己的施政得失。甲午战败客观上宣布了洋务运动的破产,就连洋务运动的主要领导李鸿章都说:"我办了一辈子的事,练兵也,海军也,都是纸糊的老虎,何尝能实在放手办理? 不过勉强涂饰,虚有其表,不揭破犹可敷衍一时。如一间破屋子,由裱糊匠东贴西补,居然成一净室,虽明知为纸片裱糊,然究竟决不定里面是何等材料,即有小风小雨,打成几个窟窿,随时补葺,亦可支吾对付。乃必欲爽手扯破,又未预备何等修葺材料,何种改造方式,自然真相破露不可收拾,但裱糊匠又何术能负其责。"

从这些话中不难看出,李鸿章本人在甲午战败后对于洋务运动这种治标不治本的改革也不乏批判之意。与此同时,不少有识之士也开始对几十年来中国的洋务运动进行更深刻反思。当时,先进的知识分子群体对国家的主权意识愈发明确,纷纷主张以变法来彻底改变中国被动挨打、任人宰割的屈辱历史。当时的思想家严复曾言:"天下理之最明而势所必至者,如今日中国不变法则必亡是已。""天下大势,既已日趋混同,中国民生,既已日形狭隘,而此日之人心世道,真成否极之秋,则穷变通久之图,天已谆谆然命之矣。继自今,中法之必变,变之而必强,昭昭更无疑义,此可知者也。"①梁启超也说:"法者,天下之公器;变者,天下之公理。"

康有为、梁启超等认为,只有进行自上而下的政治法律制度改革,洋务运动中所倡导的军事、工业、商业建设才能真正发挥效用,才能让中国真正实现富强。国家面临亡国灭种的危机,而实际操控清政府大权的慈禧太后假惺惺地让光绪皇帝"亲政",光绪皇帝名义上有了独立处理政务的能力。不甘心做亡国之君的光绪皇帝锐意改革。如此一来,使得变法这个长期以来谁都不敢碰的禁区终于有了可以触动的机会,变法维新的条件日渐成熟。

二、以君主立宪为重点的变法

1895 年 4 月,清政府与日本签署了丧权辱国的《马关条约》。消息

---

① 陆学艺、王处辉主编:《中国社会思想资料选辑》晚清卷,广西人民出版社 2007 年版,第 117、120—121 页。

传到北京后举国哗然。当时,北京正在举行科举考试。考生康有为联合18省1300多人联名上书请愿,痛陈割地赔款的严重后果。他说:"窃为皇上筹自强之策,计万世之安,非变通旧法,无以为治。变之之法,富国为先。……闻日本索偿二万万是使我臣民上下三岁不食乃能给之。若借洋债,合以利息折扣,百年亦无偿理,是自毙之道也。与其以二万万偿日本,何如以二万万外修战备,内变法度哉。"与此同时,康有为向光绪皇帝提出只有彻底变法才能救国的主张:"今之为治,当以开创之势治天下,不当以守成之势治天下;当以列国并立之势治天下,不当以一统垂裳之势治天下。"①详细列举拒和、迁都、练兵、变法以及富国、养民、教民、设议郎等具体措施,力主光绪皇帝"下诏鼓天下之气;迁都定天下之本;练兵强天下之势;变法成天下之治"。②

维新派认为变法改制不仅需要全面,而且必须有重点,这样才能保证变法成功,而重点就是改革国家法律制度。具体表现为制定宪法,召开国会,实行君主立宪制。在康梁等维新派的心目中,日本以其短短三十年的维新变法实现了国家富强,在他们看来,"日本之所以能骤强之故,其本维何? 曰:开制度局,重修会典,大改律例而已"。而"购船置械,可谓之变器,不可谓之变事;设邮使,开矿务,可谓之变政",然"改定国宪,变法之全体也"。③故维新派坚定地认为以资本主义政治体制的改革为根本去改变中国数千年之封建政治体制是此次变法运动的终极目标,更是衡量变法是否成功的重要标志。

---

① 《公车上书记》光绪二十一年四月初八日。转引自北京师范大学历史系中国近代史组编:《中国近代史资料选编》,中华书局1977年版,第34页。

② 康有为:《上清帝第二书》,载中国近代史资料丛刊:《戊戌变法》第2册,上海人民出版社1957年版,第131—154页。

③ 康有为:《日本变故考》,故宫博物院藏本。转引自曾宪义主编:《中国传统法律文化研究》(第七卷),中国人民大学出版社2011年版,第121页。

维新派的立宪方案内容主要有:第一,破除门第观念,允许天下言事之人上奏折,由御史部门监收;第二,在中央和地方设置"议郎"(议员),组成议会,以通下情;第三,皇上每日利用办事之暇,广陈图书。顾问之员分班侍值,皇上翻阅图书,随宜启问,使皇上尽所知能,无有讳避;第四,开报馆,翻译国外报纸及图书,使皇上周知四海;第五,广纳贤才,开幕府,置官级,令各地督抚县令皆仿此制。[①]最终,经过维新派的努力,1898年,成功说服光绪皇帝,并协助光绪帝发布了一系列变法维新的诏令,开展了一场自上而下的变法运动。

三、变法的实施

1898年6月11日,光绪皇帝发布《明定国是诏》,明确宣示维新变法:"即以中国大经大法而论,五帝三王不相沿袭,譬之冬裘夏葛,势不两存。用特明白宣示:尔中外大小诸丞,自王公以及士庶,各宜努力向上,发愤为雄,以圣贤义理之学,植其根本。又须博采各学之切于时务者,实力讲求,以救空疏迂谬之弊。"[②]这份维新变法的政治宣言,从颁布到政变失败,共计103天,史称"百日维新"。在此期间颁发的新政诏书,共有两百多道谕令,主要涉及政治、经济、文化教育、军事等方面。[③]

第一,政治改革。广开言路,准许臣民上书言事,严禁官吏阻隔,鼓励创办报纸;举荐各类人才,诏选宗室王公游历各国,考察各国政治经济情况;裁撤闲散部门,裁汰冗员,澄清吏治,提倡廉政,取消国家供养

---

① 康有为:《上清帝第四书》,载中国近代史资料丛刊:《戊戌变法》第2册,上海人民出版社1957年版,第184—185页。

② 《清东华录全编》第24册,学苑出版社2000年版,第8页。转引自赵晓耕主编:《中国近代法制史专题研究》,中国人民大学出版社2009年版,第89页。

③ 曾宪义主编:《中国传统法律文化研究》(第七卷),中国人民大学出版社2011年版,第125页。

等特权等。

第二，经济改革。保护及奖励工商业，设立农工商总局，开垦荒地；提倡私人办实业，奖励发明创造；设立铁路、矿务总局，鼓励商业铁路、矿业；裁撤驿站，设立邮政局；改革财政，创办国家银行，编制国家预算，整顿厘金、漕运等。

第三，文化教育改革。废除八股取士制度，改试策论；在北京建立京师大学堂，在各省设立各种高等和初等学堂，改书院为新式学堂或者专门学堂，各级学堂一律兼习中学和西学；准许民间设立报馆和学会；鼓励翻译外国新书，在上海设立译书局，培养翻译人才等。

第四，军事改革。裁撤绿营练勇，淘汰冗兵，各省军队一律改练洋操；仿照西洋兵制，更订八旗章程，改刀矛旧器为新式枪炮武器；严查保甲，实行团练；筹建海军，扩大水师学堂，培养海军人才等。

四、变法的启示和意义

维新变法只维持了一百零三天即夭折，其失败的原因自然是多方面的：第一，商品经济所需要的经济观念、经济制度缺乏培育和生长，故无法与长期占据统治地位的自然经济结构构成革命性的抗衡；第二，数千年来的封建统治基础所形成的庞大、严密的封建统治制度和官僚体系在短时期内无法从根本上撼动，这种温和的改良措施所能改变或触动中华帝国的方面极其有限，指望通过一两场运动来彻底扭转国家危机也是非常不现实的；第三，封建伦理道德和纲常理念已深深地嵌入中华帝国的方方面面，"欧风美雨"式的变法措施在与传统意识形态的交锋过程中难以立刻奏效，这不仅仅需要最高统治者全面支持，同时还需要整个社会的认可和接受。而脱离现实土壤的变法和运动注定无法获得成功。

但是,如果我们单从变法措施的落实和实施效果来看,维新变法仍取得了一定的进步。维新派提出的变法内容除整顿厘金和漕运制度外,大多得到了回应,尤其以文化教育的改革最多,许多事项在清末新政中得以延续,不仅奠定了我国文化教育的基础,而且在民国时期得以不断发展。而1898年9月13日,光绪皇帝下诏准备"开懋勤殿议制度",拟选集英才数十人,并延聘东西各国政治专家共议政治制度,将一切兴办应办事项,全盘筹算,定一详细计划后施行。可以看出,这项举措已经与维新派所倡导的开设议院以共商国是的目标非常接近了。而且,变法的意义更重要的是体现在对中国民众的启蒙和民主革命的发生准备上面。

"百日维新"是中国民族资产阶级走上历史舞台,试图挽救民族危机,以实现国家富强的一次尝试,其所倡导的广纳贤才、广开言路、开办学堂报馆、仿效西法的维新思想,无疑为当时闭塞的中国带来了一种实现富国强民的途径,并在一定程度上动摇了封建统治制度的根基,为后来民主革命的发生清除了障碍。

维新变法的最大价值在于它使最高统治者明确意识到在民族存亡之际,惟有全面改变原有的社会政治制度、经济发展方式和教育文化措施方能使中国重新获得生机。虽然以慈禧太后为首的保守派最终全面废除了光绪皇帝颁布的一系列新法,但在历史发展和时代的进步中也不得不承认:"所有一切自强新政,胥关国计民生,不特已行者即应实力奉行,即尚未兴办者,亦当次第推广。"①而仅仅三年之后,1901年,在内外交困,皇权统治岌岌可危的形势下,保守派也开始高举改革变法的旗帜,决心变法。

---

① 罗志渊编著:《近代中国法制演变研究》,台湾正中书局1974年版,第117页。

第三节　清朝新政的"流产"

一、新政实施的前奏

19 世纪末 20 世纪初,以"扶清灭洋"为口号的义和团运动爆发,义和团的势力发展曾成为清政府保守派驱逐列强的工具和希望,但随着 1900 年 8 月,八国联军攻陷北京,义和团运动失败,清政府意识到:"国势至此,断非苟且补苴所能挽回厄运,惟有变法自强为国家安危之命脉,亦即中国生民之转机。"[1]光绪二十六年十二月初十日(1901 年 1 月 29 日),慈禧太后借光绪皇帝名义发布变法诏谕,中国终于走上了变法修律以救亡图存的道路。

变法修律之初,清政府提出"法令不更,锢习不破,欲求振作,当议更张"的口号,并要求"军机大臣、大学士、六部九卿,出使各国大臣,各省督抚,各就现在情弊,参酌中西政治,举凡朝章国故,吏治民生,学校科举,军制财政,当因当革,当省当并,如何而国势始兴,如何而人才始盛,如何而度支始裕,如何而武备始修。各举所知,各抒己见,通限两个月,悉条议以闻"。[2]很快,督办政务处成立,奕劻和李鸿章为督办政务大臣,督促各大臣提出变法意见。

在所有变法奏章中,以张之洞和刘坤一的《江楚会奏变法三折》最为著名,成为后来变法修律运动主要的实施纲要和立法规划。三折内

---

① 《八月二十日慈禧端佑康颐昭豫庄诚寿恭钦献崇熙太后懿旨》,上海商务印书馆编译所编纂:《大清新法令》(点校本:第一卷 1901—1911),李秀清、孟祥沛、汪世荣点校,商务印书馆 2010 年版,第 11 页。
② 《义和团档案史料》下册,中华书局 1959 年版,第 1328 页。

容分别为:第一折,陈述兴学育才四条;第二折,提出整顿中法十二条,涉及恤刑律、改选法等;第三折,主奏采西方以补中法不足之措施十一条,其中,第六条明确提出应"定矿律、路律、商律、交涉刑律"。张之洞和刘坤一认为"欧美商律最为详明,其国家又多方护持,是以商务日兴",故应"由总署电致各国驻使,访求各国著名律师,每大国一名,来华充当该衙门编纂律法教习,博采各国矿务律、铁路律、商务律、刑律诸书;为中国编纂简明矿律、路律、商律、交涉、刑律若干条,分列纲目,限一年内纂成。由该衙门大臣斟酌妥善,请旨核定,照会各国,颁行天下,一体遵守"。①从三折内容上看,涉猎广泛,涵盖教育、经济、官制、法律、军事、农政、交通、文化等方面,并得到慈禧太后的首肯:"据刘坤一、张之洞会奏整顿中法仿行西法各条,事多可行。即当按照所陈,随时设法,则要举办。"②光绪二十九年(1903 年)三月,清廷开始正式实施立法规划。

二、法律制度的制定与改革

(一)宪政制度的确立

1."预备立宪"的历史背景

在晚清法制变革之中,"预备立宪"可谓头等大事。所谓"预备立宪"是指清政府为了仿照西方国家实施君主立宪政体而进行的一系列准备活动。其实对于清政府而言,它的统治阶层是占中国人口绝对少数的满族贵族。从现在大历史的角度回顾可以发现,清朝将中国的君主专制制度发挥到了极致。特别是雍正年间军机处的设置,更是由最高统治者直接管理国家,大臣与君主的关系逐步沦为"主奴关系"。再

---

① 《江楚会奏变法三折之第三折:遵旨筹议变法谨拟采用西法十一条折》,载怀效锋主编:《清末法制变革史料》(上卷:宪法、行政法、诉讼法编),李俊、王为东、叶士东点校,中国政法大学出版社 2010 年版,第 27 页。

② 《义和团档案史料》下册,中华书局 1979 年版,第 1328 页。

加上清军入关以来,长期执行"首崇满洲"的国策,事实上执行的是一条民族不平等的政策,管理旗人与汉人的法制方面不同,广大汉族是处于被压迫的地位。因此,要让清政府的最高统治者接受所谓的"民主宪政"思想实际上是万万不可能的,因为他们深知自己是"少数派",实行民主法制,再要如此优待满人必然导致人口数量占绝大多数的汉人的反抗,这是触碰其政治底线的。

然而《辛丑条约》签订后,清政府再次遇到了前所未有的危机。作为中国近代史上赔款数目最庞大、主权丧失最严重的不平等条约。《辛丑条约》规定:(1)中国赔款价息合计9.8亿两白银(详情为赔偿4.5亿两白银,分39年还清,本息共计约9.8亿两),(2)划定北京东交民巷为使馆界,允许各国驻兵保护,不准中国人在界内居住;(3)清政府保证严禁人民参加反帝运动;(4)清政府拆毁天津大沽口到北京沿线设防的炮台,允许列强各国派驻兵驻扎北京到山海关铁路沿线要地。该条约标志着清政府完全成为帝国主义统治中国的工具,中国彻底沦为半殖民地半封建社会。这一点清朝的最高统治者心知肚明,再加上此时以孙中山为代表的革命党势力风起云涌,公然打出"驱除鞑虏,恢复中华,创立民国,平均地权"的革命口号,目标直接指向推翻清政府,且已经进行了多次武装起义。因此,以慈禧太后为最高统治者的清朝最高统治阶层决心"立宪",他们认为只有"立宪"才能让"大清皇位永固"。此时,实际上距离戊戌六君子英勇就义不过数年光景,慈禧太后就迫于形势要开始所谓的"立宪"。这次"立宪"名义上是为了强国,实际上是为了维护清朝统治,没有把国家与人民的利益放在最高位置,就注定了其必然要失败。

其实,早在洋务运动时期,西方宪政制度即开始随着西方文化传入中国。但是这种思想实际上长期遭受到了清政府的压制。《辛丑条约》的签订使得清政府彻底沦为西方列强的工具,清政府自身也面临强大危机,因此才不得不对长期保守的政治体制作出改革的姿态。不过,虽然朝廷下定决心要进行改革。当时世界各国有着多种立宪模式,到底选择哪种模式进行立宪,是一个争议非常大的问题。在当时的世界上,既有美国这样的联邦制民主国家,也有法国这样的单一制民主国家,也有英国这样的虚君君主立宪制国家,还有德国、日本这样的实君立宪制国家,当然也存在像俄国这样的完全专制国家。

当时,举国上下对清政府到底应不应立宪,如果立宪需要选择哪一条立宪道路产等问题生了极大的争议,各派都有自己的主张。满族贵族希望最大程度维持自己的崇高地位,他们从内心排斥民主与法治思想,而汉族地主阶级则渴望获取更多的政治权利,双方矛盾十分尖锐。正在双方论战不可开交之时,1904年至1905年爆发的日俄战争对这一问题的解答给出了答案。所谓日俄战争是指日本帝国主义与沙俄帝国主义为了争夺中国东北以及朝鲜半岛权益而爆发的一场帝国主义战争,虽然名为"日俄战争",但实际战争基本是在中国领土内主要是东北一带进行。这场战争给中国人民带来了巨大苦难,造成了中国东北大量民众无辜死亡,经济严重受挫。在这场战争中,综合实力不如沙俄的日本依靠制度上的优越性,在战争中激发了巨大的能量。日本陆军在沙河、旅顺、奉天等陆上会战中完胜沙俄陆军,日本海军则在对马海战中几乎全歼俄国舰队,取得了日俄战争的一系列决定性胜利。最终,日俄双方签订《朴茨茅斯和约》,沙俄向日本出让大量权益。

清政府全程旁观了日俄战争,日本的胜利直接引发了中国仿行立宪政体的热潮,有识之士纷纷认为:"朝廷欲图存必先定国是,定国是在立宪法……效欧美之良法,师日本之成规,订立宪法,布告天下,咸使闻知。"①

---

① 《论朝廷欲图存必先定国是》,《东方杂志》1904年第7期。

当时,全国立宪之议论纷纷而起,大家都认为日俄战争中之所以弱小的日本能够战胜强大的沙俄,就是因为日本为立宪国,沙俄并不是立宪国。立宪的国家,其政治法律制度十分优越,是富国强兵的有效保障。清政府自鸦片战争以来,在学习西方科学技术方面其实耗费了巨大的人力、物力、财力,但是并没有取得很好的效果。同样是学习西方,日本是从内到外的学习,最终得以在甲午战争中彻底击溃清朝。十年之后,日本面对更加强大的沙俄帝国,同样取得了全面胜利,一举迈入世界列强之列,这更加说明了实行立宪的必要性。必须承认,日俄战争对于清朝最高统治者的触动是非常大的。《辛丑条约》后,清廷本已风雨飘摇,如今日本帝国主义竟然能够在东北这一清朝的"龙兴之地"耀武扬威,清廷再也不能因循守旧坐以待毙了,终于下定决心准备进行立宪改革。

2. 五大臣出洋考察

鉴于立宪是对国体、政体作出的巨大改革,清廷为了慎重起见决定派出大员出洋考察西方各国的政治体制。光绪三十一年六月十四日(1905 年 7 月 16 日),清政府发布《派载泽等分赴东西洋考察政治谕》,随后又设立考察政治馆作为领导立宪改革的中央机构,负责研究各国宪政制度。不过在派出人选方面,清廷慎之又慎,名单几经变动。最初,清廷打算派出贝子载振、军机大臣荣庆、户部尚书张百熙和湖南巡抚端方等人组成考察团出洋考察。但是在当时的局面下,立宪仍然是面临着巨大风险的一件苦差事,一不留神就会成为国之罪人,因此有许多人都不愿意前往。军机大臣荣庆、户部尚书张百熙就是如此。后来,清廷又打算派出军机大臣瞿鸿机和户部侍郎戴鸿慈前往。可是瞿鸿机和贝子载振也因种种原因不能出洋,只好改派镇国公载泽、军机大臣徐世昌,再加上商部右丞绍英,共同组成出洋考察团。

然而 1905 年(光绪三十一年)9 月 24 日,出洋考察团在北京正阳门车站上车准备出发时,遭到革命党人吴樾的炸弹袭击,考察团多人受伤。此次袭击给清廷带来了不小的冲击,但终未改变清廷派团出洋考察宪政的决心。最终,清廷再次选派了载泽、戴鸿慈、端方、尚其亨、李盛铎五人组成出洋考察团。这个团队的阵容可以说比较强大,既有皇亲国戚、满族贵族,也有汉族官员,其中不乏学问高深的学者。由于时间非常紧迫,考察团兵分多路,远赴东洋、西洋进行考察,足迹遍及欧美及日本等主要国家,详细考察了当时西方国家的政治、经济、法律体制。考察团此行的收获是巨大的,不但见识了西方政治、法律制度的优越性,还对西方国家的富裕、文明印象深刻,自觉清朝相形见绌。他们收集了大量考察资料,为日后的立宪改革打下了基础。

就当时世界各国政治体制来看,德国、日本的立宪模式最有可能被清政府接受。首先,美国、法国的民主共和制度根本不存在专制君主,这是清政府最高统治者绝对不肯接受的,他们断然不肯拱手让出自己手中的权力。而英国式的虚君立宪制度,虽然保证了皇位的巩固,但是君主是没有多少实际权力的。长期以来,中国实行的是君主专制中央集权制度,更何况清朝最高统治者是少数民族的贵族,他们同样不肯轻易放弃手中的权力,去做一个"傀儡皇帝"。而反观日本、德国的实君立宪模式,既有了近代民主、法治的外衣,又能够让皇帝继续保持至高无上的权力。相对而言,这是当时的历史条件下,比较能让清政府接受的一个改革方案。事实上,五大臣出洋考察团得出的也是这个结论。

1906 年 7 月,五大臣考察归国回京复命。此次考察历时 7 个月,考察团的足迹遍及 15 国,行程多达 12 万里。虽然朝廷内部关于立宪问题经常发生激烈的争论,顽固派不断攻击立宪派,但是最终考察团抛出了极具说服力的三条理由来支持立宪,载泽在给慈禧太后的奏折里说:"观于今日,国无强弱,无大小,先后一揆,全出宪法一途,天下之计,居可知矣……窃维宪法者,所以安宇内,御外侮,固邦基,而保人民者也。环球大势如彼,宪法可行如此,保邦致治,非此莫由。"特别值得注意的是,载泽强调"皇位永固;外患渐轻;内乱可弥"。①与此同时,考察团出洋以及归国都经过上海,上海在近代中国开风气之先,是当时立宪派的大本营,五大臣受到立宪派的热烈欢迎,他们积极为之出谋划策。最终,立宪之利在争论占据了上风。

载泽提出的"皇位永固;外患渐轻;内乱可弥"三大好处深深打动了当时清朝的最高统治者慈禧太后,清廷最终下决心实施立宪。清政府发布《宣示预备立宪现行厘定官制谕》。这道上谕说:"我朝自开国以来,列圣相承,漠烈昭垂,无不因时损益,著为宪典。现在各国交通,政治法度,皆有彼此相因之势,而我国政令积久相仍,日处陆险,忧患迫切,非广求智识,更订法制,上无以承祖宗缔造之心,下无以慰臣庶治平之望,是以前派大臣分赴各国考察政治。现载泽等回国陈奏,皆以国势不振,实由于上下相暌,内外隔阂,官不知所以保民,民不知所以卫国。而各国所以富强者,实由于实行宪法,取决公论,君民一体,呼吸相通,博采众长,明定权限,以及筹备财用,经画政务,无不公之于黎庶。又兼各国相师,变通尽利,政通民和有由来矣。时处今日,惟有及时详晰甄核,仿行宪政,大权统于朝廷,庶政公诸舆论,以立国家万年有道之基。但目前规制未备,民智未开,若操切从事,涂饰空文,何以对国民荫昭大信。故廓清积弊,明定责成,必从官制入手,亟应先将官制分别议定,次第更张,并将各项法律详慎厘订,而又广兴教育,清理财务,整饬武备,普设巡警,使绅民明悉国政,以预备立宪之基础。着内外臣工,切实振兴,力求成效,俟数年后规模初具,查看情形,参用各国成法,妥议立宪

---

① 载泽:《奏请宣布立宪密折》,载《辛亥革命》(第 4 册),上海人民出版 1957 年版,第 28 页。

实行期限,再行宣布天下,视进步之迟速,定期限之远近。着各省将军、督抚晓谕士庶人等发愤为学,各明忠君爱国之义,合群进化之理,勿以私见害公益,勿以小忿败大谋,尊崇秩序,保守平和,以豫储立宪国民之资格,有厚望焉。"①

至此,清廷正式将立宪确定为基本国策,中国由此进入了政治制度现代化的预备时期。"这道上谕确立了清政府仿行宪制的三点基调:确认宪政制度的优越性,表明其仿行宪政的决心;大权统于朝廷,庶政公诸舆论;推行宪政只能是一个渐进的过程。"②但值得注意的是,清廷虽然肯定了施行宪政的国策,但是对于宪政的具体实施还是显得信心不足。在这道上谕中,清廷特别强调了宪政必须缓行,理由是民智未开等荒唐原因。

由此可见,清政府预备立宪的真正目的仍然是想维护满族权贵的利益和专制制度的长治久安,并不是真心实意为实现国家之富强。梁启超先生就曾抨击这次预备立宪"号称预备立宪,改革官制,一若发愤以刷新前此之腐败。夷考其实,无一如此所言,而徒为权位之争夺,势力之倾轧,借权限之说,以为排挤异己之具,借新缺之立,以为位置私人之堡。贿赂公行,朋党各树,而庶政不举,对外之不竞,视前此且更甚焉"。孙中山先生在1906年于东京发表演讲,直接抨击这次所谓的立宪的虚伪性:"'宪法'二字,近时人乐道,便是满洲政府,也晓得派遣奴才出洋考察政治,弄些预备立宪的上谕……照现在看来,满洲政府要实行排汉主义,谋中央集权,拿宪法做愚民的器具……中国数千年来,都是君主专制政体,这种政体不是平等自由的国民所堪受的,……照现在这样

---

① 故宫博物院明清档案部汇编:《清末筹备立宪档案史料》(上册),中华书局1979年版,第43、44页。

② 张国安、白晓东、林伟明编著:《中国法制史》,中国检察出版社2007年版,第362页。

的政治论起来,就算汉人为君主,也不能不革命……惟尚有一层最要紧的话,因为凡革命的人,如果存有一些皇帝思想,就会弄到亡国……我们定要由平民革命,建国民政府。这不止是我们革命之目的,并且是我们革命的时候所万不可少的。"

3. 预备立宪的主要活动

清政府宣布预备立宪后,设立了宪政编查馆,作为预备立宪的办事机构,随即开始了预备立宪的一系列活动。

首先是改革官制。长期以来,清政府沿用中国传统官制,到了此时,这种机制效率低下,弊病丛生,是阻碍国家机器有效运转的主要障碍之一。清政府希望通过官制改革,来提高政府的办事效率。这一官制改革既包括中央官制改革,也包括地方官制改革。在中央管制改革方面,清政府"将户部改为度支部,将兵部改为陆军部,将刑部改为法部,将工部和商部合并改为农工商部,将大理寺改为大理院,将理藩院改为理藩部,将巡警部改为民政部,增设了邮传部,保留了外务部、学部和礼部。官制改革后,清政府中央各部官员也改变了称号,由原称尚书、侍郎、郎中、主事改成大臣、副大臣、左右丞、参议、参事。皇帝亲自掌握的军机处及直接为清廷服务并由满族贵族控制的内务府、太监、八旗、翰林院不在改革之范围。而且,清政府还改变了其一贯坚持的各部门满汉官员各半的旧制,一些重要部门如外务部、陆军部、度支部、农工商部等均由满族贵族控制,使得改革后的 11 个部中的 7 个部掌握在满族贵族手里,进一步强化了以满族亲贵为核心的中央政权"。①

"1907 年,清政府公布地方官制,开始对地方官制进行改革。与此同时,把各省督抚的军权收归陆军部,财政权收归度支部。另外又采取

---

① 张国安、白晓东、林伟明编著:《中国法制史》,中国检察出版社 2007 年版,第 363 页。

明升暗降的办法,把最有权势的汉族督抚袁世凯、张之洞调任军机大臣,以减少对削弱地方督抚实权的阻力。但地方官制的改革终因遭到大多数地方实力派的反对而收效甚微。"①此外,清廷还在官制改革中提出了所谓"五不议"的原则,即军机处不议、内务府不议、八旗不议、翰林院不议、太监不议。由此可见,所谓的官制改革看似轰轰烈烈,实际则是充满了欺诈。"不过是调整合并了某些部院,改变了某些机构和官制名称而已。非但没有触及封建专制制度的核心,反而加强了满族贵族在国家机构中的优势。"②

其次是颁布《钦定宪法大纲》。清政府的这次政治改革号称"预备立宪",自然制定宪法就成了一个非常核心的问题。经过五大臣出洋考察以及一系列研究,清政府决定制定成文宪法。不过,清政府的举措非常缓慢,对制定宪法仍是没有信心,他们企图仍旧维持封建专制制度的心思依然很重。就在这个时候,以孙中山为首的资产阶级革命派在全国各地连续发动武装起义,明确提出推翻清政府建立民国的主张,这令清廷统治者感到十分惶恐。而清廷内部的保皇派、立宪派等也纷纷上书最高统治者,希望加快立宪进程,并且发动了多次立宪情愿活动。与此同时,清政府中的一些满族实权派也在力劝朝廷赶快立宪。比如,曾经作为五大臣之一出洋考察的端方就上书朝廷说:"近访闻逆党方结一秘密会,遍布支部于各省,到处游说运动,且刊印鼓吹革命之小册子。……入会之人,日以百计,踪迹诡秘,防不胜防",尽早立宪有助于"于政治上导以新希望"从而"解散乱党"。在这种背景下,清政府终于决定制定颁布宪法。1908 年 8 月 27 日(光绪三十四年八月一日),清廷公布了宪政编查馆起草的《钦定宪法大纲》。

---

① 张国安、白晓东、林伟明编著:《中国法制史》,中国检察出版社 2007 年版,第 363 页。
② 同上书,第 364 页。

　　《钦定宪法大纲》由两部分组成:正文"君上大权"和附录"臣民权利义务",共计二十三条,君上大权为:"一、大清皇帝统治大清帝国,万世一系,永永尊戴。二、君上神圣尊严,不可侵犯。三、钦定颁行法律及发交议案之权。凡法律虽经议院议决,而未奉诏命批准颁布者,不能见诸施行。四、召集、开闭、停展及解散议院之权。解散之时,即令国民重行选举新议员,其被解散之旧员,即与齐民无异,倘有抗违,量其情节以相当之法律处治。五、设官制禄及黜陟百司之权。用人之权,操之君上,而大臣辅弼之,议院不得干预。六、统率陆海军及编定军制之权。君上调遣全国军队,制定常备兵额,得以全权执行。凡一切军事,皆非议院所得干预。七、宣战、讲和、订立条约及派遣使臣与认受使臣之权。国交之事,由君上亲裁,不付议院议决。八、宣告戒严之权。当紧急时,得以诏令限制臣民之自由。九、爵赏及恩赦之权。恩出自君上,非臣下所得擅专。十、总揽司法权。委任审判衙门,遵钦定法律行之,不以诏令随时更改。司法之权,操诸君上,审判官本由君上委任,代行司法,不以诏令随时更改者,案件关系至重,故必以已经钦定为准,免涉分歧。十一、发命令及使发命令之权。惟已定之法律,非交议院协赞奏经钦定时,不以命令更改废止。法律为君上实行司法权之用,命令为君上实行行政权之用,两权分立,故不以命令改废法律。十二、在议院闭会时,遇有紧急之事,得发代法律之诏令,并得以诏令筹措必需之财用。惟至次年会期,须交议院协议。十三、皇室经费,应由君上制定常额,自国库提支,议院不得置议。十四、皇室大典,应由君上督率皇族及特派大臣议定,议院不得干预。"

　　臣民权利义务为:"一、臣民中有合于法律命令所定资格者,得为文武官吏及议员。二、臣民于法律范围以内,所有言论、著作、出版及集会、结社等事,均准其自由。三、臣民非按照法律所定,不加以逮捕、监禁、处罚。四、臣民可以请法官审判其呈诉之案件。五、臣民应专受法律所定审判衙门之审判。六、臣民之财产及居住,无故不加侵扰。七、臣民按照法律所定,有纳税、当兵之义务。八、臣民现完之赋税,非经新定法律更改,悉仍照旧输纳。九、臣民有遵守国家法律之义务。"

从条文上看,虽然"臣民"拥有了九条"权利义务",即平等、自由、民主、财产等基本人权,而且似乎也具备了以宪法和法律限制君权的君主立宪制度,但是,"君上大权"所列举的皇帝拥有至高无上、不受约束的权力,集立法、行政、司法、军队、外交、罢免、恩赦、财政等权力于一身的规定,无时不显示着"君上神圣尊严,不可侵犯"的立宪原则,重君权、轻民权。这部《钦定宪法大纲》内容主要是仿效 1898 年《日本帝国宪法大纲》制定的。在当时世界强国的宪法当中,《日本帝国宪法大纲》的立法水平显然不如美国、法国等国的宪法,它仍然保留了大量维护君权的封建专制色彩。不过,《日本帝国宪法大纲》仍然保留了一部分近代民主法治的条款。清政府制定的《钦定宪法大纲》虽然以《日本帝国宪法大纲》为蓝本,但是却将《日本帝国宪法大纲》中仅剩的一些有利于民主法治的条款全部删去,使得这部《钦定宪法大纲》完全成为一部维护封建君主专制制度的文书,沦为历史的笑柄。

然而,虽然这部《钦定宪法大纲》有着很多局限性,但是也不应对它进行全盘否定,它还是有一定积极意义的。中国是一个具有数千年专制传统的封建国家,如今能够制定一部宪法,本身就是一种巨大的进步。这部宪法大纲虽然处处维护君主大权,但是毕竟也在臣民义务中规定了臣民的权利和义务。特别是还有一些条款同我国传统的政治制度相比,已经有了很大的进步空间,这对于现代法治理念的传播,启蒙民众的思想还是有巨大意义的。这个表面上是二元制君主立宪的宪法文件,其实质内涵依然体现为君主专制,只是用资产阶级宪法的形式为君主专权提供了合法的身份。

当然,自《钦定宪法大纲》开始,中国拉开了法制现代化的序幕,它不仅开了中国宪法史上的先河,也使中国开始走上法制建设与发展的道路,从此,权利与义务的观念渐入人心,限权和人权保障理念在中国生根发芽。从这点上说,这部宪法性法律文件具有重大的历史进步意义。

再次是设立资政院和咨议局。在清末"预备立宪"过程中,清政府效仿西方的国会和地方议会而设立的中央咨询机构和地方咨询机构。清廷下诏"预备立宪"之后,举国上下都要求迅速召开国会,以便尽快进行制度改革。鉴于国内和国外严峻的形势,清廷在这方面并未拖延太久。1907年9月,清廷下令设立资政院和咨议局。资政院是清末立宪运动的议会准备机构,成立于1910年9月,终止于1912年年初。"它的主要职责是:负责法律的修订修改(不包括宪法),议决国家的预决算、税法及公债,决定皇帝特旨交议的其他事件。资政院议决的事件须奏请皇帝裁夺;军机大臣和各部行政长官有权要求复议,若双方意见不一,则分别上奏皇帝;皇帝有权命令资政院停会或解散。对人民陈请事件,多数议员认为合理可采,可将其提议为议案。此外,由议员30人以上附议,资政院可自行提出议案,但须到会议员过半数方可议决。"①

咨议局是各省的议会机构,1907年10月清廷下令各省筹建咨议局。1908年7月颁行《咨议局章程》和《咨议局议员选举章程》,至1909年9月(宣统元年八月),除新疆外,全国各省都成立了咨议局。根据《咨议局章程》规定,咨议局"为各省采取舆论之地,以指陈通省利病,筹计地方治安为宗旨"。它主要有以下职能:"应兴应革事件,预算决算,

---

① 张国安、白晓东、林伟明编著:《中国法制史》,中国检察出版社2007年版,第366页。

税法及公债,修法修规,选举资政院议员,申复资政院和督抚咨询事项,公断和解本省自治会之间的争议,收受自治会或人民陈请建议等。但是各省督抚有监督咨议局选举及会议之权;对咨议局的议案有裁夺之权;遇规定情事,督抚还可令咨议局停会或奏请皇帝解散咨议局。可见,咨议局名为各省议会之始,实为完全听令于督抚的附属机构。"①

最后是颁布《宪法重大信条十九条》。清末新政时期,随着中外交往的日益频繁,以及出国留学、考察人士的耳闻目睹,越来越多的人对英、美、日、德等国的责任内阁称赞不已,认为这是必须改革的地方。在清朝内部,掌握实权的地方督抚支持成立内阁,立宪派也不断鼓吹成立责任内阁的好处。此时,孙中山领导的革命党起义声势越来越大。在这种内外交困之际,为了继续维护自己的专制统治,清政府无奈地在1911年(宣统三年)5月8日宣布废除军机处,实行责任内阁制。在中国历史上,军机处的成立代表着封建君主专制制度走向了巅峰,大臣只能听命于皇帝,沦为奴仆。此次废除军机处,成立责任内阁,无疑是一种进步。

然而事与愿违,清廷成立的这个责任内阁其人员构成令举国哗然。本来,无论是地方实权督抚还是立宪派,其赞同成立责任内阁的原因都在于希望清廷能够在一定程度上放权,然而清廷并未清楚认识到当时事态的严重性,继续我行我素企图维护自己的专制统治,丝毫不肯放权。这个责任内阁成员如下:总理大臣庆亲王奕劻,协理大臣大学士徐世昌,大学士那桐,外务大臣梁敦彦,民政大臣肃亲王善耆,度支大臣加贝勒衔镇国公载泽,学务大臣唐景崇,陆军大臣荫昌,海军大臣加郡王衔贝勒载洵,司法大臣绍昌,农工商大臣加贝勒衔贝子溥伦,邮传大臣

---

①　张国安、白晓东、林伟明编著:《中国法制史》,中国检察出版社 2007 年版,第 366 页。

盛宣怀,理藩大臣寿耆。

从这个名单可以清楚看出,内阁绝大部分名额被满族贵族占据,军政等要害部门全部由满族贵族把持,时人讽之以"皇族内阁",举国上下无不唾弃此举,即便是支持清廷的立宪派也倍感失望。不久之后的1911年10月10日,武昌起义爆发,各省纷纷宣布独立,清朝统治迅速土崩瓦解。10月22日,清廷资政院开会,要求制定宪法来安定人心。10月27日,清朝新军将领张少曾、蓝天蔚、卢永祥等屯兵河北滦州,联合致电清廷,提出《政纲十二条》,要求清廷制定类似英国君主立宪式的虚君宪法,否则即向北京进攻,这就是著名的"滦州兵谏"。这是清朝入主中原以来遇到的对北京皇室威胁最大的内部危机,在风雨飘摇之际,清政府无奈地选择接受这些建议,并且于10月30日下罪己诏,赦免政治犯,决定起草宪法。

1911年11月3日,清廷颁布并实施由资政院起草并通过的《宪法重大信条十九条》。其具体内容如下:第一条,大清帝国皇统万世不易。第二条,皇帝神圣不可侵犯。第三条,皇帝之权,以宪法所规定者为限。第四条,皇帝继承顺序,于宪法规定之。第五条,宪法由资政院起草议决,由皇帝颁布之。第六条,宪法改正提案权属于国会(议会)。第七条,院议员,由国民于有法定特别资格者公选之。第八条,总理大臣由国会(议会)公举,皇帝任命;其他国务大臣由总理大臣推举,皇帝任命,皇族不得为总理大臣及其他国务大臣并各省行政长官。第九条,总理大臣受国会(议会)弹劾时,非国会(议会)解散,即内阁总理辞职,但一次内阁不得为两次国会(议会)之解散。第十条,陆海军直接皇帝统率,但对内使用时,应依国会(议会)议决之特别条件,此外不得调遣。第十一条,不得以命令代法律,除紧急命令,应特定条件外,以执行法律及法律所委任者为限。第十二条国际条约,非经国会(议会)议决,不得缔结。但媾和宣战,不在国会(议会)开会期中者,由国会(议会)追认。第十三条,官制官规,以法律定之。第十四条,本年度预算,未经国会(议会)议决者,不得照前年度预算开支。又预算案内,不得有既定之岁出,预算案外,不得为非常财政之处分。第十五条,皇室经费之制定及增减,由国会(议会)议决。第十六条,皇室大典不得与宪法相抵触。第十七条国务裁判机关,由两院组织之。第十八条,国会(议会)议决事项,由皇帝颁布之。第十九条,第八条至第十六各条,国会(议会)未开以前,资政院适用之。

《宪法重大信条十九条》与《钦定宪法大纲》相比,不论是体例还是内容上都存在差异。首先,《宪法重大信条十九条》采用了英美式的责任内阁制;其次,扩大国会权力以限制皇权。例如,规定皇帝的权力不得超越宪法,皇位继承顺序须由宪法规定,宪法的制定由资政院起草议决,宪法解释权和修正提案权由国会负责,缔结国际条约须经国会批准等;再次,取消人民的权利和义务规定;最后,此法属于临时性宪法。之所以有如此变化,笔者认为主要还是与当时的国内外社会环境的不同有关,《宪法重大信条十九条》是在 1911 年 11 月 3 日公布的,之前刚经历了辛亥革命,在立宪派的敦促和民主革命浪潮的席卷下,如果清政府再固守君主专制则已完全不能适应社会形势的变化,故必须转变统治模式。

通过对上述两部宪法性文件和宪法法律的分析,我们可以发现,《钦定宪法大纲》和《宪法重大信条十九条》都是清政府迫于内外压力,为挽回统治颓势而制定出台的,而且二者都以"大清帝国之皇帝万世不易"和"皇帝神圣不可侵犯"为基本原则,但是,《钦定宪法大纲》作为清政府初涉宪政制度的"实验性成果",不具有宪法法律的性质,只表明清政府允诺立宪,故只属于宪法性法律文件。而《宪法重大信条十九条》

由资政院制定并通过,它已具备宪法法律的形式和实质要件,虽然只是一种临时宪法,但具有宪法性质。然而,这部具有宪法性质的法律并没有发挥其应有的作用和价值,在革命浪潮冲击下,《宪法重大信条十九条》也沦为具文。1912 年 2 月 12 日,清朝的宣统皇帝宣布退位,中国延续 2 000 多年的封建帝制宣告结束,清廷所谓的"预备立宪"也随之化为乌有了。

(二) 刑法的修订

1902 年 3 月 11 日(光绪二十八年二月二日),清廷颁谕:"中国律例,自汉唐以来,代有增改。我朝《大清律例》一书,折衷至当,备极精详。惟是为治之道,尤贵因时制宜,今昔情势不同,非参酌适中,不能推行尽善。况近来地利日兴,商务日广,如矿律、路律、商律等类,皆应妥议专条。着各出使大臣,查取各国通行律例,咨送外务部,并着责成袁世凯、刘坤一、张之洞,慎选熟悉中西律例者,保送数员来京,听候简派,开馆编纂,请旨审定颁行。总期切实平允,中外通行,用示通变宜民之至意。"①5 月 13 日,清廷再发上谕:"现在通商交涉,事益繁多,着派沈家本、伍廷芳,将一切现行律例,按照交涉情形,参酌各国法律,悉心考订,妥为拟议。务期中外通行,有裨治理。俟修定呈览,候旨颁行。"②

中国法律传统历来重刑轻民,刑法制度的发展较其他法律制度而言比较成熟,但也正因为如此,刑法成为清末修律活动中修订时间最长、修改内容最多、斗争最激烈的法律。1905 年 4 月 24 日,沈家本、伍廷芳会奏《删除律例内重法折》,主张将《大清律例》中关于"凌迟""枭首""戮尸""缘坐""刺字"等刑罚删除,清政府对上述建议予以采纳,将凌迟、枭首、戮尸三项酷刑永久删除;对缘坐除知情者仍需治罪外,其余

---

① 《德宗景皇帝实录》,中华书局 1987 年版,第 536—537 页。
② 同上书,第 537 页。

予以宽免;刺字刑也给予了革除。

1.《大清现行刑律》

在旧律难以使用,新律短期无法完成的情况下,沈家本认为:"各法之中,尤以刑法为切要,乃先从事编辑。"沈家本建议可仿照日本的做法,在新刑律颁布之前先编订一部《现行刑律》作为过渡性的临时刑法。于是,1905 年,修订法律大臣奏准将原《大清律例》内应删各条(三百四十四条)分三次逐一择出。1908 年,沈家本等人奏呈《拟请编定现行刑律以立推行新律基础》,建议"踵行其事,以竟前功",1909 年 8 月,初稿完成,1910 年 5 月奉旨颁行。《大清现行刑律》凡三十门,三百六十九条,附例一千三百二十七条,另附《禁烟条例》和《秋审条款》。

总体而言,《大清现行刑律》改变了旧律中按六部分类的办法,删去了吏、户、礼、兵、刑、工等各种律目;对旧律中纯属民事、商事的条款予以分出,不再处刑;对旧律中规定的笞刑、杖刑改用罚金代替;对旧律中的到外地服刑的徒刑和流刑,一般改在当地服刑;对凌迟、枭首、戮尸等酷刑予以废除,规定死刑只有绞刑和斩刑两种,同时废除了缘坐之法和刺字之法;对旧律中禁止同姓为婚、良贱为婚等过时的条文予以废除,增加了有关毁坏铁路罪、毁坏电讯罪、私铸银圆罪等与时代发展相契合的新式条文。虽然,此法总体上未脱离旧律的内容和形式,但是其明确将民商条款从刑法规定中剥离,无疑是一个巨大的进步。

2.《大清新刑律》

1906 年,制定刑法新律的条件已渐趋成熟,沈家本通过对中外法典的比较研究后认为,中国法典的名例与各国刑法总则无异,因此,修订法律馆可"兼采各国律意",拟定刑律草案。总体来看,这次修律很不顺利,充满波折,可以说是近代中国修律史上最难的一次修律。"由沈家本主持制定的《大清新刑律》是晚清修律的核心部分,不仅历时最长,而且经过引进资产阶级的刑法文化,使得体例和内容变革极大、因此遭到保守派的激烈攻击。他们谴责沈家本'用夷变夏',违背了中国传统的礼教与民情。"①礼教派与法理派为了《大清新刑律》的内容展开了激烈的争辩,这就是历史上著名的"礼法之争"。

1907年10月3日(光绪三十三年八月二十六日),修律大臣沈家本向清廷上奏《刑律草案告成分期缮单呈览并陈修订大旨折》后,旋将修订法律馆拟定的刑律草案总则十七章,分则三十六章,共三百八十七条上交清廷,清廷将法律草案交各部院及各省督抚评议。1908年4月4日(光绪三十四年三月四日),署邮传部右丞李稷勋向清廷上奏《新纂刑律草案流弊滋大应详加厘定折》,猛烈批判新刑律草案"如谓修订刑律,意在收回治外法权,不宜过绳以旧例。臣愚以为法权外失,诚足碍我统治,然一时能否收回,固赖有开明之法律,尤恃有强实之国力,万一空文无效,不独无补外交,徒先乱我内治,甚非计也"。他还指责新律:"轻重失宜,流弊滋大,拟恳详加厘订,以维政体而弥乱端。"②与此同时,清流领袖、军机大臣张之洞、江宁提学使劳乃宣等一批官员都表示反对新刑律草案。史载"'法律大臣会同法部奏进修改刑律,义关伦常诸条,未依旧律修入。……'谓宜将旧律有关礼教伦纪各节,逐一修入正文,并拟补干名犯义、犯罪存留养亲、亲属相奸相殴、无夫奸、子孙违犯教令各条。法律馆争之。明年资政院开,宪政编查馆奏交议院,将总则通过。时劳乃宣充议员,与同院内阁学士陈宝琛等,于无夫奸及违犯教令二条力持不少息,而分则遂未议决。"③礼教派向清廷连连上奏,猛烈抨击新刑律草案。这些人提出要维护封建礼教,他们不能接受新刑律中将旧

---

① 张晋藩:《中国近代社会与法制文明》,中国政法大学出版社2003年版,第311页。
② 《清末筹备立宪档案史料》下册,中华书局1979年版,第854页。
③ 《清史稿·刑法志一》。

律中有关违反中国传统礼教部分的犯罪剔除。

　　面对这种攻击，以沈家本为首的法理派也在不断进行回击。其中，以沈家本和杨度的回击最为有力。沈家本主要通过法理来回击礼教派。而杨度则从国家主义和家族主义的角度来回击礼教派。杨度认为当今的修律，就是要接受西方的法律理念，也就是实行国家主义，而传统的礼教是要维护家族主义。这两者在当时其实有尖锐的矛盾。在当时的中国，国家要想富强，必须树立国家主义观念。杨度在《论国家主义与家族主义之区别》一文中说，中国"设家族之界，使家自为团，族自为群，各自谋其生活，因其天然之长幼而为之立家长焉。家长之权利义务皆比家人为重。家人全体坐食，家长一人谋食，此其义务也。白首之儿，一切行动听命于黄耇之父，此其权利也。国家法律亦本此意，家人有罪，家长连坐，此其义务也。有所谓家法者，家长可以自行其立法权以拟具条文，又可于神堂祖祠之地自行其司法权以处分子弟，国家皆不问之，此其权利也。于是，天子治官，官治家长，家长治家人，以此求家庭之统一，即以谋社会之安定，故中国之礼教与法律，皆以家族主义为精神者也。"①

　　"礼法之争"进行得非常激烈，最终双方作了妥协。1911年1月25日(宣统二年十二月二十五日)，清廷根据资政院和宪政编查馆会奏，颁布《大清新刑律》。上谕云："新刑律颁布年限，定自先朝筹备宪政清单，现在设议院之期已经缩短，新刑律尤为宪政重要之端，是以续行修正清单，亦定为本年颁布，事关筹备年限，实属不可缓行，著将新刑律总则、分则暨暂行章程，先为颁布，以备实行。俟明年资政院开会，仍可提议修正，具奏请旨，用符协赞之义，并着修订法律大臣，按照新刑律，迅即

① 参见刘晴波编、杨度著：《杨度集》，湖南人民出版社2008年版，第528—529页。

编辑判决例及施行细则,以为将来施行之预备,余照所议办理。"①

《大清新刑律》分为总则和分则两编,"总则为全编之纲领,分则为各项之事例",共五十三章,四百十一条,附《暂行章程》五条。总则包括:法例、不论罪、未遂罪、累犯罪、俱发罪、共犯罪、刑名、宥恕减轻、自首减轻、酌量减轻、加减例、犹豫行刑、假出狱、恩赦、时效、时期计算、文例共十七章八十八条。分则包括:侵犯帝室罪、内乱罪、外患罪、妨害国交罪、漏泄机务罪、渎职罪、妨害公务罪、妨害选举罪、骚扰罪、逮捕监禁脱逃罪、藏匿罪人及湮灭证据罪、伪证及诬告罪、放火决水及妨害水利罪、危险物罪、妨害交通罪、妨害秩序罪、伪造货币罪、伪造文书印信罪、伪造度量衡罪、亵渎祀典及发掘坟墓罪、鸦片烟罪、赌博罪、奸非及重婚罪、妨害饮料水罪、妨害卫生罪、杀伤罪、堕胎罪、遗弃罪、私擅逮捕监禁罪、略诱及和诱罪、妨害安全信用名誉及秘密罪、盗窃及强盗罪、诈欺取财罪、侵占罪、赃物罪、毁弃罪,共三十六章三百二十三条。②

所谓《暂行章程》就是法理派和礼教派妥协的产物,也就是某些涉及礼教的核心问题并不用新律,其余条款则采用新律。其内容是:"第一,侵犯皇室、内乱、外患、杀伤尊亲属等罪处以死刑者,仍用斩。第二,发掘尊亲属坟墓损坏、遗弃、盗取尊亲属尸体应处五年以上至无期徒刑者,可因其情节仍处死刑。第三,犯强盗罪应处十年以上至无期徒刑者,得因其情节仍处死刑。第四,和奸无夫妇女者处刑。第五,对尊亲属有犯,不得使用正当防卫之例。"③

《大清新刑律》是中国历史上第一部近代意义上的专门刑法典,有

---

①　《清末筹备立宪档案史料》下册,中华书局 1979 年版,第 891 页。

②　中国人民大学法律系法律史教研室编:《中国近代法律史资料选编》第一分册,1980年版,第 253—309 页。转引自彭凤莲:《罪刑法定原则引入中国历程考》,《法学杂志》2007 年第 4 期。

③　王立民主编:《中国法律制度史》,上海教育出版社 2001 年版,第 224—225 页。

别于历代中国传统刑法典,具有鲜明的特色:首先,抛弃了以往旧律"诸法合体"的编纂形式,以罪名和刑罚等专属刑法范畴的条文作为法典的唯一内容;其次,在体例上采用近代西方刑法典的体例,将整部法典分为总则与分则两部分;再次,确立了新的刑罚制度,规定刑罚分为主刑和从刑两种。主刑包括:死刑(仅绞刑一种)、无期徒刑、有期徒刑、拘役、罚金。从刑包括剥夺公权和没收两种;最后,采用了一些近代西方资产阶级的刑法原则和近代刑法学的通用术语。如罪刑法定、法律面前人人平等及缓刑、假释、正当防卫等。删除了旧律中八议、十恶等名目。但是,这部法律也有不足之处,主要体现在《暂行章程》部分之中,保留了不少封建残余的内容。然而也应该看到,这次修律在中国法律史上具有举足轻重的意义。也就是这次修律,中华法系随之解体。中国传统法律深受儒家思想影响,早已深入人心。这次法律改革是自上而下的改革,统治者也不得不考虑到社会的接受程度。随着社会的不断进步发展,在后世的法律制定中,类似"礼教之争"的事件便越来越少了。此时,人们已经真正接受了西方近代法律制度。然而遗憾的是,此法因颁行不久,即爆发辛亥革命,故并未能真正发挥作用。

(三)民商法的制定

1907年6月,民政部大臣善耆上奏清廷称:"私法定人民之关系,即民法之类是也。"并建议"斟酌中土人情政俗,参照各国政法,厘定民律"。在日本法学家志田钾太郎和松冈义正的协助下,《大清民律草案》于1911年8月完成,内容包括总则、债权、物权、亲属、继承,共五编三十三章一千五百六十九条。其主要特点有:第一,注重世界最普遍之法则,以保持公平;第二,注重吸收世界上最先进的民法理念和原则;第三,依然保留中国固有传统法的内容及精神;第四,理论与实践脱节,未能完全符合中国社会的实际。

　　《大清民律草案》是中国历史上第一部民法典,虽未及颁行,但其具有历史价值,意义深远。它在开创地位、观念引导、立法影响、主动借鉴方面表现突出。然而,这部民法典也不是尽善尽美。北洋政府司法总长、法学家江庸就曾批评《大清民律草案》:"前案多继受外国法,于本国固有法源,未甚措意。如《民法债权篇》于通行之'会',《物权篇》于'老佃'、'典'、'先买',《商法》于'铺底'等全无规定,而此等法典之得失,社会经济消长盈虚,影响极巨,未可置之不顾。"①

　　其实,对于《大清民律草案》的评价应当辩证来看。既应该肯定其长处,也要反思其缺陷。正如张晋藩先生所言,《大清民律草案》"标志着中国固有民法的基本终结和与西方近代民法接轨的开端。它所体现的新与旧、中与外的整合,虽有这样那样的缺点和不足,但无论如何它是近代民法奠基之作;对于启迪人们的私法意识、权利意识,甚至推动社会跟上进步的潮流,都有着一定的意义。《大清民律草案》是最具时代性的立法,形象地反映了西方民法文化与中国固有的民法文化的冲突与融合,虽然这种整合缺乏科学的基础,但在当时的历史条件下是不可避免的。可惜的是民律起草者过分注意与西方民法的求同,对于调查来的大量民事习惯未能认真地甄别采纳,尤其表现在财产法上,完全置民间流行已久的习惯和法律关系于不顾"。当下,中华人民共和国的民法典正在如果火如荼地编纂过程中,如何处理本土资源与西方法治之间的关系依旧是当代民法典编纂的重大问题,《大清民律草案》的立法成败得失仍然值得今天反思。

　　商法的制定早于民法,1903 年,清廷在设立商部后即开始制定商事法规,其中,载振奏定《商律》的奏折中称:"编辑商律,门类繁多","目

---

　　① 谢振民:《中华民国立法史》,正中书局 1937 版,第 903—904 页。

前要图莫如筹办各项公司,力祛曩日涣散之弊,庶商务日有起色,不至坐失利权。则公司条例亟应先为妥定,俾商人有所遵循,而臣部遇事维持,设法保护亦可按照定章核办","兹将商律卷首之《商人通例》九条暨《公司律》一百三十一条缮具清册,恭呈御览"。①由于《钦定大清商律》基本仿效日本的立法体例制定,故在法律适用方面大打折扣,也招致了许多批评,但此法从法律形式上确认了商业活动以营利为目的,确认了商人的合法地位,而一反中国以往重本抑末、重义轻利的传统,在此意义上的作用不容忽视,同时,也为其他商事法规的制定提供了范本和参照。1903—1904 年间,数部工商、经济类法律相继出台,如《重订铁路简明章程》《运送章程》《公司注册试办章程》《试办银行章程》《商会简明章程》《矿务暂行章程》《商标注册章程条例》等。②

(四)诉讼法的拟定

清末诉讼法律原先并未将民事诉讼律和刑事诉讼律分别编纂,而是合为一个草案,于 1906 年 4 月 15 日由修订法律馆呈奏清廷,理由为"中国诉讼断狱,附见刑律,沿用唐明旧制……揆诸今日情形,亟应扩充,以期详备","若不变通诉讼之法,纵令事事规仿,极力追步,真体虽充,大用未妙,于法政仍无济也"。③《大清刑事民事诉讼法草案》共五章二百六十条,主要进步体现在区分了民事案件与刑事案件;废除封建刑罚及刑讯;采用自由心证原则;引入律师制度与陪审制度。但在交各省复议过程中却遭到了反对意见,认为该草案不符合外国诉讼法的编纂

---

① 《商部奏拟订〈商律〉,将公司一门缮册呈览恭候钦定折》,上海商务印书馆编译所编纂:《大清新法令》(点校本:第四卷 1901—1911),洪佳期、陈婉玲、曾尔恕、魏淑君点校,商务印书馆 2011 年版,第 170 页。
② 朱英:《清末经济法规》,《历史研究》1993 年第 5 期。
③ 《修订法律大臣沈家本等奏进呈诉讼法拟请先行试办折》,转引自赵晓耕主编:《中国近代法制史专题研究》,中国人民大学出版社 2009 年版,第 326 页。

经验及中国传统的礼教民情,认为此法是"袭西素产业之制,坏中国名教之防,启男女平等之风,悖圣贤修齐之教",①故未予颁行。

　　1911 年年初,沈家本等又进呈《大清刑事诉讼律草案》,陈述刑事诉讼制度的重要性:"盖刑律为体,而刑诉为用,二者相为维系,固不容偏废也。"②此草案共计六编五百一十五条。主要仿制日本 1890 年《刑事诉讼法》制定,主要确立了以下原则及制度:不告不理原则;检察官公诉制度;自由心证制度;审判公开原则;干涉主义制度;预审制度等。这是我国第一部专门的刑事诉讼法典草案,具有开创性意义。随后,修订法律馆在"采各国之成规"的基础上,又编纂完成了《大清民事诉讼律草案》。与刑事诉讼律草案一样,该法案依然以德日的民事诉讼法为主要蓝本参订完成,共计四编八百条,整部法律体现了自由、平等、人权等先进的理念,也引入了诸如"陪审制""制度""证据制度""审判公开"等新概念。两部诉讼律草案皆因清朝的覆灭未及颁行。

(五) 法院编制法的颁布

　　1905 年,迫于国内外的严峻形势,清廷经过反复斟酌考量后同意立宪。光绪三十二年(1906 年)九月二十日,清廷发布《宣布预备立宪先行厘定官制谕》,将"刑部著改为法部,专任司法;大理寺著改为大理院,专掌审判"。③同年十月二十七日,在沈家本《审判权限厘定办法折》的基础上,修订法律馆又拟定《大理院审判编制法》。此法共五节,四十五条,分为总纲、大理院、京师高等审判厅、城内外地方审判厅和城谳局

---

① 张之洞:《遵旨核议新编刑事民事诉讼法折》,转引自陈刚:《民事诉讼法制的现代化》,中国检察出版社 2003 年版,第 107 页。
② 赵晓耕主编:《中国近代法制史专题研究》,中国人民大学出版社 2009 年版,第 327 页。
③ 《宣布预备立宪先行厘定官制谕》,载怀效锋主编:《清末法制变革史料》(上卷:宪法、行政法、诉讼法编),李俊、王为东、叶士东点校,中国政法大学出版社 2010 年版,第 194 页。

等内容。其中,大理院负责审理终审案件、官犯、国事犯、各省之京控、京师高等审判厅不服之上控、会同宗人府审判重罪案件;京师高等审判厅审理地方审判厅第一审不服之控诉、城谳局判决二审之上告案件;地方审判厅审理除城谳局及上级审判权限以外的一审民刑案件以及城谳局已判二审案件;城谳局审理二百两以下物产及金钱诉讼、罚金十五两以及无关人命的刑事案件。

宣统元年(1909年),《法律编制法》在参酌日本司法制度为模式的基础上正式颁行,该法共十六章,一百六十四条,与日本的《裁判所构成法》基本相同,施行"四级裁判制",将地方审判机关分为三级:初级审判厅、地方审判厅、高等审判厅。初级审判厅施行独任制,由推事一员行之。地方审判厅的一审普通案件由推事独任审判;繁杂案件和二审案件由推事三员合议审判。高等审判厅施行合议制,由推事组成合议庭审判。为明确地方审判机构的管辖范围,在颁行《法院编制法》的同时,清政府还规定了审判机关的权限及管辖区域,体现了西方司法原则的审判独立、民刑分立、审检分离与审判合议等精神。

第四节　民国法治的变迁和混乱

一、南京临时政府时期

(一)湖北军政府时期

南京临时政府成立前,为巩固辛亥革命的胜利果实,湖北军政府曾颁布过两项组织条例:《中华民国军政府暂行条例》和《中华民国鄂军政府改定暂行条例》,以便于遏制都督的权力,加强对军政府的监督。

1911 年 10 月 28 日,宋教仁根据资产阶级三权分立原则和天赋人权的民主自由思想,拟定了《中华民国鄂州约法》,并于同年 11 月 9 日由湖北军政府公布。《鄂州约法》共七章六十条,分为总纲、人民、都督、政务委员、议会、法司、补则等内容,虽然约法明确规定鄂州政府实行三权分立原则,鄂州政府以都督及其任命的政务委员与议会法司构成,而且人民享有言论、集会、结社、信教、通信、居住及迁徙等自由和权利,并不受非法逮捕、审问、处罚。人民的私有财产受法律保护。从表面上看,这个带有资产阶级宪法性质的文件在启发民众民主主义思想、传播资产阶级理论方面确实起到了促进作用,具有进步意义,但是由于脱离了当时社会政治的环境,赋予了鄂州都督过大的权力,客观上为日后军阀窃取军政府的政权提供了法律依据。①

此外,湖北军政府为维护社会治安,还颁布了"刑赏令"(赏罚令)和"军令八条",对维护社会秩序和整顿军纪都有一定的改善作用。同时,为与清政府的司法制度区别开来,湖北军政府司法部还发布第一号文告,宣布暂设江夏临时审判所和临时上诉审判所来处理刑民案件,并公布《江夏临时审判所暂行条例》和《临时上诉审判所暂行条例》,作为具体实施细则,这是资产阶级司法制度的开端。

(二)南京临时政府时期

1.《中华民国临时政府组织大纲》

1912 年 1 月 1 日,中华民国南京临时政府宣告成立。早在 1911 年 12 月 3 日,为给临时政府组阁提供法律依据,《中华民国临时政府组织大纲》予以颁布。此法共四章二十一条,仿照美国政治制度制定,主要内容有:第一,实行资产阶级三权分立的原则。政府由临时大总统、副

---

① 张国福:《中华民国法制简史》,北京大学出版社 1986 年版,第 59 页。

总统、行政各部、参议院和临时中央审判所组成。其中,总统、副总统行使行政权;参议院是立法机关,行使立法权;中央审判所是司法机关,行使司法权,三者互相监督制约。第二,采取总统制。规定临时大总统负有实际政治责任,不对参议院负责。

2.《中华民国临时约法》

虽然《中华民国临时政府组织大纲》具有"临时宪法"的作用,但施行过程中缺点甚多,为此,1912年1月28日参议院成立后即开始着手进行制定《中华民国临时约法》的工作。史载:"民国元年一月二十八日,参议院成立,各参议员以《临时政府组织大纲》过于简略,无人民基本权利义务之规定。而第20条所定临时政府成立后六个月内召集国会之期限太促,各地选举,筹备不及,势非予以修正不可。惟仍旧原组织大纲修正,则不能赅括国民权利义务各条,遂决定制一《临时约法》,以代替组织大纲。时临时政府法制局局长宋教仁拟具《临时政府组织法草案》,共分7章,都55条,由孙总统咨送参议院参考编订。此草案之要点有三:(1)列举人民之权利义务,惟关于权利,得依法律限制;(2)规定大总统得单独宣告大赦、特赦、减刑、复权及与外国宣战、媾和,无须经参议院之同意,并得发布同法律之教令;(3)有'临时大总统,除典试院、察吏院、审计院、平政院之官职,及考试惩戒事项外,得制定文武官制官规'之条文,似略采五权宪法之意。惟参议院接受此草案后,仍主张自行起草。并于元月三十一日议决,将草案退回政府。该院旋组织编辑委员会,拟具《中国民国临时约法草案》。"①1912年2月7日,参议院召开审议会,经过审议、二读、三读程序后,3月11日,由临时大总统孙中山公布。《中华民国临时约法》共七章五十六条,包括总纲、人

---

① 谢振民:《中华民国立法史》,中国政法大学出版社2010年版,第304页。

民、参议院、临时大总统副总统、国务员、法院、附则等内容,明确规定中华民国是资产阶级共和国,"主权属于国民全体","无种族、阶级、宗教之区别"。政府由总统、副总统、国务员、参议院和法院组成,其中,总统、副总统都由参议院选举产生;法官由总统及司法总长任命;参议院由参议员组成。需要注意的是,根据参议院制定的《众议院议员选举法》规定:只有年纳税二元以上者及拥有值五百元以上之不动产者,并且小学毕业者才有选举资格,从而将一般民众排除在外。其主要内容如下:

第一,规定中华民国是统一的多民族国家。当时中华民国包括二十二个行省、五十六个民族。第二,根据三权分立原则确立中华民国的政治体制。参议院负责立法,由各省代表组成,拥有议决法案、复核临时大总统作出的宣战媾和、缔结条约、弹劾临时大总统、副总统和国务员的权力;临时大总统和国务员是行政机关,拥有公布法律、统率全国军队、任命政府官员、特赦、减刑等权力;法院是司法机关,负责审判民刑等诉讼案件。第三,确立民主自由原则,规定人民的权利和义务。其中,中华民国人民享有人身、居住、言论、集会、结社、通信等自由;有诉愿、诉讼、考试、选举及被选举的权利;有纳税、服兵役的义务。第四,确立保护私有财产的原则。这项规定用根本法的形式扫除了资产阶级工商业发展的封建束缚,宣告私有财产神圣不可侵犯。

《中华民国临时约法》的制定,其本意是为了防止袁世凯独揽大权。因此,其在制定时有以下几个特点:首先,改总统制为责任内阁制。《中华民国临时政府组织大纲》采用的是总统制,但是当南北议和成功时,南方的革命党人并不相信袁世凯,认为他作为封建军阀的代表,必然会采取独裁专制,因此决定将总统制改为内阁制;其次,扩大参议院的权力,削减临时大总统权力。"约法规定,临时大总统行使重大权力,如任命国务员、宣战、媾和、缔结条约等,均须取得参议院之同意;临时大总统对参议院议决事件,享有否决权,但被否决之议案,再经参议院三分之二多数票通过,该议决事件仍须由临时大总统公布;参议院认为临时大总统有谋叛行为,国务员有失职或违法行为,有权进行弹劾。临时大总统受弹劾后,由最高法院全院审判官互选九人,组织特别法庭审判之";①再次,规定了严格的修改程序。《临时约法》规定:"本约法由参议院议员三分之二以上或临时大总统之提议,经参议员五分之四以上之出席,出席员四分之三之可决,得增修之。"而资产阶级国家的宪法之修改,一般是经议会出席人数三分之二以上的多数票通过,以加强宪法的刚性。②以孙中山、宋教仁为首的革命党人显然是想通过这些条款来约束袁世凯。

谢振民曾给予《临时约法》极高的评价:"《临时约法》共 7 章,凡 56 条,在正式宪法未产生以前,其效力与宪法等。惟其制定之机关,为南京参议院;参议院由各省都督派遣,并非由国民选举,虽足以代表多数省份,究未能代表全国,殊有违背民主主义之精神。但就事实言,当时参议院虽非国民代表机关,实可以代表一切革命势力。该约法经过合法审议程序,无威胁利诱情事,得全体参议院表示同意,一致可决,故其效力权威,在吾国其他诸种宪法之上。"③《临时约法》作为中国资产阶级宪政运动的结晶,确立了资产阶级共和国的国家政治制度和政权的组织形式,以及人民的民主权利。其实践意义在于开创了中国法治的先河,促进了人民的觉醒,使民主共和观念深入人心。但是同时,我们也应当认识到《临时约法》对人民的权利缺乏确实的保障,责任内阁的

---

①② 王立民主编:《中国法律制度史》,上海教育出版社 2001 年版,第 237 页。
③ 谢振民:《中华民国立法史》,中国政法大学出版社 2010 年版,第 304—305 页。

责任也不完备,致使无法有效约束临时大总统的权力。

从立法上而言,《临时约法》的确是一部不错的宪法,但不幸的是不久之后辛亥革命的果实就被袁世凯篡夺了。袁世凯果然继续进行军阀独裁专制,破坏民主法治,《临时约法》最终沦为具文,近代中国的民主法治进程也遭到了极大破坏。《临时约法》最终没有起到约束袁世凯的作用,后世有人评价它失败的一大原因就在于"因人设事",其实这种认识也存在一定误区。"孙中山、宋教仁等对袁世凯存疑并意图制约不是什么错误。有缺憾的是,内阁制的设计并不周全,运作起来磕磕碰碰,《临时约法》制约袁世凯的目的没能实现。如果不是所谓的'因人设事',在当时的形势下,总统制更不可能对坐上总统宝座的袁世凯实施有效制约,同样根本无法抵挡袁氏的复辟之举。"①

3. 其他法令法规

为进一步发展工商业以及整顿社会秩序,南京临时政府还颁布了一系列法令以废除封建陋习,树立资产阶级风尚。例如,《内务部通饬保护人民财产令》《大总统令内务部晓示人民一律剪辫文》《大总统令禁锢文》《内务部报告禁赌呈》《内务部咨各省都督禁止缠足文》等。"由于孙中山的重视和积极组织、督促,南京临时政府在短短三个月里,进行了涉及行政、经济、教育、社会各方面的立法活动。南京临时政府的各项立法,具有革旧立新的革命性质,是资产阶级法治学说在近代中国的一次伟大实践。它虽然不系统、不成熟,但却展现了近代意义的资产阶级的法制文明。"②但是,随着《临时约法》的废除,南京临时政府所颁布的法令也一并被袁世凯废除。

---

① 沈国明:《客观评价〈临时约法〉的"因人设事"》,载《法学研究》2011 年第 5 期。
② 张晋藩:《中国近代社会与法制文明》,中国政法大学出版社 2003 年版,第 427 页。

二、北洋政府时期

北洋政府时期的法律体系主要由制定法和司法解释构成,其中,制定法既有援用的清末法律,也有新制定的大量单行法令,而司法解释也是为了应对法律条文不完善,单行法令相互抵触的情况,大理院所创制的判例和解释例。此外,由于受到政治纷争和军阀专制的影响,北洋政府时期制定的法律草案大多也未能公布施行。

(一) 宪法的变迁及混乱

1913 年 7 月 12 日,北洋政府国会两院组成"宪法起草委员会"负责拟定宪法草案。《天坛宪草》共十一章一百一十三条,分为国体、国会、国会委员会、大总统、国务院、法院、法律、会计、宪法的修正及解释。该法以限制总统权力为宗旨,基本继承了《临时约法》的立法精神。但是,由于袁世凯的干扰与破坏,《天坛宪草》被指斥为"暴民专制之宪法"。同年 11 月 4 日,众多国民党籍议员又被取消资格,导致国会对宪法草案的议决程序不能进行,致使《天坛宪草》最终被搁置。

1914 年 3 月,袁世凯提出《增修临时约法大纲案》,将国家建设分为"训政时期"和"宪政时期",为突出其"合法性",北洋政府推选出 57 名代表组成约法会议,并最终制定出《中华民国约法》。此法分为十章六十八条。内容包括:国家与人民、以总统为核心的国家机构以及制定宪法的程序等。

与南京临时政府的《临时约法》比较,《中华民国约法》具有以下特点:(1)形式上的民主共和国。该法明确规定中华民国由中华人民组织之,主权与国民之全体共有。(2)以三权分立为幌子,实际实行总统专制政权。虽然该法规定立法权、行政权和司法权分别由立法院、总统和法院行使,但是长期以来,立法院一直未予成立,其职权由总统实际控制,故总统实际集立法权、行政权于一身。(3)将修订约法和制定宪法的权力都控制在总统手中。规定未来议定宪法草案、宪法的审议与公布都由总统决定。

1923年7月,曹锟为寻找其总统选举的合法性,敦促尽快制定宪法草案。10月5日,宪法会议以《天坛宪草》为蓝本,完成《中华民国宪法草案》,并于10月10日公布。因此宪法系曹锟贿选而产生,所以,又被称作"贿选宪法"。该部宪法共十三章一百四十一条,内容包括:国体、主权、国土、国民、国权、国会、大总统、国务院、法院、法律、会计、地方制度、宪法之修正解释及效力。虽然,这部宪法规定了人民的广泛权利,并明确宣布实行三权分立制度,但实际上"并非以维护民主共和为己任",不过是用宪法来"佐证曹锟总统权位的'合法性'"。①这部表面上民主的宪法仅仅是曹锟及贿选议员们实现各自利益的工具,不具有实质价值,而所谓的地方自治实际上也是各路军阀在划分利益格局。

(二) 民商事法律的变迁及混乱

1915年,法律编查会对《大清民律草案》中的"亲属编"进行修订,并完成《民律亲属编草案》七章一百一十四条,但由于国会被袁世凯解散,导致该草案未能交付立法机关审议。1925年,经过三年的准备和编纂,修订法律馆完成民法律中的总则、债编、物权编,随后在1926年又重新完成"亲属编"和"继承编",最终形成《民律草案》。《民律草案》共五编一千五百二十二条。与《大清民律草案》相比,主要有以下变化:第一,摒弃个人主义价值取向,采取社会本位,对绝对的个人权利加以限制,试图调和个人与家族之间的矛盾;第二,除了增加大量的有关亲

---

① 张晋藩主编:《中国法制史》,高等教育出版社2007年版,第316页。

属编和继承编的条文,《民律草案》还将大理院历年民事判例、解释例也吸收为法典条文;第三,吸收西方各国先进的民法原则及规定。

1915 年,法律编查馆修订完成《破产法草案》三百三十七条,次年完成《公司法草案》二百五十九条,并在 1913—1925 年,先后修订完成五部《票据法草案》,但这些商事法律草案因各种原因均未付诸施行。

另外,为了应对实际生活中出现的各类社会纠纷及矛盾,北洋政府还颁布了一些单行法令,如 1914 年的《验契条例》;1915 年的《管理寺庙条例》;1917 年的《清理不动产典当办法》;1922 年的《不动产登记条例》等。

(三) 刑事法律的变迁和混乱

1912 年 3 月,北洋政府公布《临时大总统宣告暂行援用前清法律及〈暂行新刑律〉令文》,将原先不合时宜的刑法内容进行删修,并改名为《中华民国暂行新刑律》。1914 年 12 月,北洋政府在《暂行新刑律》的基础上进行修订,次年 4 月完成《修正刑法草案》。该法案共分总则和分则两编,四百三十二条,主要以"立法必依乎礼俗"为原则,增加了"侵犯大总统罪",并将私盐贩卖入罪。

1918 年 7 月,北洋政府撤销法律编查会,设立修订法律馆。1919 年,在王宠惠的主持下,《刑法第二次修正案》定稿。相比较之前历次刑法案,此修正案被称为是"民国以来最完备之刑法法典"。[①]主要进步具体表现在以下几个方面:第一,区分故意及过失犯罪的界限;第二,提高刑事责任年龄。规定年满 14 周岁不满 16 周岁的,须减轻处罚,并可由监护人交纳保证金并加强管束来替代刑罚;第三,废除有期徒刑的等级制度;第四,改革缓刑制度。将三年的缓刑考察期缩短为两年。

此外,北洋政府还颁布了大量的刑事特别法令来强化社会治安。

---

① 张晋藩主编:《中国法制史》,高等教育出版社 2007 年版,第 321 页。

如《官吏犯赃条例》《办赈犯罪惩治暂行条例》《官吏犯赃治罪条例》《惩治盗匪法》《徒刑改遣条例》《易笞条例》等。

（四）司法制度的变迁和混乱

早在北洋政府建立之初,北洋政府就将清末颁行的《法院编制法》更名为《暂行法院编制法》继续援用。1914 年 3 月,根据实际需要,又制定颁布了《平政院编制令》,形成二元司法体制:普通法院负责民事和刑事案件的裁判;平政院负责行政案件的裁判。

根据《暂行法院编制法》的规定,推事(法官)的选任须接受过相关的法学教育,并通过国家司法考试。而大理院推事的选任更加严格,除必须研习法律三年以上,经过两次司法考试合格,还必须具备十年以上的司法实践经验方可由司法部推荐,总统任命后才能担任。为了保证推事独立审判,保持中立的法律地位,《暂行法院编制法》规定,上级官厅一律不得指挥审判官所掌理的各案件审判,案件评议各庭员须各述意见,最后以过半数意见定之。虽然,北洋政府时期的司法制度以奉行司法独立为原则,但是由于战乱频仍,社会动荡导致司法审判制度无法充分发挥实效。另外,《暂行法院编制法》规定的四级三审制由于受司法人才短缺以及办案经费不足等诸多因素的制约,使初级审判厅施行地方行政长官兼理司法的情况,并且为此北洋政府还特意颁布了《县知事兼理司法事务暂行条例》,从而为行政干涉司法的行为提供了合法的法律依据。即使后期,北洋政府试图改变行政、司法不分的情况,公布了《县司法公署组织章程》,并明确要求设立司法公署独立行使审判权力,但到 1926 年年底,全国两千多个县只设立了四十六个司法公署,超过 90% 的县仍实行知事兼理司法的模式。①

---

①　朱勇主编:《中国法制通史》(第九卷:清末中华民国),法律出版社 1999 年版,第 528 页。

三、南京国民政府时期

(一)宪法法律的变迁和混乱

在南京国民政府颁布《中华民国宪法》之前,国民政府曾颁布了多项宪法性文件。如 1928 年 10 月 3 日的《中国国民党训政纲领》、1931年 3 月 2 日的《训政时期约法》以及 1933 年 1 月的《中华民国宪法草案》等。其中,前两个宪法性文件的宗旨在于确认和加强国民党的领导地位,突出国民党的集权统治,为国民党政府推行的"以党治国、以党训政"施政方针寻找合法性理由和依据。即使在《训政时期约法》中列举了人民的权利,但这些权利无一不受到限制,均有"以法律有某某权或某某自由,非依法律不受限制"等,"此盖为日后政府于必要时,得斟酌立法,不受约法拘束,俾有伸缩余地也"。[1]

1946 年 1 月,以讨论和平建国方案为主旨的全国政协会议召开,会议通过了《宪法草案》《国民大会案》《政府组织法案》等决议案。由于《宪法草案》的修订意见直接影响了国民党一党专政的统治,故 1946 年 11月,国民党六届五中全会通过了《政协会议对五五宪草修正案草案》,同年12 月 1 日公布《中华民国宪法》。该法分为十四章一百七十五条,主要内容有:(1)表面上依据三民主义和五权宪法确定国体和政体。将三民主义作为宪法的宗旨,以行政、立法、司法、考试、监察为主干;(2)规定国民大会为最高权力机关,但却对其职权加以限制;(3)在立法院、行政院和监察院的监督下采取总统制。明确规定总统代表中华民国,统率全国军队;(4)人民享有宪法权利和义务;(5)采取中央和地方的分权制。

尽管从表面上看,这部宪法是在充分协商的基础上制定完成的,并

---

[1] 陈茹玄:《中国宪法史》,台湾文海出版社 1985 年版,第 194 页。

赋予人民广泛的宪法权利,具有民主性,然而,1948 年 5 月南京国民政府公布的《动员戡乱时期临时条款》宣告总统在紧急处分和戒严方面拥有至高的权力,不受立法院的限制。这也就表明了总统的权力可以突破宪法的规定,从而使《中华民国宪法》实际成为摆设,沦为总统欺骗民众、随意操控的工具。

(二) 民商法律的变迁和混乱

中华民国民法典的制定采取了分编起草、分别通过的方式。1928 年 4 月,立法院通过《民法·总则编》七章一百五十二条,内容包括法例、人、物、法律行为、期日及期间、消灭时效和权利之行使。1929 年 11 月,《民法·债编》通过,此部分共分两编六百零四条,由通则和各种之债构成。同时,《民法·物权编》也予以公布,分为十章二百一十一条。1930 年和 1931 年又相继通过《民法·亲属编》和《民法·继承编》。总体来看,南京国民政府民法典的起草吸收了当时西方资本主义国家先进的立法理念,体现出男女平等、公平交易、诚实守信、保护社会公共利益等进步理念,但是"也有一些迁就历史惰性,不利于社会进步和制度更新的糟粕"。①而且,由于未能真正解决民生问题,并没有从根本上解决"耕者有其田"的社会主要矛盾,故有一定的缺陷。

由于已经将属于传统意义上的商法总则归入《民法·债编》,故南京国民政府决定将不适合并入民法典的法律,以单行法的形式制定并公布,如 1929 年 10 月公布的《票据法》;1929 年 12 月公布的《公司法》《海商法》和《保险法》;1935 年的《破产法》等。

(三) 刑法的变迁和混乱

南京国民政府曾先后制定颁布了两部刑法,即 1928 年的《中华民

---

① 朱勇主编:《中国法制通史》(第九卷:清末中华民国),法律出版社 1999 年版,第 645 页。

国刑法》和 1935 年的《中华民国刑法》。前一部刑法在施行后,国民政府仍继续援用之前的刑事特别法令,故造成当时的刑法法律体系较为复杂和混乱,颁行的刑法典无法发挥正常的作用。1931 年 12 月,立法院特成立刑法起草委员会进行刑法修订,并于 1935 年 1 月正式公布新刑法典。1935 年的刑法典共分两编四十七章三百五十七条,其中,总则十二章九十九条,分则三十五章二百五十八条。此外,南京国民政府还颁行了大量的刑事单行法,既有为维护其专制统治的,如 1929 年的《陆海空军刑法》;1932 年的《大赦条例》;1938 年的《惩治贪污暂行条例》和《惩治汉奸条例》;1941 年的《破坏金融法令惩罚条例》等,还有为维护社会秩序而颁布施行的,如 1931 年的《危害民国经济治罪法》;1940 年的《妨害兵役治罪条例》;1942 年的《妨害国家总动员惩罚暂行条例》;1947 年的《戡乱时期危害国家经济治罪条例》等。

综观国民政府时期的刑事立法体系,可以总结出以下几个特点:(1)借鉴吸收西方通行的刑事法律规则,并与中国传统伦理相结合。一方面确立了罪刑法定原则、罪责刑相适应原则;另一方面加重对亲属犯罪的惩罚力度。(2)增设保安处分。为了维护其专制统治,国民党政府于 1929 年公布《反省院条例》,对于政治犯在审判前或刑罚执行中都可送反省院进行六个月至五年的反省期。(3)存在大量的单行法,且效力高于普通法。南京国民政府时期的刑事特别法主要目的在于扩大对政治犯罪的惩治范围,加重对政治犯的处罚。

(四) 司法制度的变迁和混乱

1928—1937 年,南京国民政府先后制定了《刑事诉讼法》(九编五百一十三条)、《行政诉讼法》(二十七条)和《民事诉讼法》(九编六百三十六条)。虽然这些完备的诉讼审判体系构造起了近代中国诉讼法律制度,但是在以军代政的专制统治下,完备的审判制度也在一定程度上沦为排除异己的工具和手段。而且,南京国民政府遵循的三权分立下的司法独立,并不是严格意义上的"分权"独立,而只不过是不同机关之间的"权能分治",在国民党训政名义下,实际实行的是"司法党化"。此外,1943 年 10 月,在南京国民政府收回领事裁判权后,为了从美国政府那里获得更多的军事援助,国民政府颁布了《处理在华美军人员刑事案件条例》,规定:"中华民国政府为便利共同作战,并依互惠精神,对于美军人员在中国境内所犯之刑事案件,归美军军事法庭及军事当局裁判。"①1946 年 1 月,在此条例到期后,南京国民政府又主动延期了一年,再次出卖国家的司法主权。

司法院是南京国民政府最高司法机关,负责全国的民事刑事审判、司法行政、官吏惩戒、行政审判以及司法解释和命令权。后来,根据 1929 年 10 月的《司法院组织法》的规定,民事刑事审判权由最高法院行使,行政审判权由行政法院行使。

此外,除司法院、最高法院和行政法院等中央司法机关外,南京国民政府还设有公务员惩戒委员会、大法官会议和司法行政部。需要说明的是,大法官会议由司法院院长和 16 位资深的法官组成,但只负责解释包括宪法在内的各种法律法规,不行使审判权。由此可以看出,南京国民政府中央司法机关共有 6 个,其中,最高法院和行政法院具体负责案件的审判;大法官会议负责法律法规的解释;公务员惩戒委员会掌管全国各级公务员的违法惩戒事宜。司法行政部在司法院的统领下,职掌全国司法人员的训练、司法监督、司法保护和监所管理,司法院则在司法院院长的统筹安排下对各级司法机关进行监督和管理。地方司法机关在南京国民政府成立之初为四级三审制,后来根据 1932 年 10

---

① 张晋藩主编:《中国法制史》,高等教育出版社 2007 年版,第 341 页。

月的《法院组织法》又更改为三级三审制,即最高法院、高等法院和地方法院。但根据实际反映,"直到1947年,国民政府在全国设立的地方法院仅782所,约占全国县市总数的五分之二左右,多数以县司法处兼理司法"。[①]

以上所述是近代中国法制建设与发展的曲折历史,在沦为半殖民地半封建国家的过程中,中国传统的法律制度慢慢趋于消解,从外国照搬照抄来的法律,在中国缺少存活的土壤,所以,现代的法治始终建立不起来,法律没有成为管理社会、维持秩序、促进发展、化解矛盾的基本规则,国家也没有成为实行法治的现代国家。

第五节　各主要资本主义国家法治发展道路

世界正处于大发展大变革时期,中国发展仍处于重要战略机遇和历史机遇期。当代中国已经不是国际秩序的被动接受者,随着中国日益走近世界舞台中央,当代世界格局正发生着巨大的变化。中国的可持续发展依赖于世界,世界的共同进步也对中国寄予了深厚的期望。根据马克思主义的原理,经济基础决定上层建筑,世界上大部分国家选择资本主义发展路线,经济基础的不同也造就了不同的政治制度、法律制度与文化传统。但为了让中国更好地融入世界,更好地向世界彰显中国特色社会主义的优势所在,走好中国的法治道路,必须要对主要资本主义国家的法治发展道路进行了解和剖析,掌握其发展规律,这对于新时代中国掌握话语权大有裨益。从本节所分析的各主要资本主义国

---

① 张晋藩主编:《中国法制史》,高等教育出版社2007年版,第339页。

家法治发展道路中可以看出,法治与国情高度相关,国家发展的阶段不同、历史文化传统不同、法治发展的道路也各不相同。法治发展道路不是只有一种模式,中国法治的发展道路需要国际经验,但这绝不是照搬照抄西方发展模式。

一、法治是近代资产阶级革命的成果

古代希腊是西方文明的发源地,其范围包括希腊半岛、爱琴海诸岛、爱奥尼亚群岛以及小亚细亚的西部沿岸,比现代的希腊共和国的面积稍大。①作为西方文明的发源地,法治的萌芽最早也可追溯至古希腊。博登海默也曾说过:"我们之所以从阐述希腊人而非某个其他民族的法律理论入手来考察法律哲学的演化过程,完全是因为古希腊的先哲们对自然现象和社会现象有着非凡的哲学洞察力。"②

柏拉图(公元前 427—前 347 年)是古希腊著名思想家,同苏格拉底、亚里士多德并称"西方三圣贤"。他一生著述丰富,内容涉及形而上学、伦理学、政治学、法学等多种学科,其政治法律思想主要反映在他的《理想国》《政治家》和《法律篇》中。③在柏拉图的一生中,他的政治法律思想发生了较大转变。在《理想国》中,他提倡"哲学王"的统治,他认为国家是一个行政国家,它是依靠哲学王的智慧统治,而不是法治,所以可以评判他对法律的作用是持消极态度的。但是历经苏格拉底的去世和自己在西西里岛的锡拉古城的政治实践后,柏拉图对于法律的态度发生了变化,在晚年撰写的《法律篇》中,柏拉图仍然坚持哲学王的统治是最高级和最完善的统治形式,但是要维持这种形式的统治对统治者

---

① 何勤华、李秀清主编:《外国法制史》,复旦大学出版社,第 29 页。
② [美]E.博登海默:《法理学——法律哲学与法律方法》,邓正来译,中国政法大学出版社,第 4 页。
③ 史彤彪:《试析柏拉图法律思想的转变》,《山东社会科学》2018 年第 5 期。

的要求极高，而且难以世代持续坚持，所以转而求其"次优方案"——国家该由法律来维持和治理。在《政治家》中，柏拉图仍旧重申了哲学王统治为最优统治的观点，但同时也提出良法约束的君王政体是最优政体。

亚里士多德在雅典柏拉图开设的学院中接受教育，他深受柏拉图思想的影响，但也在许多方面与其老师有所不同。与柏拉图相比，亚里士多德更关注人性恶的一面，在理想与现实之间作了衔接。作为治理国家和管理社会的有效手段，亚里士多德基于"人性论的基础——人类普遍存在恶性"的认识，认为必须将所有的人都置于法律的约束之下，以防止人的恶性外露，而且只有良好的法律统治，即法治才能免除任意和不确定，所以，"邦国虽有良法，要是人民不能全部遵循，仍然不能实现法治。法治应该包含两种意义：已成立的法律获得普遍的服从，而大家所服从的法律又应该是本身制订得良好的法律。"①亚里士多德并不反对哲学王的统治方式，但是他认为即便是这样杰出的统治者，在他所治理的国家中也是需要法律的。法律是不受任何感情因素影响的理性。

同时，他还认为"众人智慧优于一人智慧"，指出："凡是不凭感情因素治事的统治者总比感情用事的人们较为优良，法律恰正是全没有感情的；人类的本性（灵魂）便是谁都难免有感情。"②亚里士多德还认为，国家不仅需要加强立法，还需要加强执法。因为法律是正义的体现，法治是国家的基础，所以制定出好的法律来至关重要。他认为加强立法必须遵循一些原则：一是所定法律必须反映中产阶级的利益；二是要详细研究国家的情况，包括国境的大小和境内居民人数的多少以及与邻邦、外国的关系，此外还要注意财产、军备等实际情况；三是要考虑对公民特别是青少年加强教育；四是灵活性和稳定性相结合。此外，执政者

① ［古希腊］亚里士多德：《政治学》，吴寿彭译，商务印书馆1981年版，第199页。
② 同上书，第164页。

应凭城邦的法律办事,凡是法律有明确、详细规定的,都必须严格执行;凡是法律不周详的地方或者没有明确规定的,就要按照法律的原来精神,公正地处理和裁决。①由此可以看出,"良法"和"普遍服从"是亚里士多德法治观的基本内核,核心思想在于强调法律的权威性、公正性、完备性和守法性。而且,"西方法治从一开始就在人性论和认识论的基础上对法治与人治提出尖锐对立的问题,这对西方法治未来发展的价值定向有很重要的意义,其中蕴含的核心价值指向是:它将以开放的姿态,通过不断强化法的精神,高扬法的神圣性,为法治增添和扩容更广泛的内涵"。②

在古代罗马法律文化中,作为核心的罗马法学也是西方法学的渊源之一。斯多葛学派的自然法思想对罗马法和罗马法学家都产生了巨大影响。西塞罗作为罗马伟大的法学家和政治家就深受斯多葛学派观点的影响。他认为真正的法律应是与自然相符合的正当理性,它具有普遍的适用性且是不变而永恒的。理性人的特征是按照理性给予每个人以应得的东西。他还认为一个国家的法律或习惯的内容不可能全都是正义的,而不正义的内容就不配称作为法律,这种法规无异于强盗为维护其内部秩序所制定的规则。③其他罗马法学家所使用的自然法的概念与西塞罗也大体一致。古罗马法学家盖尤斯在谈及万民法时认为,万民法是由一些惯例、规则和原则组成的,这些惯例、规则和原则反映了与罗马有交往的其他国家的法律制度中的共有成分。在一定程度上斯多葛学派关于自然法和平等观念的人道主义思想的发展也可以见之

---

① 何勤华:《西方法学史》,中国政法大学出版社 1996 年版,第 21 页。
② 王振东:《西方法治思想的历史寻踪》,载孙国华主编:《社会主义法治论》,法律出版社 2002 年版。
③ [美]E.博登海默:《法理学——法律哲学与法律方法》,邓正来译,中国政法大学出版社,第 20 页。

于罗马家庭法律制度的发展中。

西罗马帝国灭亡后,西欧社会进入封建时期,一直持续到 17 世纪中叶为止。从法学史的角度看,西欧的中世纪法学可以划分为 5—11 世纪的受挫时期和 11—17 世纪的复兴时期。①进入中世纪后,罗马法受到了严重摧残,但斯多葛学派的自然法思想并没有消失,它与基督教会的神学思想结合迸发出了新的生机和活力。从圣·奥古斯丁的"世俗法"和"永恒法",伊西多尔的"自然法""万民法""市民法",托马斯·阿奎那的"永恒法""自然法""神法"和"人法",都可以看出自然法通过与神学思想的结合保存了自己的生命之光。②11 世纪末的复兴主要表现为罗马法学的复兴运动。其原因学术界意见不一,但主要认为是 11 世纪末在意大利发现了《国法大全》的真本。

古希腊与古罗马的法治理论在经过中世纪神学的改造之后,终于在 17 世纪轰轰烈烈的席卷整个欧洲大陆的思想启蒙运动中,以形式法治的形式获得了进一步的发展,并通过一大批启蒙思想家的努力而得到完善。这些启蒙思想家高举反对封建专制的理性大旗,将"自然法理论作为武器,对以国王为首的封建势力的特权及其整个封建制度的各种弊端进行了深刻的披露和批判"。"就法律制度而言,他们推崇法律的权威性,主张在新建立的资产阶级社会要实行法治原则,反对封建社会的人治原则,提倡法律面前人人平等,反对封建特权,在他们看来,只有体现公民意志的法律才能有效地保障公民的生命权、自由权、财产权和追求幸福的权力。"③

英国启蒙思想家洛克把国家的分权和制衡看作实行法治的基础和

---

① 何勤华:《西方法学史》,中国政法大学出版社 1996 年版,第 58 页。
② 同上书,第 26 页。
③ 王哲:《论西方法治理论的历史发展》,《中外法学》1997 年第 2 期。

前提,他认为一个国家首先应当是一个法制完备并认真执行的国家,因为"法律不是为了法律自身而被制定的,而是通过法律的执行成为社会的约束,使国家各部分各得其所、各尽其能……如果法律不能被执行,那就等于没有法律;而一个没有法律的政府,我以为是一种政治上的不可思议的事情"。①其次,政府制定的法律必须具有权威性和严肃性,这样才能体现法律的平等性和公允性,人们的生命、自由和财产权利才能得以保障。他认为"法律一经制定,任何人也不能凭他自己的权威逃避法律的制裁;也不能以地位的优越为借口,放任自己或下属胡作非为,而要求免受法律的制裁。公民社会中的任何人都是不能免受它的法律制裁的"。②他还指出立法者通过的法律应当由行政部门执行,而立法与行政的权力一定是由不同的机构分管的,而且为了社会利益之必要,行政机关有权在立法机关未制定法律的领域中运用特权。洛克意识到即便分离了立法与行政两者的权力,但是分权并不构成预防侵犯个人权利的充分的保护。所以他最后把这项监督的权力让渡给了全体人民,当行政权或立法权试图实行专制时,人民可以通过抵抗或革命反对否定了自然法的实在法的执行。③

之后,法国启蒙思想家孟德斯鸠继承了洛克的"分权"理论,每个有权力的人都趋于滥用权力,为了防止滥用权力就必须用权力制约权力。他认为最可靠的政府形式是立法、行政与司法分立的政府,也就是让三个不同的主体分管三种权力,然后让彼此的权力相互制衡。他认为只有实行三权分立原则,在总体上防止政府过分扩张和专断地行使其权力才能保障公民的自由权,因为对公民自由和安全权利的破坏往往来

---

① ［英］洛克:《政府论》,叶启芳、瞿菊农译,商务印书馆 1981 年版,第 132 页。
② 同上书,第 59 页。
③ ［美］E.博登海默:《法理学——法律哲学与法律方法》,邓正来译,中国政法大学出版社,第 64 页。

自权力的滥用。

而卢梭则发展了洛克的"法律权威性"理论,认为"凡是实行法治的国家——无论它的行政形式如何——我就称之为共和国;因为唯有在这里才是公共利益在统治着,公共事务才是作数的"。①此外,他还强调只有实行法治才能保障人的自由、尊严和价值。而在卢梭看来,凡是实行法治的国家无不应严格遵循法律面前人人平等原则、权利和义务相统一原则、保障人权原则、制定理想的法律原则、权力制衡原则,以确保公共利益的实现,创制完善的社会政治制度。关于道德与国家的关系。卢梭赞成孟德斯鸠把德行作为共和国的原则,认为如果没有德行,一切都将无法维持。②卢梭国家观的最大特点就是把国家视为道德整体,即"人们所之为主权者的、由社会公约赋之以生命而其全部的意志就叫作法律的那个道德人格"。③在卢梭看来,道德在国家政治中居于核心地位,是共和国兴旺发达和社会稳定、健康的根本保证。

这些法治理论在西方各国法治发展之路的建设与发展方面具有重要作用和实质价值。确立的理性自然法及人权原则、民主原则、自由原则、平等原则、法律至上原则、法律普遍性原则等一系列具有资产阶级革命性质的人权保护和法治理论,为资产阶级发动反抗封建制度的统治的革命提供了理论支撑,在这些理论的支撑下,各国资产阶级相继发动了英国革命、美国革命和法国大革命,并在资产阶级革命胜利后,成为资产阶级民主与法制建设的理论基础。④如美国 1776 年的《独立宣言》,1787 年的《联邦宪法》;法国 1789 年的《人权宣言》和 1791 年、1793

---

① [法]卢梭:《社会契约论》,何兆武译,商务印书馆 1982 年版,第 50 页。
② 高静:《卢梭的治国思想:法治与德治》,载《江西社会科学》2002 年第 9 期。
③ 卢梭:《社会契约论》,商务印书馆 1996 年版,第 25 页。
④ 王振东:《西方法治思想的历史寻踪》,载孙国华主编:《社会主义法治论》,法律出版社 2002 年版。

年的《宪法》都把这些理论作为其治国理念和法治原则来贯彻执行。

二、法国法治发展的道路

(一) 人权宣言:"法律至上"原则的形成

从 1789 年到 1814 年,法国在革命的浪潮中翻滚了四分之一世纪。1789 年 7 月 14 日,巴黎市民攻占巴士底狱,保护自由、平等、安全和反抗压迫的权利成为国民制宪委员会考虑制定反抗专制统治、维护人权的核心宗旨。8 月 26 日,一部具有宪法性质的政治纲领文件——《人权宣言》(《人权与公民权利宣言》)诞生。法国大革命不仅是法国历史上具有划时代意义的事件,而且还深刻影响了近代法律历史发展的进程。关于法国革命的业绩,托克维尔是这样写的:"大革命通过一番痉挛式的痛苦努力,直截了当、大刀阔斧、毫无顾忌突然间便完成了需要一点一滴、长时间才能完成的事业。"[1]

18 世纪的法国社会状况其实不错,这一巨变发生在法国的根本原因是在拿破仑登台以前法国是一个几近停顿状态的国家,这种状态使得资产阶级有机会成功夺取政权。[2]法国旧政权是贵族政权,分为三个等级,第一等级是僧侣,第二等级是贵族,第三等级是其他所有的人。历史上的欧洲诸国王权同时受到教权与贵族权力的制约。法国为了加强王权统治,通过卖官的制度分化贵族的权力。而这个制度自路易十三后暴露出其腐败的一面。许多贵族自愿放弃权利,以侍奉国王为荣,甘愿成为国王的弄臣,贪图享乐。而这些脱离领地的封建领主们,都成为了制度性的免税特权阶层。在这种制度下,原本需要承担税收的封

---

[1]　[法]托克维尔:《旧制度与大革命》,冯棠译,商务印书馆 1992 年版,第 60 页。

[2]　[美]斯塔夫里阿诺斯:《全球通史——从史前史到 21 世纪》(下),吴象婴等译,北京大学出版社 2012 年版,第 524 页。

建领主和富人便成了免税阶层,但是他们却没有承担起相应的责任。而且前两个等级仅占总人口的 2％,却拥有 35％的土地,而第三等级占人数的 80％以上,却仅拥有 30％的土地,而且农民必须向教会缴纳什一税,向贵族缴纳各种封建税,向国家缴纳和税却远远滞后,而且工匠的工资也仅上涨了 22％,收入的增长远滞后于生活成本的增长速度,使得客观收入呈现下降趋势,但是纳税的负担却丝毫没有减轻。虽然城市中的大部分商人并没有受物价波动的影响,反而从法国贸易中获益不少,但经济地位的提高使得这部分群体开始不满于自己的政治地位,这使得他们的矛头指向了旧政权。

法国大革命具体细分可以分为贵族革命、资产阶级革命和民众革命。而贵族革命实际上是开始于 1787 年,他们革命的目的是为了恢复自己丢失的政治权力,国王为了获得贵族经济上的支持,答应于 1789 年春天召开三级会议恢复其权力。但是三级会议中的大部分人有意将三级会议变成国民议会,国王路易十六最后妥协了。但这是一次虚伪的让步,路易十六自此所做的行为都是在反对改革成果,为维护平民的权利,法国的小资产阶级与底层民众联合起来,最终于 1789 年 7 月 14 日攻破了巴黎一座用作监狱的王室古堡——巴士底狱。民众革命不仅发生在巴黎,也发生在农村,农民纷纷拿起了武器反抗。最终国民议会中的贵族和僧侣屈服于现实,和平民一起投票赞成废除封建制度,废除了一切封建税、免税特权、教会征收什一税的权利与自己贵族担任公职的专有权的法规,《人权和公民权宣言》也在此时通过。①

《人权宣言》以 18 世纪启蒙思想家提出的"天赋人权""主权在民""三权分立"等法治思想为基石,全文由序言和十七个条文组成,核心内

---

① ［美］斯塔夫里阿诺斯:《全球通史——从史前史到 21 世纪》(下),吴象婴等译,北京大学出版社 2012 年版,第 528 页。

容分为"人权"与"法治",即强调用以法律为标志的国家权力来取代以君主为代表的封建特权,把君主拥有的特权改造为具有人格化的自然权利。①

有关人权保护的条款达到九条,占总条款的一半以上。起草者认为人们对人权的无知、忘却和轻蔑是公众不幸和政府腐败的唯一原因,故在第1条就宣布:"人们生来是而且始终是自由的,在权利方面是平等的。"正因为如此,紧接着,第2条具体阐述和细化了人权的内容和核心价值,认为:"任何政治结合的目的都在于保存自然和不可让与的人权。这些权利就是自由权、财产权、安全权和反抗压迫权。"

然后,《人权宣言》第4、7、10、11、13、14、17条又分别确定了人权行使的范围,涉及财产权、平等权、人身自由权、言论自由权、宗教自由权、经济自由权等领域,明确了"这些权利的行使仅能由法律加以规定",并"保障人和公民权利需要有武装的力量,这种力量是为了全体的利益而不是为了它的受托人的私人利益而设立的"。而之所以如此,是因为"任何社会,如果权利无保障……就没有宪法可言"。当然,所有权利的行使必须在"不扰乱法律所规定的公共秩序为限度",如有滥用,行为人须对此承担责任。

权利的享有和行使必须有法律的保障,否则,将得不到实现。因此,《人权宣言》的第5—8条集中规定了法治原则,如"法律只有权禁止有害社会的行动。凡未经法律禁止的行为即不受妨碍,而且任何人都不得被迫从事未经法律规定的行为";"法律是公共意志的表现……在法律面前,所有的公民都是平等的";"法律只应规定确实和显然必需的刑罚,而且除非根据在违法行为之前已经制定和公布的且系合法施行

---

① 刘金源:《法国史:自由与浪漫的激情演绎》,台湾三民书局2007年版,第59页。

的法律之外,任何人不受处罚";"任何人在被宣判为犯罪之前即使被认定为必需予以逮捕,也应被推定为无罪,凡不是为扣留其人身所需的各种残酷行为都应受到法律的严厉制裁"。

从这些规定中可以看出,《人权宣言》确立了一系列具有资产阶级性质的法治原则,例如:"法律面前人人平等""罪刑法定""无罪推定""罪责刑相适应""禁止非法拘禁和审判""法不溯及既往""法不禁止即自由""法律是公共意志的体现"等。

完善的人权保护原则和法治规定有力地否定了封建制度,对法国宪法和法治的建设和发展起到了指引和先导的作用。关于人权神圣而不可侵犯的原则从此也作为法国历部宪法的序言,并依此而不断确认和扩充人权保障的内容和内涵,赋予其至高无上的价值,而从中引申出来的法治原则对法国,乃至世界的人权、公民权、权力分立等观念和法治的发展都具有深远的影响和重要的意义。

此外,对法律的推崇还带来了法典编纂热潮的兴起,仅1791—1804年,法国接连颁布五部宪法,平均2.5年就修改和制定一部新宪法。到了拿破仑时期,以制定法典的形式来确认和保障人权,以及凸显资产阶级统治的合法性目的的行为达到了极致,"六法体系"得以创立,并主导和影响了大陆法系的形成和发展。不可否认的是,"这既有革命者在高涨的革命形势下热情浪漫的一面,同时也有社会现实需要的基础","以这种统一法典的形式和内容来统治全国,建立规则有序的社会也将革命者们的'法治野心'表露无遗"。①

除了以国家最高的法律纲领来确定和保障人权之外,立法者们还加强了对司法权的控制,防止法律解释权的任意行使。法国大革命早

---

① 李晓兵:《法国法治发展的多维考察:"法之国"的法治之路》,《交大法学》2014年第4期。

期,1790 年 8 月,法律规定:"法院不得禁止或中止经过立法机关制定国王批准的法令的实施,否则以失职罪论处";"法院不能制定一般规则,但它们在认为需要时,可以向立法机关提出解释法律或制定新法的要求"。这种严格限制立法解释的规定,充分表现了立法者尊崇立法权力,将一切权利与权力的保障和行使归于法律保护之下,任何人及机关不得随意阻碍和破坏的意图。对法治精神的确认,信奉"法律至上"原则的观念已根深蒂固地植入法国社会之中,也给统治阶级带来了如何将法律规定的权利实现,巩固其统治基础的问题。

(二) 行政法院的成立:行政权力的规范

1789 年《人权宣言》第 3 条规定:"全部主权的本原根本上存在于国民之中。任何团体、任何个人都不得行使不是明确地来自国民的权力。"第 16 条规定:"任何社会,如果权利无保障或分权未确认,就没有宪法可言。"这两项规定清楚地体现了"主权在民"与"分权"原则,成为法国三权分立制度得以确立以规范行政权力的法律依据和制度保障。

其实,虽然有明确的宪法性法律原则,但是,如何制约公权力,使行政权既保证具有主动性和积极性,实现保障公民权利和自由的职能,又能在法律的框架体系内规范和有效地行使,不偏离公共利益的目标,对公民权利和自由造成伤害,成为法国历届政府不断努力的方向和目标。1790 年 8 月,制宪会议首次将大革命时期的理想——权力分立明文化,在《司法组织法典》第 2 章第 13 条规定:"司法职能和行政职能不同,现在和将来永远分离,法官不得以任何方式干扰行政机关的活动,也不能因其职务上的原因,将行政官员传唤到庭,违者以渎职罪论。"1791 年宪法在《人权宣言》的基础上宣布将立法权交给人民选出的一院制的国民议会,行政权由国王及大臣履行,司法权由人民选出的审判官行使。但行政权的独立性在 1793 年宪法中有所倒退,1793 年宪法不采取孟德斯鸠的三权分立理论,而是采用卢梭的主权不可分割的思想,它规定议会具有国家最高权力,行政权从属于立法权,行政机构由议会产生,对议会负责,其只能执行议会的法律,无权否决法律和解散议会。①但于共和三年果月十六日(1795 年 9 月 4 日),法律又开始强调行政权的独立性,更是"严格禁止法官审理任何行政活动"。②"提醒人们注意普通法院不能受理行政案件是法律的连续性规定,而非临时行为。"③这些都为日后最高行政法院的产生与发展奠定了良好的基础。

最高行政法院的成长与演变一般可分为四个阶段:保留审判权时期(1799—1872 年);委任审判权初期(1872—1889 年);一般权限时期(1889—1953 年);特定权限时期(1953 年后)。

一般认为,最高行政法院诞生于 1799 年,拿破仑根据旧政权时期的参事院制度设立咨询机构,这便成为最高行政法院的前身。④1799 年 12 月,《宪法》第 52 条规定:"在执政的领导下,最高行政法院(Conseil d'Etat)负责起草法律草案和公共行政条例,解决在行政事务中出现的问题。"同年《国家参事院组织条例》也通过了,形成了国家参事院的组织规则。⑤虽然行政法院得到了法律的确认,但是由于国家参事院仍行使国王参事院的大部分权力,受保留司法理论的影响,凡法院无管辖权的案件,最后仍可上诉到国家参事院,国家元首有最终裁决权。最高行政法院的法官在当时仅能以国家元首的名义进行判决或者向其提出建议,行使国家元首所保留的权力,虽然国家元首也总是尊重并遵循最高行政法院就行政诉讼提出的咨询意见,但这种形式并不是长久之计,不

① 何勤华主编:《外国法制史》(第三版),法律出版社 2003 年版,第 238 页。
② "禁止在各种法庭上提起行政行为的诉讼,不论其诉讼事件涉及何种问题,否则,一律以犯罪论处。"
③ 何勤华主编:《法国法律发达史》,法律出版社 2001 年版,第 170 页。
④⑤ 王名扬:《法国行政法》,中国政法大学出版社 1988 年版,第 601 页。

久这种"自己做自己案件法官"的弊端日渐显现。为解决此类问题，1806 年，最高行政法院设立了诉讼委员会，集中履行行政争议裁决职务。这也被视为最高行政法院行政审判专业化和独立化发展的起点。[①]此后，在 1831—1872 年期间，最高行政法院又实现了公开庭审，并设立了冲突法庭，使最高行政法院的职能得到了进一步强化。然而由于时局动荡，最高行政法院在 1799 年至 1872 年保留审判权时期进行的上述改革既艰难又缓慢。1814 年波旁王朝复辟，虽然路易十八在 1814 年宪章中并没有触动最高行政法院机构的根本，但是其中的组成人员被剔除了大半。拿破仑重返政坛的一百天也仅对最高行政法院的人事方面进行了变更，随后的滑铁卢战役结束了拿破仑的政治生命，最高行政法院重新接受路易十八的领导，但其迎来了更深层的人员清洗。由于最高行政法院在此期间几番变更，国家元首对其信任度也急剧下降，其充当元首咨询机构的这一职能大幅度弱化，其职能主要集中于行政诉讼上。1830 年七月革命后，最高行政法院迎来了存废的命运关键时刻，最终菲利普一世决定保留该机构，但三分之二的人员被剔除。1848 年的二月革命并未波及最高行政法院，几乎所有七月王朝时期的参事都被保留下来。1849 年最高行政法院的角色开始向委任审判权转变，保留审判权制度一度中止，在此期间，最高行政法院在解决行政诉讼时开始同普通法院一样，以人民的名义作出具有执行力的判决。这已初具现代意义上的行政诉讼制度，但是第二帝国时期，这一变化并未保留下来，保留审判权制度重新登上历史舞台。1852 年第二帝国建立，其通过的 1852 年宪法重新将最高行政法院定位为帝王权力的附庸，其重新成为政府的重要咨询机构，另外废除委托审判权制度，继续采用保留

---

① 张莉：《当代法国公法——制度、学说与判例》，中国政法大学出版社 2013 年版，第 257 页。

审判权制度,将行政诉讼的最终权力集中于皇帝一人身上。第二帝国灭亡后,最高行政法院的地位与职能处于摇摆不定的状况,直到1872年5月24日第三共和国通过法律再次确立委任审判权制度的法律地位。①

1872年5月24日的法律规定最高行政法院以法国人民的名义行使审判权,国家参事院不再行使国家元首所保留的审判权,从而实现了由事实上的最高行政法院变成法律上的最高行政法院的转化,此举意义非凡,使最高行政法院成为名副其实的具有行政审判权的专门司法机关。此次的法律在赋予最高行政法院独立审判权的同时,设立了权限争议法庭,其职能时裁决行政法院和普通法院之间的权限争议。但是该法律在管辖权上仍存有"后遗症",即所有的行政案件只有在法律有明确规定的情况下才具有诉讼管辖权,行政法院只是授权机构,各部部长是具有一般权限的法官。任何个人提出的行政申诉必须先向部长提出,只有不服其裁决时,方可向最高行政法院起诉。

而于1889年发生的"卡多案"则将最高行政法院的行政审判权彻底从实际行政事务中剥离出来,不仅开启了法国行政司法判例的先河,也使最高行政法院对行政审判的普遍管辖权最终得以确立。②除了这一重要判例,还有1873年的"布朗戈案";1875年的"拿破仑亲王案";1903年的"罗特案";1907年的"东方铁路公司案"等。

1889—1953年期间,在众多行政判例的推动下,行政法学取得了长足的发展,更为重要的是法国最高行政法院确立了行政法上的许多重要原则和理论,例如,1895年的"卡迈判例"确立了国家责任与职业

---

① 何勤华等:《法律文明史》(第9卷),商务印书馆2015年版,第248—253页。
② 详见王名扬:《法国行政法》,中国政法大学出版社1988年版,第603页。

风险原则;1901 年的"卡莎诺瓦判例"阐释了越权之诉的诉讼利益理论等。①将所有行政案件的审判统归于最高行政法院的做法,虽然扩大和集中了最高行政法院的权限和职能范围,但成为一般权限法院以后,由于大量行政案件的涌入而导致最高行政法院案件积压现象非常严重。1953 年 9 月 30 日,《行政审判组织条例》和《公共行政条例》颁布,对最高行政法院和地方行政法院的权限做了划分,明确除非法律有明文规定,否则,一切诉讼案件都先由地方行政法院管辖。这样,地方行政法院就代替最高行政法院成为行政诉讼的一般权限法院,而最高行政法院也以法律规定为限,成为特定权限的法院。②而在此期间的最高行政法院仍旧处于激烈的政治动荡背景之下,其所有的职能演变都是在时局中艰难行进。在"二战"的维希政府时期,最高行政法院解决行政诉讼的职能有所退化,其中的犹太成员也受到政治的迫害。在解放时期司法委员会暂行最高行政法院的职能,这时的最高行政法院依旧存在。直到 1945 年最高行政法院在新的政治格局中重新站稳了脚跟。

在第四共和国到第五共和国的过渡期间,最高行政法院并未遇到新的危机。1958 年第五共和国宪法不仅将最高行政法院定位为共和国政治机构的组成部分,并且在立法权与行政权间建立了新的制衡关系。也就是在此期间,最高行政法院的地位得以真正地巩固,其存在本身不再成为争议的对象。最高行政法院不仅是行政权力的咨询机构,还成了参议院和国民议会所保护的对象,并且因为其判决得到宪法委员会的承认,又获得了一个强大的政治依靠。③

在各个历史时期,最高行政法院一直处于权力斗争的中心地带,虽

---

① 胡建淼主编:《外国行政法规与案例评述》,中国法制出版社 1997 年版,第 621 页。
② 何勤华主编:《法国法律发达史》,法律出版社 2001 年版,第 172—173 页。
③ 何勤华等:《法律文明史》(第 9 卷),商务印书馆 2015 年版,第 256 页。

然最高行政法院与政治权力的联系紧密,但其始终要保持与政治权力的距离,审视着政府行为,保护公民的权利不受侵犯。也正由于此,最高行政法院获得了高度的公民认可。

(三)宪法委员会:合宪审查制度的确立

为保护公民合法权益和控制行政权力的滥用,行政法院的作用不容忽视。进入 20 世纪后,美国所创立的由普通法院进行的违宪审查制度深刻影响了欧洲大陆,各种合宪性审查或违宪性审查实践成为西方各国法治发展的新趋势。其实早在 1799 年的法国宪法就赋予了"护法元老院"撤销违宪的法律和命令的权力。之后,1852 年的宪法更是扩大和延展了合宪性审查的权力范围,不仅专门设立了合宪性审查的机构——参议院,而且还在第 25 条规定:"参议院保障根本协议和公共自由的实现。任何法律在交付它审查之前不得公布。"参议院对于政府提交的法律案有权决定法律的保留、无效或废止。自 1902 年开始,法国比较立法协会发起了一场建立美国违宪审查制度的运动,引起广泛的争论。虽然这种倡导全面借鉴吸收美国司法审查制度的观点遭到了多数人的反对,然而,法国需要违宪审查制以建立法治新制度的理念已渐入人心。

1946 年宪法第 11 章"宪法修改部分"对"宪法委员会"的组成、职权内容作了附带性规定,正式设立宪法委员会(Conseil Constitutionnel),确立了违宪审查制,规定"在法律公布期间,根据总统和参议院一章的共同要求,审查国民议会通过的法律是否与宪法相抵触。此外,在法律的制定过程中,由宪法委员会调整两院的意见。之所以规定采用违宪审查制,一是处于保障人权的考虑;另一个原因是受美国违宪审查制的影响"。[①]但

---

① 何勤华主编:《法国法律发达史》,法律出版社 2001 年版,第 151 页。

从实践效果来看,由于参议院权力比较薄弱以及内部矛盾也较为突出,宪法委员会召集行使权力的机会很少,故并未能充分发挥其职能作用,产生的影响也极为有限。

　　为实现议会制度的理性化,1958年宪法加强了宪法委员会的设置,提高其地位,对议会立法和行政立法领域加以区分,规定宪法委员会成员为九人,分别由总统、国民议会议长、参议院议长任命,任期九年,且不得连任与兼职,每三年更新三分之一的人员。宪法委员会不仅具有监督选举、保证和监督宪法实施、接受总统咨询等权力,而且对于议会制定或批准的各种法律文件拥有合宪性审查权,包括对普通法律的合宪性审查、对地方性法律文件的合宪性审查、对国际条约的合宪性审查、对组织法和议会议事规程的合宪性审查等。有学者认为,法国宪法委员会在宪法文本和宪法实践之间寻找到了微妙的平衡,并实现了适度的超越,"而且只有超越宪法文本最初为其设计的作为实现议会理性化辅助性机构的角色,宪法委员会才可以在更大范围里展示合宪性审查权的意义和影响力,也正是通过对宪法文本审慎的超越,宪法委员会终于成功地跻身于法兰西共和国重要国家机关行列"。[1]但可以发现的是,1958年的宪法委员会的设计并不包含基本权利保障的内容。这时的宪法委员会主要是为了限制议会权力、维护行政稳定、实现议会与行政部门的平衡,防止议会专权。按德勃雷的说法,宪法委员会主要是一个防范议会制偏差的工具。之后,宪法委员会又通过了一系列具有里程碑意义的裁决,不断扩充其职能范围。如1971年的"结社自由案"将对法律合宪性的审查不再局限于宪法条文,而是可直接源于宪法序言,这使得宪法委员会合宪性审查的空间和深度都得到了拓展,有利于

---

　　[1]　李晓兵:《论法国宪法委员会合宪性审查实践的创造性》,《东岳论丛》2008年第5期。

对公民权利的保障及对行政权力的制约。1971年"结社自由案"改变了宪法委员会的作用范围，使得宪法委员会的功能从维护权力分立转向保障基本权利。在该案中，宪法委员会宣布一项法律因违反1789年《人权宣言》中保障的结社自由的条款而违宪。自此，《人权宣言》等宪法性文件就被包含进了审查法律合宪性的标准。法国的学者们称该案为"法国式的马伯里案"。同时伴随着1974年的改革，宪法委员会保障基本权利的职能日益健全与扩张，此后的四十年间，宪法委员会不断借鉴周边国家基本权利保障机制，使得宪法委员会保障基本权利的机制不断完善。[1]"这些裁决使宪法委员会从一个'权力监督人'摇身一变而成为'宪法保护者'和'权利保障人'。凭着对法治国家理念坚决和彻底的追求，宪法委员会以其实践推动法国的宪法制度从议会民主到宪法民主的发展。"[2]

但是在当时即便宪法委员会不断充实其基本权利保障机制，法国公民的基本权利还是得不到切实的保障。这是因为法国宪法委员会对法律的审查是事前审查，而且提请审查的主体仅向特定的国家机关开放，这就代表作为基本权利享有主体的法国公民无法直接向宪法委员会提请申诉以保障自己的基本权利。享有提起法律事前审查申诉的国家机关并不会轻易动用这个权利，其权利的运用直接动力源自党派斗争，特别是议会少数派向宪法委员会申请审查由多数派支持而通过的法律。虽然在客观上达到了保障权利的基本效果，但是仍有一些权利因为政治对立程度不同而受到忽视，但是其所造成的侵害却长期存在。为了弥补这一缺憾，法国学界政界都在努力推动宪法委员会的改革。

---

① 王建学：《从"宪法委员会"到"宪法法院"——法国合宪性先决程序改革述评》，《浙江社会科学》2010年第8期。

② 李晓兵：《法国法治发展的多维考察："法之国"的法治之路》，《交大法学》2014年第4期。

最终促成了 2008 年的宪法改革,但是这一次的改革是在历史上的两次努力的基础上推进的,第一次是 1990 年 3 月 30 日密特朗总统提交建立事后违宪审查程序的议案,第二次是 1993 年 3 月 10 日以沃戴勒为首的委员会提出的建设性文本,这两次努力都以失败告终,但是却都显示了弥补法国事前审查弊端的急切希望。最后议会通过了《关于第五共和国机构现代化的第 2008-724 号宪法性法律》,2008 年的宪法改革新增了一条规定,即在普通诉讼中,若认为法律的规定对宪法所保障的权利构成侵害,公民可经最高行政法院和最高司法法院向宪法委员会专递违宪审查申请,由宪法委员会在确定期限内予以裁决。这一规定实现了普通诉讼程序与合宪性审查的对接,弥补了之前法国事前审查的弊端。①

三、英国法治发展的道路

(一)从"王在法下"到"法律渊源"的形成

在日耳曼"民族大迁徙"中,盎格鲁、撒克逊、裘特等日耳曼部落从 5 世纪中叶起,通过欧洲大陆侵入不列颠,逐步征服和占领了不列颠岛。在创建国家的同时,盎格鲁—撒克逊人把尊重规则的原始习惯带到了不列颠,将其"奉为治理国家、维护社会秩序的主要手段,并涵盖了社会生活的各个方面,涉及人们生活中甚至最无关紧要的环节"。②这也就导致了虽然国王是凌驾于社会之上、拥有至上权力的最高统治者,但是,其所有的行为以及发出的指令和决定必须与他的臣民一样,毫无例外地遵守和服从已约定俗成和普遍认同的习惯法。否则,他就要受到

---

① 王建学:《从"宪法委员会"到"宪法法院"——法国合宪性先决程序改革述评》,《浙江社会科学》2010 年第 8 期。

② 李栋:《英国法治的道路与经验》,中国社会科学出版社 2014 年版,第 7 页。

处罚,甚至被废黜。除了保留了"王在法下"的传统,尊重民众意见,珍视个人自由与权利的日耳曼传统习惯也延续并发展了起来。所有的这些,都为日后英国民众反对王权专制和争取民主自由奠定了良好的社会基础。

6世纪后期,随着基督教会势力的介入以及受欧洲大陆各日耳曼王国争相编纂法典的影响,盎格鲁—撒克逊王国根据各自的社会发展,开始将原有的习惯法进行整理和编纂,形成了一批重要的法典和条约,这些法典和条约共有14部,如肯特王国的《埃塞伯特法典》《洛西尔和埃德里克法典》《威特雷德法典》;西撒克逊王国的《伊尼法典》;梅西亚王国的《奥法法典》,这部法典只是在《阿尔弗烈德法典》中被提及,内容已失传;阿尔弗烈德统治时期的《阿尔弗烈德法典》《阿尔弗雷德与古斯鲁姆之条约》《爱德华法典》;英格兰王国的《埃塞尔斯坦法典》《埃德蒙法典》《埃德加法典》《埃塞尔特法典》《克努特法典》。这些根据习惯法制定、编纂的法典从整体上看是日耳曼法的有机组成部分,具有一般日耳曼习惯法的一般特征,故亦被称作"蛮族法典"。诸如"属人主义、团体本位、注重形式及等级特权"等法律原则在多部法典中得到体现。①

盎格鲁—撒克逊时期出现了一系列司法机构,但这些司法机构并非真正意义上的国家专门常设机构,它们只是按期召开的审理案件的常设会议,除了拥有解决诉讼、惩治违法犯罪的司法审判职能之外,还兼有其他行政、军事或财政事务方面的职能。基于司法权的不同,当时的司法机构主要分为三种:一种是公共法庭,包括百户区法院、郡法院以及市镇法院,它们主要行使公共司法权,其渊源可以追溯到原始时期的民众大会;一种是国王法庭,是由国王和贤人会议组成;另一种是封

---

① 参见何勤华主编:《外国法制史》,法律出版社2006年版,第138—139页。

建法庭,行使封建司法权。盎格鲁—撒克逊时代所有的诉讼活动都是个人行为,起诉、法庭陈述、论证和宣判均采取口头方式,而该时期的司法诉讼程序主要分为提出控诉、证前宣誓、限制撤诉、确保出庭、审判和验证等步骤。

此外,由于不列颠岛得天独厚的地理环境,使其隔英吉利海峡、多弗尔海峡以及北海与欧洲大陆相望,故避免了英国因外来侵略和战乱而使其法律传统遭到改变或破坏的可能。但也正因为如此,虽然英吉利王国已在 9 世纪左右得到了形式上的统一,但实质上不列颠王国仍处于割据状态,地方习惯法仍占据统治地位,缺乏适用于全国的“普通法”,①直到 1066 年诺曼底公爵威廉侵入英国,建立诺曼王朝才得以改观。虽然诺曼底公爵尽力以英国王位合法继承人的身份出现,尽量缓和当地人对他的敌意,并且宣布盎格鲁—撒克逊习惯法继续有效,但是他对英国的统治却使英国社会发生了巨大的变化。

“诺曼征服”带给英国法律最大的影响在于逐渐形成了英国法的三大渊源:普通法、衡平法、制定法,使英国封建法律体系得以形成。

1. 普通法与衡平法

历代诺曼王朝不断加强的集权统治,使英国的封建法律制度有着强韧的、不同于其他欧洲大陆国家顽强的封建属性。

普通法指的是英国在 12 世纪前后发展起来的、通行于全国的普遍适用的法律。它的形成是中央集权和司法同意的直接后果。②首先,威廉一世没收了全国的大部分土地,宣布自己为全国土地的唯一所有人,并通过任命诺曼人为教士来控制英国贵族教职的任免权,并用土地作为酬劳使英国贵族成为其臣下和附属。但这种酬劳是附条件的,受封

---

① See J. H. Baker, An Introduction to English Legal History, Butterworths, 1990, p.4.
② 参见何勤华主编:《外国法制史》,法律出版社 2006 年版,第 137 页。

者不仅需要服兵役,还要缴纳税款。而且区别于欧洲大陆的分封制,英国的分封制不仅要求直属臣下的效忠,也要求臣下的附庸效忠于自己,由此以点带面建立了中央集权制度,从而巩固了英国政权。此外,为了方便向各领地征税,1086年,威廉国王还在全国实行广泛的土地调查,并编成"土地调查清册",这个调查清册又被称为末日审判书,使每个封建领主的财产分布及其收入情况一览无遗。①这些措施为强大的中央集权的建立奠定了基础。

在诺曼政府前,英国并无统一的皇家司法机构,司法审判权分散在地方,于是威廉一世在保留原有机构的同时,要求其根据过往的令状并以其名义进行审判,从而巧妙地将分散的司法权收归中央。其次,为了巩固和扩大其统治权力,历代统治者通过设立"御前会议"(the Kings Council),而后先后从其中分离出"理财法院"(又称"棋盘法院",the Court of Exchequer)、"民事诉讼高等法院"(the Court of Common Pleas)和"王座法院"(the Court of King's Bench)来统一皇家法院管辖权,建立和维护法律诉讼程序。普通法成长一定意义上可以说是王室法庭不断拓展自己的司法管辖权并在与其他法庭的竞争中取得压倒性优势的过程。在当时与王室法庭进行管辖权竞争的法庭主要有教会法庭、地方法庭和领主法庭。对不动产权权益诉讼的管辖权争夺是管辖权争夺的重点,下面以领主法庭和王室法庭的管辖权争议举例。②

领主法庭一般都是庄园法庭,庄园法庭一般分为两种,一种是为自由地产保有人设立的封臣法庭,另一种为农奴土地保有人设立的农奴

① "由于无法逃避任何赋税,封建领主面对土地调查如同面临末日审判,所以,调查清册又被称为'末日审判书'(Domesday Book)。"详见何勤华主编:《外国法制史》,法律出版社2006年版,第140页。
② 李红海:《普通法的历史解读》,清华大学出版社2003年版,第89页。

习惯法庭。①在英国有一项司法原则即每一位领主都享有为其封臣主持法庭或主持由其封臣参加的法庭的权利,这种法庭管辖权属于纯粹的民事管辖权。领主法庭是对从该庄园保有之自由保有土地提出任何诉讼请求的正当法庭。②王室法庭是在下级法庭不能主持公道时当事人才可诉诸的法庭,国王此时会应诉讼人的请求向其领主或所在郡的郡长发出令状要求其主持公道,可这种情况只是例外,但在亨利二世时期,原先的例外成了常态,大量成体系化的令状开始出现供诉讼人选取或购买。③领主法庭的司法管辖权自亨利二世后极大地遭受到了侵蚀,已经能轻而易举地被规避了。

亨利二世规定没有王室令状的情况下,任何人都可以拒绝参加针对自己自由保有地产的诉讼。而且对权利令状的拒绝会导致王室司法的介入。指令返还令状也是权利令状的一种,只是申请的人与发放的对象不同。令状的申请人可能是普通的自由地产保有人,也可能是国王的直属封臣。如果是前者,申请人会获得国王发给领主的令状:"我命令你还申请人以公道,如果你不执行命令,我的郡长就会执行,我不希望再听到正义无处伸张的抱怨。"如果是直属封臣申请令状,令状就会发给郡长,要求郡长命令土地保有人必须马上把土地交给请求人,如果保有人拒绝从命,则命令他于某年某月某日到我们的法庭来说明原因。④但是指令返还令状并不只在王国的直属封臣占有国王的土地时才会用到,格兰维尔说只要国王乐意就可以签发这样的令状,即使是在签发给领主权利令状更恰当的情况下。指令返还令状直接过滤掉了领主

① 李红海:《普通法的历史解读》,清华大学出版社 2003 年版,第 109 页。
② [英]梅特兰:《英格兰宪政史》,李红海译,中国政法大学出版社 2010 年版,第 34 页。
③ [英]梅特兰:《普通法的诉讼形式》,王云霞译,商务印书馆 2009 年版,第 60 页。
④ [英]梅特兰:《英国宪政史》,李红海译,中国政法大学出版社 2010 年版,第 75 页。

法庭,而将令状发放给郡长,郡法庭其实就是王室法庭的一部分,代表着王室的利益。出于对这种恶劣行为的不满,《大宪章》才规定今后不得再签发指令令状以剥夺领主法庭对本应由其受理之案件的管辖权。①但是如果领主不按照权利令状的要求执行,案件仍会转移到郡法庭的管辖范围,这一点是不变的。与权利令状相对应的审判方式就是决斗审判。②亨利二世规定在庄园法庭进行的权利诉讼中的被告可以在决斗断讼和王室法庭提供的咨审团裁断之间作出选择,如果选择后者,该诉讼就要从庄园法庭移送到郡法庭处审理。③在以权利令状在王室法庭开始的地产诉讼中,被告可以拒绝决斗裁断而将自己交给 12 位邻人的宣誓裁断,由他们宣布哪一方对土地拥有更大的权利,而这个由邻人宣誓所组成得到团体就是地产权利巡回审中的大陪审团。④12 位邻人不是由被告单独选的,这个团体是由原、被告双方先选出 4 名骑士,再由这些骑士另选出 12 名陪审员组成的,然后这 12 名陪审员到王室法官面前来证实甲和乙究竟谁对争议土地享有更大的权利。其实这里所有涉及陪审二字的翻译都不太正确,应该是咨审。因为这个阶段虽然是陪审制发展的重要进程,但在许多方面,咨审制直到它存在的最后阶段(可能存续到 1834 年),都与陪审制有着很大的不同,比如咨审人不仅需要在事实问题上,也需要在权利问题上作出裁决。格兰维尔评价大咨审团是国王的恩典,有了它,对自由地产享有权利的当事人就可以避免为司法决斗之不确定性所困扰;这一制度源于至高之正义,因为经过长久的拖沓很少能够被决斗所证实的对于土地的权利通过对这一制度

---

① [英]梅特兰:《普通法的诉讼形式》,王云霞译,商务印书馆 2009 年版,第 63 页。
② 同上书,第 66 页。
③ 李红海:《普通法的历史解读》,清华大学出版社 2003 年版,第 112 页。
④ [英]梅特兰:《英格兰宪政史》,李红海译,中国政法大学出版社 2010 年版,第 74 页。

的有益使用却能更快更方便地得到证明。①并且随着生产力的发展所导致的人们对自身认识的不断加深和对神的重新理解,咨审团和其他裁断方式比较起来就变得更容易为人们所接受和更受欢迎。所以王室通过提供并列的裁断方式与庄园法庭的司法决斗相竞争的结果可想而知。

再次,为了平衡教俗贵族与中央集权在权力争夺过程中的利益关系,以及弥补普通法无法适时调整经济关系的缺陷,英王亨利二世将原先的巡回审判变为一种定期的永久性制度,并允许法官对判例的不断地重新解释来实现普通法的发展;建立由陪审团参与审判和引入对抗制审判方式;确立"程序优先"和"正当法律程序"原则;通过法庭专业化、司法职业化和法律教育自治化实现普通法的自治性。发端于 14 世纪左右由大法官审判实践发展起来的,具有"公平、正义"之称的法律原则被冠以"衡平法"之名,成为英国法律体系的又一重要渊源。

2. 制 定 法

13 世纪,在约翰王统治期间,教俗贵族组织经常召开大会商讨政治斗争的方案。这样的大会后来成为议会的雏形。②以农村骑士和城市市民组成的新兴阶级由于在经济上的迅速崛起,也促使他们要求掌握政治权力以保障其经济利益,摆脱王权控制的要求日益强烈。

1215 年 6 月,英国的教俗贵族在反对国王的斗争中取得胜利,英王被迫签订了《大宪章》,从而确定了封建贵族等特权阶级的利益,规定了任何自由民非经合法程序不受逮捕、监禁、放逐、没收财产等保护公民生命及财产安全的权利。由这项英国历史上重要的宪法性文献为开

---

① 　[英]梅特兰:《英格兰宪政史》,李红海译,中国政法大学出版社 2010 年版,第 82 页。
② 　T.R.S. Allan, Law, Liberty and Justice: The Legal Foundations of British Constitutionalism, Clarendon Press. 1993,p.4.

端,也开启了英国制定法发展的历程。随着王权与封建贵族和新兴阶级之间的利益角力,国王通过与僧侣贵族及市民代表组成的"国会"商谈,国王立法的数量日益增长,使制定法成为英国法系的第三大渊源,成为对普通法的重要补充。

1628 年,由于对法战争的失败,针对查理一世的滥用职权,英国国会下院迫使国王接受了《权利请愿书》,重申了《大宪章》对王权的限制及臣民权利的保护,使"正当法律程序"成为法律权利,"把未经这块土地上的普通法法院主持的正当法律程序不得剥夺任何人的自由这一点融进了法治理论之中,在此之上,人身保护令状成为一项实现这一目的的法律机制"。[①]

1679 年,英国法治史上第一部规定司法程序性立法——《人身保护法》出台。该法全文共 20 条,主要是对拘禁者申请"人身保护令"事宜的规定。虽然没有规定任何实体性权利,但由于该法以限制非法逮捕和拘禁,保障臣民人身权利为宗旨,故被视为英国人权保障和宪法规定的基石。"光荣革命"后,为进一步限制王权,防止君王独裁统治,保障议会在国家政治生活中的地位,1689 年 10 月,著名的《权利法案》颁布,将臣民权利和王权限制的规定进一步具体化,如未经国会同意,国王不得滥用赦免权和中止权;不得征收和支配税款;不得滥施酷刑和罚款;臣民有向国王请愿的权利,并不得将此判罪和控告;议会议员应经过自由选举产生,在议会期间享有自由演说和辩论的权利;废除国王施行法律的权力等。该法在英国历史上具有举足轻重的作用,成为法治发展历程中奠定君主立宪制政体的重要宪法性法律之一。

此外,1694—1701 年,为配合《权利法案》顺利实施,议会又陆续通

---

① 齐延平:《自由大宪章研究》,中国政法大学出版社 2007 年版,第 224 页。

过了《三年法案》(*the Triennial Act*)、《叛国罪法案》(*Treason Trials Act*)、《王位继承法》(*the Act of Settlement*)。这些制定法的颁布、实施,使"英国的国家权力配置得到了根本性调整,以'议会主权'和'法律主治'为两大支柱的现代法治开始确立"。①

(二)"议会主权"与"责任内阁制"

国会的力量是在不断与王权的斗争中逐渐发展壮大起来的。1297年,国会获得批准赋税的权力。14世纪中期,国会又获得颁布法律的权力,并成为审理王国政治案件的最高法庭。1343年,根据不同阶层,国会正式分为上下两院(又被称为"贵族院"和"平民院"),分别由僧侣贵族和市民代表及地方骑士组成。1414年,所有的法案首先必须由下院提出,在征得上院同意后才能被制定为法律,但国王对法案拥有否决权。"光荣革命"虽然确立了"议会主权"原则,理论上将国家统治权由国王转交给议会,但"混合政体"的统治模式仍使国王在政治统治中握有一定的实权,例如,任何法案须经国王批准方可实施;英王拥有处理外交和殖民地事务的特权、军队统率权等。所以,国会立法权并非是至高无上的,仍须受制于国王。无论从数量、地位,还是影响力上,国会立法都无法与资产阶级革命前的制定法相比较。但是不能否认的是,自"光荣革命"后,议会在国家体制中的地位和作用开始逐渐提高,虽然议会的组成包括国王、贵族院、平民院,但事实上国王已成为国家的象征,掌握实权的是议会两院。议会逐渐获得了国家立法权和行政权,不仅在立法权方面拥有垄断权,而且还拥有对政府行为的监督权以及最高司法权威。

一般而言,英国的"议会主权"的意义在于其在立法方面拥有最高

---

① [英]M.J.C.维尔:《宪政与分权》,苏力译,生活·读书·新知三联书店1997年版,第31页。

权力,并且这种最高权力是与生俱来的,无需任何人、任何机关的授权。任何人和机关不得宣布议会通过的法律无效,也不能以任何理由限制议会的立法权。法院不得以任何理由拒绝适用议会通过的法律。修改和废止法律只能由议会完成。在1911年《议会法》生效前,上下两院拥有大致相当的立法权,任何法案须经两院通过才能生效。1911年后,无论从组织结构,还是议院的构成等方面来看,下议院成为立法主体,上议院的立法权限受到限制,但可行使搁延权。虽然这种名义上为"两院制",实质由下议院为中心的立法模式,引发对上议院存废的讨论,但上议院在防止下议院急躁立法、实际较少受到政党牵制、讨论问题也更加客观等方面具有不可比拟的优势,故在英国政治生活中具有可取性和适应性。[1]

1714年,英王乔治一世因故经常不参加内阁会议,使由国王参加并主持的内阁会议传统中断,而首次出现了首相一职。1832年选举制度的改革,责任内阁制作为宪法惯例被固定下来。19世纪末,"由于委托立法的盛行和行政权的不断增强,国会的权威受到了来自政府的挑战,内阁地位日益提高,不仅分享了原本专属国会的立法权,而且国会对内阁的监督在很大程度上也流于形式"。[2]

1937年颁布的《国王大臣法》正式以制定法的形式肯定了内阁和首相的称谓。一般来说,英国首相拥有三项权力:人事任免权、内阁决策管理权、提请任命议员权。作为政府内阁最高长官,首相拥有对政府大臣、主教、高级司法官员、枢密顾问官、英国广播公司主席、各种皇家和法定委员会成员以及大学领导人的实际决定权;控制管理政府各部门,有权决定其设立、合并或取消。此外,由于首相是"下议院中的多数

---

[1] 何勤华主编:《英国法律发达史》,法律出版社1999年版,第110页。

[2] 何勤华主编:《外国法制史》,法律出版社2006年版,第157页。

党(执政党)的核心人物,因此,他可以通过操纵执政党在议会内的讨论会及其他组织,来指挥和控制本党成员在议会中采取一致行动,最终达到左右议会决策、活动的目的"。①

从上述分析中,我们可以看出英国首相虽然没有宪法层面的授权,但在实际政治生活中却扮演着极为重要的角色,他不仅可以控制英国政府和内阁,同时还可以左右议会的活动。他既是内阁的代表,是行政权力的象征,对外还代表了整个英国。君主立宪制下的英国在议会制、责任内阁制和两党制三大主体的运行下,"共同践行着分权制下英国法治内部结构中国家统治权的平衡发展,确保了英国民众的自由与权利"。②

四、美国法治发展的道路

(一) 法治模式的形成:《独立宣言》与《联邦宪法》

美国法治的萌芽是在压迫与反压迫、统治与反统治中形成并最终发展起来的。在英国殖民时期,北美人民要求独立自主的观念已经萌芽,为摆脱英国殖民统治,他们纷纷制定了自己的法律制度,如1639年康涅狄格州的《基本法规》、1641年马萨诸塞州的《自由典则》、1668年卡罗莱纳州的《根本法》、1682年宾夕法尼亚州的《施政大纲》等都清楚地表达了独立发展的观念。③而针对北美人民要求独立自主的思想,从18世纪下半叶开始,英国也加强了对北美殖民地的控制,先后颁布了《印花税法案》《唐森纳条例》《茶叶税法》《强制法令》等一系列法律制度,极大地激化了英国与北美殖民之间的矛盾。1775年4月19日,美国独立战争爆发。1776年7月4日,大陆会议通过《独立宣言》(Decla-

① 何勤华主编:《英国法律发达史》,法律出版社1999年版,第124页。
② 李栋:《英国法治的道路与经验》,中国社会科学出版社2014年版,第74页。
③ 何勤华主编:《外国法制史》,法律出版社2006年版,第185页。

ration of Independence），宣布成立美利坚合众国。

《独立宣言》以资产阶级启蒙思想家的"天赋人权"思想和"社会契约"为理论基础,宣称:人人生而平等;人人都享有上帝赋予的某些不可转让的权利,其中,包括生命权、自由权和追求幸福的权利;为了保障这些权利,人们组成自己的政府,政府的正当权力来自被统治者的同意。任何形式的政府,只要危害上述目的,人民就有权改变或废除它,并建立新的政府。新政府的基本原则和政权形式,必须是最便于实现人民的安全和幸福……作为自由独立的合众国,它将享有全权去宣战、媾和、缔结同盟、建立商务关系,或采取一切其他凡为独立怀着深信神祇护佑之信心。

从上述规定,我们可以看出,《独立宣言》鲜明地表达了资产阶级的革命思想和政治主张,对美国宪法精神和基本框架的形成具有巨大影响。首先,它既是一部全国性法令,又是一项联邦法令。在制订过程中,北美十三个州的代表充分商议并发表意见,适用于全美和各州。其次,它以自然法理论和社会契约论为依据,确立了一系列宪法基本原则,树立了宪政的基本观念,如自然权利、人民主权、国家契约、有限政府等。①其所表现出的独立、平等和自由的精神,闪耀着批判性和创造性的光辉,因而被马克思称为"第一个人权宣言"。最后,它为日后美国《联邦宪法》和法国《人权宣言》的制定与通过奠定了思想理论基础。更为重要的是,这份充满激情的政治性文件,不仅指引着美国法治发展的方向,成为各项法律制度制定与实施的基石,而且还鼓舞和推动了欧洲各国资产阶级革命的发生。

独立战争割断了美国同英国原有的联系,也带来了基本法的革新。

---

① 何勤华主编:《美国法律发达史》,上海人民出版社 1998 年版,第 44 页。

从理论上说,各州有权选择制定或不制定宪法,但是它们中的绝大部分很快选择了制定新宪法的方式。在战争爆发后不久,已有 11 个州起草了新宪法。有些州起源于特许状殖民地,因此它们形成了在这些特许状的规范下生存的习惯,甚至将特许状作为其自由的保障,但是这些特许状最终还是被某些宪法形式的新文件所替代。成文基本法的起草是对 1776 年 5 月大陆会议敦促各殖民地建立自己征服的决议的自然响应。殖民地制定宪法的过程受到了特许状和基本法中有关根本法的概念的支配。通过援引根本法,殖民地人民的权利第一次得到了伸张。但是以伦敦有权更改或废除的文件,或者以不成文的英国宪法原则为依据的权利主张虚无缥缈。由此殖民地人民意识到他们缺少在法律上以及道德上超越政府权力干预范围的更高的法律。最高的州宪法便是这种认识的直接结果。到革命结束时,所有的州都通过了成文宪法。①

为给这个新国家起草一部宪法,于是在 1777 年 11 月 15 日通过《邦联和永久联合条例》(《邦联条例》),该条例为拥有高度主权的各州勾勒了一个松散的、有节制的合众国。它没有赋予合众国强大的行政权,也没有关于邦联司法机关的任何条款。但是国会被赋予了某些司法权;国会是两州或多州之间关于边界管辖范围或者其他任何事由的一切争议和分歧的最终上诉机关。国会还有权解决某些海事案件,拥有唯一及排他的制定规则的权力以决定在任何案件中何种陆地和水上的捕获行为为合法以及如何分配和占用捕获物。国会还具有唯一的设立审判海盗行为及公害所犯重罪的法院以及受理及裁决所有捕获物案件的最终上诉法院的权力。②但随着形势的发展,《邦联条例》的弊端即刻显现,

---

① 〔美〕伯纳德·施瓦茨:《美国法律史》,王军等译,法律出版社 2018 年版,第 55 页。
② 〔美〕劳伦斯·M.弗里德曼:《美国法律史》,苏彦新等译,中国社会科学出版社 2007 年版,第 110 页。

面对各州由于缺乏统一的财政经济基础而导致无法实现关税、货币和法律的统一,对资本主义经济产生的阻碍,1787年5月,《邦联条例》修订会议召开。1789年3月4日,《联邦宪法》生效。此部宪法由序言和7条正文组成,确立了三大原则:分权原则、制衡原则和有限政府原则。由于联邦宪法获得批准,美国公法完成了其形成时期的第一项重大任务:为各州和联邦本身确定了政府的结构形式。就其实质而言,制宪程序在当时就已经被确定了。制宪权被授予为起草宪法而特别召集的会议。这是制定联邦宪法所采用的方法,也是革命时期各州采用的方法。这种方法确定了后来美国的基本法文件的模式。在美国的历史上,虽然只有过一次联邦制宪会议,但从这个国家成立以来,共召开过200多次州的制宪会议,通过或修改它们的宪法。①

1. 分权原则

宪法的制定者建立了一个完全独立于立法机关之外的、由行政和司法机关组成的联邦政府,这样就能够保证对政府来说至关重要的立法权、行政权和司法权这三种权力都能有效地得到行使。宪法规定立法权、行政权、司法权分属于国会、总统和法院。国会是国家立法机关,由选举产生,有一定任期。总统是最高行政首脑,具有发布行政命令、官吏任免、军事统率、外交和豁免等权力,任期四年。联邦法院的法官审理案件时不受总统和国会的干涉,实行终身制。一般联邦权力高于州权力,享有联邦立法权、联邦司法权、外交权、军事权、铸造货币权、设立邮局,开辟邮路权、征税并计划合众国的国际和公共福利权、保障著作和发明权、接纳新州和管理州际事务权、提出宪法修正案权等10项权力。各州不得行使上述权力,除此之外,各州可制定法律制度,并在

---

① [美]伯纳德·施瓦茨:《美国法律史》,王军等译,法律出版社2018年版,第56页。

其权力范围内自由行使。

2. 制衡原则

根据宪法规定,国会通过的法律须经参、众两院同意,但总统具有法律否决和搁置否决权。总统和政府的经费须经国会通过预算法案,国会可以三分之二多数票推翻总统的否决权。总统对外签订的条约和任命的高级官员须经参议院同意。联邦法院法官由参议院同意后由总统任命,国会可弹劾法官。联邦最高法院对国会通过的法律和总统发布的行政命令拥有司法审查权。与分权原则一样,制衡原则同样适用于联邦权力和州权力,任何一方都不享有绝对和完全的权力。

3. 有限政府原则

宪法规定,政府的一切活动必须在法律规定的范围内行使,其享有的权力都体现在宪法条文内,政府不得自行突破。在行使权力时,必须保证个人的权利和自由。不论是联邦政府还是州政府都不得制定任何剥夺公民权利的法律和追溯既往的法律。

《联邦宪法》"确立了美国法治模式中权利神圣和以宪法为中心的法律至上的一般观念;这些宪法性法律文件规定了美国的国家结构、政权组织形式和活动方式,以及公民的基本权利等,为此后美国两百余年的宪政制度提供了依据。以宪法为依据所确认的国家管理活动中的民主原则、分权原则、联邦制、议会制等,使美国法治得以民主的力量为支撑,成为整合和控制美国社会的开放性机制"。[①]此后,美国宪法进入了一个平稳发展的阶段,并通过一系列宪法性司法实践巩固和发展了宪法的原则与制度。如1803年的"马伯里诉麦迪逊案"(Marbury v. Madison,5 U. s. 137,2 L. Ee. 60);1810年的"弗莱彻诉佩克案"(Fletcher

---

① 曹全来:《论美国法治的形成》,《淮北煤师院学报》(哲学社会科学版)2002 年第 6 期。

v.Peck，10U.S.87，3L，Ed.162）；1819 年的"麦卡洛克诉马里兰州案"（MeCulloch v.Maryland，17U.S.316，4L.Ed.596）等。通过这些司法判例，确立了违宪审查制度，使宪法条文的含义得到了扩充和发展。

（二）公民基本的保障：《权利法案》与第 14 条宪法修正案

美国独立战争与建国初期确立的法治原则，凝聚了法治的基本精神，体现了美国法治的理念，促进了美国法治发展的进程，但是由于《独立宣言》和《联邦宪法》缺少关于公民基本权利的具体规定而引起各州的广泛争议。1789 年，第一届国会第一次会议召开，麦迪逊在众议院站起来，他提出保障公民基本权利的 10 条修正案，又称为《权利法案》（*Bill of Rights*）。麦迪逊起草修正案的依据是各州，特别是弗吉尼亚州，在批准宪法的大会上提出的修正案中表达的意思。麦迪逊认为宪法没有包括反对侵犯特定权利的有效条款和他们长期以来已经习惯的加在他们与行使统治权的地方行政官吏之间的保护措施，他所起草的修正案提供了自由保障，宣布了依宪法得到保障的伟大的人权，从而被用来补偿这种不足。权利法案的目的就是通过规定在例外的情况下权力不应当行使或不应以某一特定的方式行使，对权力加以限制和限定。其基本意图是对立法机关加以防范。因为它最有权力，最有可能被滥用。还要防止行政官员滥用职权，防止由多数人操纵的集团压迫少数人。在麦迪逊原来的修正案中，有 4 项在大会辩论过程中被取消了，2 项没有获得批准。其他的修正案，基本上以它们提出时的形式，作为美国权利法案保留下来。①

主要内容包括：个人自由的权利、诉讼程序的权利、个人保留的权利。其中，个人自由的权利体现在第 1—5 条修正案中，包括宗教信仰自由；言论与出版自由；和平集会和请愿自由；人身、住所、文件和财物

---

① ［美］伯纳德·施瓦茨：《美国法律史》，王军等译，法律出版社 2018 年版，第 61—62 页。

不受侵犯的权利;非经法律审判手续,不得剥夺任何人生命、自由和财产,私有财产拥有补偿权等。第 5—8 条规定的诉讼权利包括:陪审权、一事不再理、不得强迫被告自证其罪;公开审判、辩护权;禁止使用酷刑等。第 9—10 条为个人保留的权利,主要为对于联邦宪法未予规定的公民权利,不得取消或轻视;对未授予联邦或未禁止各州行使的权力,由各州和公民继续保留。

这 10 条宪法修正案的颁布对保障公民人身自由和财产安全方面发挥了重要作用,对美国法治的发展具有深远的意义,但一些困扰美国社会的重要问题,如黑人奴隶制问题、法律平等保护的问题、选举权问题等仍亟待解决。为此,在此后两百余年的时间里,美国又分 18 次提出了第 11—28 条修正案,逐步解决了选举制度、正当法律程序、种族平等和男女平权等诸多社会问题,其中,最具代表意义和影响力最大的当属第 14 条宪法修正案的通过。

在殖民地时期,美国就存在奴隶制度,并一直保留至南北战争爆发前。1857 年联邦法院在"斯考特诉赛的福特案"(Dred Scott v. Sandford,60U.S.393,15L.Ed.69)中判决:由于斯考特作为黑人奴隶,不是合众国公民,故其原告的当事人身份不适格。结果引发了一场关于奴隶制存废的论战,并最终导致美国内战的爆发。1863 年 1 月 1 日,林肯签署《解放黑奴宣言》(Declaration of Negro Liberation),通过第 13 条宪法修正案,宣布废除奴隶制。随后,第 14 条宪法修正案对第 13 条宪法修正案进行了补充和发展。

首先,第 14 条宪法修正案将公民权赋予全体国民,强调对个人权利的平等保护,规定:"凡在合众国出生或加入合众国国籍而受其管辖的人,均为合众国及其居住州的公民";"无论何州,不得制定或施行剥夺合众国公民之特权及特免的法律";"不得在其管辖范围内否定任何人享有平等的法律保护"。为进一步将这一宪法精神得以落实,国会又分别在 1866—1875 年间,通过了《民权法案》,赋予黑人订立契约、提起诉讼和拥有财产、选举以及防止种族歧视的权利。

其次,第 14 条宪法修正案中规定的"正当程序"条款,对美国法治观念的发展与模式形成具有举足轻重的意义。虽然"未经正当法律程序,不得剥夺任何人的生命、自由和财产"的条款只是重复了第 5 条宪法修正案的内容,但是,此条规定强调了不论是联邦政府抑或是州政府,"正当法律程序是建立在政府不得专横、任性地行事的原则之上。它意味着政府只能按法律确立的方式和法律为保护个人权利对政府施加的限制进行活动"。[①]此宪法修正案可视为"程序性正当法律程序"向"实体性正当法律程序"的过渡与发展。根据实体性正当法律程序的内涵,一个人有权按照自己的意愿选择生活、工作的地点及方式,如对他的选择进行限制的法律即违反了宪法保护之下的基本自由权。[②]

1940 年后,正当法律程序又引申至美国刑事诉讼案件中以保护个人自由和平等权,即当一个人面临被剥夺自由或财产的风险时,国家机关必须以正式的方式明确告知相关人,并向其提供公正审判机会和救济的途径。

(三) 社会平等与实质正义的实现:罗斯福新政

对美国人而言,平等观念是公民三大基本权利之一。不论是独立战争还是南北战争都是因自由和平等而发生,而且这种对公民自由权和财产权的保障也极大促进了美国经济的发展,但其自由资本主义经济在 1929 年爆发的世界经济危机中暴露出许多矛盾和问题,使社会经

---

① 〔美〕彼得·G.伦斯特罗姆:《美国法律辞典》,中国政法大学出版社 1998 年版,第 15 页。
② 〔美〕伯纳德·施瓦茨:《美国法律史》,王军等译,中国政法大学出版社 1990 年版,第 120 页。

济秩序和法律制度受到了极大的挑战。面对大工业萧条、生产和消费的全国性危机,1933 年上台执政的美国总统罗斯福采取了一系列"新政"(New Deal)来干预国家的经济生活。他认为"一个福利国家的法治实践,首先应通过力图缩小社会差距的政策、立法与判决等,来缓和社会矛盾和实现对危机的控制。这一时期的政策与法律,不再像以前那样以个人为本位,而转向以社会为本位"。①

但是罗斯福新政政策的推行却并非坦途。由法院发展起来的限制政府权力的理论阻碍了国家前进的步伐,一系列判决宣布了大多数重要的新政立法无效。在 1935 年和 1936 年的判决中,联邦最高法院撤销了两个重要的法令——《全国工业复兴法》和《农业调整法》,这两个法令是抵抗经济萧条的重要法令,撤销的理由是法令超越了联邦的权力。在 1936 年的另一个案例中,联邦最高法院用同样保守的态度对待有关煤炭工业的联邦立法。1936 年另一个判决判定规定最低工资的法律是与正当程序条款保护的契约自由对立。这些判决对政府权力的狭义解释确实令罗斯福新政的推行设置了极大的阻碍。罗斯福总统对这些司法判决的回答是 1937 年 2 月 5 日提出的改组法院计划。但是经过长时间的听证和公众讨论,参议院司法委员会否决了这个计划。虽然罗斯福的这次计划失败了,但是联邦最高法院不久就取消了对政府行使权力的范围加以限制的做法。1937 年年初,联邦最高法院扭转了对新政计划的态度,从 1937 年 4 月开始,法官们对每一个提交给他们的新政法令都采取支持态度,其中的一些法令与过去被撤销的法令十分类似。而联邦最高法院的这些转变还被称为一次宪法革命。②这种态度

---

① 曹全来:《论美国法治的形成》,《淮北煤师院学报》(哲学社会科学版)2002 年第 6 期。
② 〔美〕伯纳德·施瓦茨:《美国法律史》,王军等译,中国政法大学出版社 1990 年版,第 217—218 页。

的变化对实质性正当程序原则也产生了巨大的影响。

　　罗斯福"新政"立法的目的主要有三方面：救济、复兴和改革。"这三个目的有时交织在一部单项法律中，有时分别体现在不同的法令中。'救济'是要把这个国家从灾难性的萧条中拯救出来；'复兴'在于补救那些私人市场体制的缺点，使其复苏；'改革'是打破旧的'平衡'，实现经济制度更好的'平衡'。"①"新政"实施的项目主要有：金融计划、颁布《农业调整法》《全国工业复兴法》《铁路经济法令》等法律，施行经济救济、社会保险，以及举办公共工程和复兴工会等。通过颁布《农业救济与通货膨胀法令》，美国减少了农产品生产过剩并增加了农民的收入。而《全国工业复兴法》在复兴工业、减少失业、保持工业合理利润以及维持工人生活工资方面的成效显著。

　　1935年8月，《社会保障法》规定政府应设立社会保险局，建立联邦—州失业补贴联合系统，促进各州的失业保险立法；联邦通过税收、建立社保信用基金、发行信用基金债券和贷款等方式分别建立了联邦和州的社会福利救助基金，对老年人、退休者、失业者、残疾人和孤残儿童提供补贴和帮助等。"该法的颁布，使美国的社会福利制度开始走向统一，标志着联邦将社会福利和保障事业纳入法律规制的范围。"②在1937年发生的一系列案件中，联邦最高法院都坚持认为老年和失业工人福利条例是合宪的。通过这类判决，法院宣布国会对税收及其使用享有广泛的权力，并判决《社会保障法》的条款是合法地行使该项权力的结果。联邦最高法院1937年的系列判决，使人们不必再担忧把失业保险和老年福利法宣布为州和联邦权力之外的事了。③人们的生活有了

① 何勤华主编：《美国法律发达史》，上海人民出版社1998年版，第204页。
② 何勤华主编：《外国法制史》，法律出版社2006年版，第217页。
③ ［美］伯纳德·施瓦茨：《美国法律史》，王军等译，中国政法大学出版社1990年版，第223页。

切实地保障。可以说,在这一时期,"对于在这种不平等下生活的不走运的社会成员提供'补偿',是一种社会责任。社会和法律程序正向人们提出这种要求。法律应当力求确认和支持这种要求"。

这一时期的"平等主义"不仅体现在社会立法的实践方面,还表现在人权保护的法治实践方面。随着福利国家的逐步形成,政府干预经济的力度不断加大,从而加强了行政机关和行政权力的地位。政府滥用权力、破坏法治、侵犯公民自由和权利的事件时有发生。如 1945 年的《国家劳资关系法》(《塔夫脱—哈特莱法》)规定法院有权下令禁止工人罢工 80 天;罢工前必须有 60 天的"冷却期",听候政府调查;禁止工会代表全国性同业工人与资方谈判等。还有,1950 年的《国内安全法》、1954 年的《共产党管制法》等一些限制公民权利和自由的法律。

基于上述原因,国会于 1957 年、1960 年、1964 年和 1968 年分别通过了四部《民权法》,废除了种族歧视政策,并在政治权利保护方面,加大了对公民基本权利的保护,如确立"一人一票"的选举制度;保护刑事被告人拒绝自证其罪、与证人对质、保持沉默和公开审判的权利;妇女可以享受与男子完全平等的政治经济和公共服务的优惠权利;公民享有隐私权和居住环境权等。这种对人权保障的法治实践表明,国会、政府、法院以及公民都在努力追求和实现着实质意义上的正义。

五、日本法治发展的道路

(一) 法治主义的形成:《明治宪法》

18 世纪初,日本进入了经济停滞的困难时期,持续了近一个半世纪,直到来自欧洲帝国主义的外部冲击打破了已有的政治秩序。欧洲的侵入既带来了一系列灾难,也促使日本民族的觉醒。[①]19 世纪后半

---

① ［美］康拉德·托特曼:《日本史》(第二版),上海人民出版社 2008 年版,第 252 页。

期,日本开始实行明治维新,采取"富国强民、殖产兴业、文明开化"的三大政策,实行资本主义新政改革,使日本迅速崛起。为落实新政,自1868年明治维新开始,日本政府颁布了一系列宪政法令以改革封建官僚政治体制,①同时,还综合运用立法手段,改革税收制度,推进经济政策,颁布教育开化法令,为后期进行大规模法典编纂做准备。大致而言,日本从1868年到1890年的政治变化可以分为两个阶段,第一阶段是在19世纪70年代,新的统治者在整顿旧秩序,他们逐步分解了幕藩政治结构的残余因素,开始一系列制度的创新,在一系列对他们权力和政策的暴力及非暴力的挑战中幸存了下来;第二阶段是19世纪80年代,适合日本本土的统治结构稳定了下来,他们颁布了服务于当时统治目的的各种法规,其中就包括1889年的明治宪法。②

　　1868年3月,明治天皇发布了"五条誓文"表达了实行民主与宪政的决心,但是实际中所采取的措施却在加强以天皇为中心的中央集权制。而这一时期的日本国内随着资本主义的发展,国内新兴资产阶级开始举起自由民主的旗帜进行各种民主运动。这些民主运动主要的就是包括宣传主权在民理论,研究宪法并草拟各种形式的宪法草案。与此同时,明治政府也受到欧美国家要求其创立资本主义法律制度以作为修改不平等条约的交换条件的压力。内忧外患之下,明治政府于1875年发布《渐次建立立宪政体的诏书》,宣布设立元老院和召开地方官会议,逐渐建立国家的立宪政体。1876年天皇发布敕令命令元老院起草宪法草案,关于编纂宪法,草拟出的方案有很多,最值得一提的是1878年效仿英国的宪政体制拟定的"日本宪法案",然而此版宪法未能

---

① 如1867年12月9日,以天皇名义发布的"王政复古"诏书;1868年3月14日,发表"五条誓文";1868年7月,公布《政体书》;1871年7月,宣布"版籍奉还"等。参见何勤华等:《日本法律发达史》,上海人民出版社1999年版,第22页。
② [美]康拉德·托特曼:《日本史》(第二版),上海人民出版社2008年版,第292页。

得到统治者的青睐。因为当时日本社会追求自由民权的运动此起彼伏，为了镇压这些社会运动维护政权的稳定，明治政府更需要一部强有力的宪法。①1881 年 10 月，明治天皇颁布诏书，承诺于 1890 年开设国会，至于国会的组织和权限则由天皇亲自裁决。②带着这种目的，1882 年 3 月政府派遣伊藤博文等人赶赴欧洲各国考察其宪政情况。在考察过程中，考察团比较专注于德国宪政的调查，他们认为德国的君主立宪制比较适合日本国情，故决定学习和引进德国的法治思想与制度。1886 年明治政府开始进行起草宪法的实质性工作，由伊藤博文主要负责宪法的起草工作，伊藤博文将比利时和普鲁士保留强大君权的宪法作为范本，1888 年 4 月，日本"宪法草案"出台。1889 年 1 月，枢密院完成对"宪法草案"的审议，同年 2 月 11 日，明治天皇公布《大日本帝国宪法》（《明治宪法》）。此部宪法共 7 章 76 条。

从国家构造上看，《明治宪法》的第 3 章"帝国议会"，第 4 章"国务大臣及枢密顾问"，第 5 章"司法"分别规定了立法权、行政权和司法权的归属，从形式上已具备了三权分立体制的构成要件，而且帝国议会还具有法律同意权、法案提出权以及预算同意权，使其能够通过法律的同意权监督行政权。其次，明治宪法第 2 章"臣民权利义务"列举了日本臣民在法律范围内所享有的自由和权利，包括公职权、居住权、迁徙权、诉讼权、财产权、言论自由、信仰自由、集会与结社自由等基本权利，在限制国家权力和保障个人权利方面作出了努力。这种"基于权力分立的原理确立的以分权与制衡思想为基础的国家机构体系，注重通过分权的方式来制约各种国家权力，并由此对臣民的基本权利进行保障，这

---

① 何勤华等著：《日本法律发达史》，上海人民出版社 1999 年版，第 48 页。
② 信夫清三郎：《日本政治史》（第 3 卷），吕万和等译，上海译文出版社 1988 年版，第 113 页。

被视为近代意义上法治主义确立的标准"。①

虽然,《明治宪法》的这种形式上为君主立宪制,实质是专制主义的妥协制宪法被认为是不完全法治的代表。许多观点认为其局限性显著,理由是以天皇为中心的统治权力过大,藩阀政治体系斗争错综复杂,②故导致国家各机关根本无法分权,形成相互制衡的局面,有限的公民权利保障更是不完整、不充分的。这点从其将国民定义为"臣民",而非近代宪法通用的"公民"一词即可看出人身依附属性非常明显。而所有的这一切都是由于该法律的核心主义"法律保留原则"决定的,在天皇具有紧急敕令权、独立命令权、对外宣战权等情况下,权力的分立和权利的享有显然无法得到很好的实施与保障。但是,《明治宪法》作为日本历史上第一部宪法,是明治维新的产物,是成功学习西方法制的典范,它的颁布施行对打破封建制度、创建日本近代法律体系以及推进日本政治近代化改革具有深远的意义。而随后编纂颁布的商法典、民事诉讼法典、刑事诉讼法典、民法典以及刑法典,标志着日本资本主义法律制度体系的构建最终确立,也为日本社会的发展勾勒出了基本的轮廓。

(二)"民主法治"原则的确立:《日本国宪法》

1945 年 8 月 15 日日本宣布接受《波兹坦公告》。根据改公告,盟军进驻日本,美国军队在盟军中占多数,其间麦克阿瑟担任驻日盟军总司令,因此战败后初期的日本是处于美国军队的占领下。日本丧失了独立主权国的地位,天皇及其他国家机关被置于驻日盟军最高统帅的权力之下,美国政府通过美军全面控制了日本社会生活的各个方面,并为

---

① 江利红:《论法治主义在日本的形成与发展》,《人大法律评论》2014 年第 2 辑。
② 李莉辉:《明治宪法的生长——日本法律转型中的精神因素考察》,中国民主法制出版社 2013 年版,第 10 页。

了美国战后战略上的需要,积极介入日本各种制度的改造工作。作为旧制度象征的《明治宪法》由于体现了天皇专制主义和军国主义的内容,与战后实行政治民主化和非军事化的形势格格不入,故战后日本首先需要解决的问题便是改革宪法制度。美国政府通过美军积极参与了这方面的工作。1945 年 10 月 4 日美国占领当局命令当时的日本内阁修改宪法,该内阁采用集体辞职的方式反对修改宪法。于是美国占领当局将命令下达给了新成立的内阁,新内阁接到命令后立即成立了以松本丞治为主任的宪法问题调查委员会,着手进行修宪工作。该委员会于 1946 年 1 月起草了宪法草案,但是该草案与《明治宪法》相比并没有根本的改变,仍维持明治时期的天皇专制制度,所以该草案遭到了驻日盟军最高统帅麦克阿瑟的否决。在麦克阿瑟的亲自主持下,1946 年 2 月驻日盟军总司令部政治局拟定并起草了宪法草案,作为示范本交给日本政府。该草案保留了天皇制度,并规定国民主权原则、放弃战争、解散军备、保障基本人权等内容。虽然日本政府对此草案并不满意,但迫于压力不得不采用麦克阿瑟草案,并于 1946 年 3 月 6 日在此草案基础上拟定"日本宪法修改草案纲要",并于 1946 年 11 月 3 日颁布具有民主主义色彩的新宪法——《日本国宪法》。①该部宪法由序言和11 章正文组成,共 103 条,依次为:天皇、放弃战争、国民的权利和义务、国会、内阁、司法、财政、地方自治、修订、最高法规、补则等。与《明治宪法》相比,《日本国宪法》具有鲜明的特点,在体系和内容方面都发生了重大变化。

首先,它确立了国民主权原则。否定了以往确定的国家一切权力属于天皇的国家政治体制,取代它的是以国民选举的国家最高权力机

①　何勤华等:《日本法律发达史》,上海人民出版社 1999 年版,第 55—57 页。

关(国会)来行使国家主权,而且国民可通过直接投票的方式来罢免违法的最高法院法官,决定是否批准国会通过的宪法修正案和是否同意适用于某地的特别法(第79、95、96条)。

其次,体现了和平原则。该法第2章专门对"放弃战争"作了具体规定,"日本国民衷心谋求基于正义与秩序的国际和平,永远放弃作为国家主权发动的战争、武力威胁或使用武力作为解决国际争端的手段。为达到前项目的,不保持陆海空军及其他战争力量,不承认国家的交战权"(第9条)。因此,它也被称为"和平宪法"。

再次,扩大了公民的自由和权利,突出保障人权原则。该法第3章"国民权利与义务"有关人权保障的条文多达31条,除一般的"居住、财产、人身、集会、言论、结社、出版、通信、宗教信仰"之外,还增加了选举和罢免权、和平请愿权、平等教育权、劳动权、国家赔偿权,思想和良心自由以及择业自由等(第14—32条),并保证国民的基本人权是"不可侵犯的永久权利",任何人和法律不得禁止和侵犯。

最后,确立了分权原则和责任内阁制。国家的立法权、司法权和行政权分别由国会、最高法院和内阁行使。三者之间相互依存与制约,具体地说,即内阁虽有权行使行政权,但对国会负有连带责任(第66条第2款);内阁总理大臣须经国会决议在议员中提名(第67条第1款);众议院对内阁有不信任决议权(第69条),但内阁对众议院又有解散权(第7条第3款)。最高法院享有违宪审查权(第81条),但国会可设立两院议员组成的弹劾法官委员会(第64条)。内阁有权提名最高法院院长(第6条第2款),并拥有大赦、特赦、减刑等权力(第73条第2款),但行政机关作出的决定须服从法院的审查,法官拥有违宪审查权。

应当承认,《日本国宪法》综合体现了"民主、人权与和平"的理念,"不仅确立了国民主权原则、法治国家原则、民主行政原则、责任行政原则、司法国家原则、地方分权原则,而且对于立法权本身也进行了必要的限制",在规范国家权力,保障国民权利方面进步显著。与《明治宪法》确立的君主立宪制相比,《日本国宪法》所确立的民主法治的原则实现了由"市民自由主义的法治国"向"社会法治国"的转变。①特别值得一提的是,《日本国宪法》学习美国确立的违宪审查制度,规定:"最高法院为有权决定一切法律、命令、规则以及处分是否符合宪法的终审法院。"这种将行政权力置于宪法控制下的制度无疑将国家的根本法放在了至高无上的地位,也使所有的国家权力都必须在宪法的规定下行使。如果法律本身违宪,即使行政机关依法行政,那么,在其违宪范围内该行政行为也将归为无效。宪法不仅拥有对一切行政权力进行合宪性审查的权力,而且在无具体规定时,行政行为也必须依据宪法原则进行规范性活动。违宪审查制度从另一个层面来看,即是对国民权利的保障与救济。为免受行政权力的不法侵害,《日本国宪法》规定国民具有"接受裁判的权利",并进行了相关救济制度的配套法律制定,如通过《行政不服审查法》《行政事件诉讼法》等法律,规定国民在不服行政行为的情形下有提起行政复议和行政诉讼的权利。

六、西方各国法治道路相异的原因

不同国家的法治建设具有不同的本土资源和国情条件,因此,各国的法治道路发展必定存在差异。西方各国的法治道路建设是其传统势力与革命力量碰撞、角力后最终形成的结果,在这过程中有妥协、有斗争,反映出的是法律对于本国社会经济、民族文化和历史传统的依赖和改革的关系,其中既有反复,也有进取,是西方各国立足于本国国情和

---

① 江利红:《论法治主义在日本的形成与发展》,《人大法律评论》2014 年第 2 辑。

社会环境在不断探索中总结出来并适用于国家治理,最终获得成功的。这里面既有经验,也有教训,我国法治道路建设可从中获得启示。

(一)自然社会环境的差异

1. 法国:深处欧洲大陆腹地

法国位于欧洲西部,与比利时、卢森堡、德国、意大利、安道尔、西班牙、瑞士、摩纳哥八国相邻,法国全境主要为平原,是西欧国土面积最大的国家。其境内的阿尔卑斯山脉与德国、意大利、瑞士、奥地利等国相连,比利牛斯山脉则为法国和西班牙两国的界山,而罗讷河是流经瑞士和法国的大河。正是由于与欧洲大陆联系紧密,欧洲大陆所发生的战争与革命,法国很少能置身事外,因此,在与欧洲大陆的交往中,逐渐形成了法国的民族特性:开放、包容、激进。而且,这种渊源性的联系也使法国在其国家的法治建设中注重吸收他国的先进理念与制度,具有全面性和系统性。

2. 英国:不列颠群岛组成的岛国

与法国全境主要为平原、与八国接壤、三面临海的地形不同,英国是位于西欧的一个岛国,由大不列颠岛上英格兰、苏格兰、威尔士以及爱尔兰岛东北部的北爱尔兰共同组成,并被北海、英吉利海峡、凯尔特海、爱尔兰海和大西洋所环绕。由于国土面积狭小,故利用海上交通便利的优势,通过其发达的航海技术扩张领土,不断扩大其势力范围就成为英帝国实现霸权的重要途径,而且在征战过程中,通过法律制度确定权利归属以及保障既有利益,巩固胜利果实也是最有效的手段,所以,英国是最早孕育出法治思想,并逐渐付诸实践的国家。

同时,21英里(34公里)宽的英吉利海峡既把英国与欧洲大陆相隔,使英国具有了相对独立性,可以让其政治制度长期保持稳定,不受他国影响,同时也给英国带来了一定的封闭性和保守性,为此,英国的法治道路异于其他欧洲国家。在资产阶级革命中,由于长期以来的封建主统治使封建势力异常强大,最终导致资产阶级革命不彻底,使英国成为欧洲国家中为数不多的君主立宪制国家之一。

3. 美国:多国移民组成的合众国

美利坚合众国(United States of America),简称美国,是由华盛顿哥伦比亚区、50 个州、波多黎各自由邦和关岛等众多海外领土组成的联邦共和立宪制国家。美洲大陆原为印第安人的聚居地,15 世纪末,西班牙、荷兰等国开始向这里移民,英国后来居上,1773 年,英国已在美洲大陆建立了 13 个殖民地。美国一直被认为是躲避战乱、瘟疫、迫害的理想热土。目前,美国有 170 多个国家的外国移民,其中 80%以上为欧洲裔移民,13%是非洲裔移民,4%的亚洲裔移民,而原住民的数量只有 2%左右。世界上很少有国家像美国一样能够吸纳和接收如此多的移民,而这种包容性也是美国法治道路发展的特性。由于语言文字、风俗习惯、宗教信仰、种族肤色等不同,美国的法治发展必须尊重和兼顾各民族的发展特性,不断调和与平衡各种族之间的冲突和矛盾,所以,美国的法治发展更具开放性和包容性。

4. 日本:资源匮乏的东亚岛国

日本位于亚洲东部、太平洋西北部,领土由本州、四国、九州、北海道四大岛及 7 200 多个小岛组成,日本四面环海,东部和南部为一望无际的太平洋,西临日本海、东海,北接鄂霍次克海,与朝鲜、韩国、中国、俄罗斯、菲律宾等国隔海相望。日本自然资源匮乏,除煤炭、天然气、硫磺等极少量矿产资源外,其他工业生产所需的主要原料、燃料等都要从海外进口。这种长期高度依赖外部资源以实现自我供给的机制,在本国法治道路的建设中体现为注重学习和吸收他国有益经验转化使用的传统,而且为了减少学习过程中可能出现的落后和不合时宜,日本一般会选择模仿当时世界上最先进和发达的国家法制,如公元645年,日本向中国唐朝学习,进行大化改新。1868年,日本又向欧美列强学习,进行明治维新,迅速摆脱积贫积弱的现状,跻身资本主义列强行列。20世纪后,日本又分别向法国、德国和美国学习,成功地建立起一套完备的政治法律制度。

(二)历史传统的影响

1. 法国:深受启蒙思想运动的影响

从法国大革命到巴黎公社(1789—1871年),这个时期可称为"革命的世纪",法国大革命政治文化的最重要特色就是其激进性和彻底性。在这八十二年中共进行了五次革命,分别是1789年、1830年、1848年、1870年和1871年。而政权的更迭,不同统治阶级的轮换也对代表自己统治阶级利益的政治法律制度提出了要求。从1789年大革命开始到1814年波旁王朝复辟,在短短十五年的时间里,法国竟制定并颁布了五部宪法,即1791年宪法、1793年宪法、1795年宪法、1799年宪法、1804年宪法,几乎每隔两三年政权就会发生更迭,随之原先的宪法立即弃之不用,着手制定新的宪法。而为何法国宪法的变动会如此频繁,而且,法国的宪法委员会和行政法院为何在法国的法治建设中能够发挥重要的作用,成为法国法治建设的标志?我们认为这些都与传统法国社会一直信奉的追求平等、自由、民主的启蒙思想运动有关。

法国启蒙运动是继欧洲文艺复兴后,在欧洲历史上出现的第二次伟大的思想解放运动。经过这次运动的洗礼,法国民众普遍对封建制度存在的蒙昧主义、专制主义和封建迷信有了清楚的认知,权利保障意识空前高涨。而一场法国大革命使民众"同旧世界彻底决裂"的信心和决心充分展现了出来,在权利必须得到保障、权力必须受到约束的强烈诉求下,只有通过国家的根本大法——宪法来予以实现,而宪法的作用也不仅仅是书面的规定,它必须从抽象的条文规定落实到具体的行动中来,同时,对于一切有可能侵犯公民权利的行为也必须予以追究,所以,在法国,宪法委员会和行政法院在其政治建设和法治发展过程中发挥着举足轻重的作用,这是法国法治发展进程中的自然选择,也是法国对其多年来所信奉的人权保障的完美回应。

2. 英国:重视自然演进

英国法律的发展较为平稳,很少受到突发事件或社会革命的影响而被迫停顿或变更,这也保证了其法治传统的连续性和继受性。盎格鲁—撒克逊人是英国政治法律的创始者,他们为英国带来了日耳曼原始民主习惯,并成为日后英国早期习惯法的雏形。当时各地设郡法庭和百户法庭,根据盎格鲁—撒克逊习惯法的简易程序审决案件,并适用罗马人征服时遗留下来的罗马法原则。而基督教会自设宗教法庭,按教会法原则处理婚姻、继承等案件。司法与行政、刑事与民事均未明确分离。1066 年诺曼征服后,在王权统治与贵族利益之间的博弈和抗衡中,国王与贵族相互妥协,最终形成了有别于其他欧洲大陆国家的法治建设道路。英国的法律制度既非严格的成文制定法,也不是完全遵循习惯法,而是以普通法和判例法为主要制度基础、制定法为补充的法制建构体系。

在英国法治建设的过程中,一直注重历史进程的自然演进,避免激烈对抗的革命事件对政治法律制度的冲击。有学者以其宪政建设为例,认为"英国的宪政道路同其保守传统与追求自由的精神息息相关,光荣革命是妥协的结果,表明英国宪政拒绝激进革命,而在保守中进行变革,建设由于激进革命而造成的文化断裂、社会物质的损失"。[1]其

---

① 程华:《传统与变革:英国宪政的成长之路》,《法学评论》2002 年第 4 期。

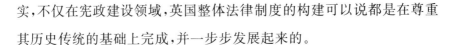

实,不仅在宪政建设领域,英国整体法律制度的构建可以说都是在尊重其历史传统的基础上完成,并一步步发展起来的。

3. 美国:血液里的批判精神

美洲大陆原是印第安人的土地。17 世纪初期,由于受到英国国教的残酷迫害,其中一部分清教徒决定迁居北美,去建立一个由清教徒领导的共和国。后来,英国的天主教徒、法国的流亡者、爱尔兰人、非洲黑人奴隶等都因各种原因来到美国。近四百年来,美国已成为由 100 多个民族组成的混合体,成为名副其实的"种族大熔炉"。虽然在新大陆艰苦开拓的过程中,每个民族都必须发挥本民族的长处,尊重并吸取其他民族的优秀品质方能团结统一,取得成功,但是,由于各民族出身不同,有着相异的宗教和信仰,鲜明的个性烙印在每个人身上,这时为了达到统一,就必须广纳群言,同时保持独立思考的能力,批判地接受各方意见,最终作出判断。在他们看来,只有通过自由辩论才能辨析真伪,从而逐步接近真理。美国人的这种质疑、探究性精神成为其民族特性之一,也深刻影响了美国法治理论的建立和法治道路的选择。

4. 日本:尊崇儒家文化

从中国儒家文化传入日本,一直到 19 世纪上半叶,儒家思想在日本社会一直占据着统治地位。公元 701 年(大宝元年)颁布的《大宝律令》即是以唐律为范本。而大化改革建立的以天皇为中心的中央集权制也可视为中国封建政治制度的移植。"日本奈良的平城京(710—784年)在设计思想、平面布局、功能区分、城市绿化等方面模仿唐长安城,甚至许多宫殿、街道、市场、里坊的名称也与唐长安城相同。"①明治维新后,日本受到西方资本主义文明的挑战,儒家学说受到批判。现在的

---

① 宋晓真:《论日本传统文化中的儒学思想》,《今日科苑》2006 年第 4 期。

日本社会虽然已普遍接受西方的民主思想、价值观念、伦理道德原则和生活方式,但儒家思想的价值观和伦理观在当今的日本仍具有重要地位,渗透于日本社会的方方面面,不论是对日本民众的性格的形成,还是处理问题的方式都产生了深远的影响。

(三) 法治理论的选择

1. 法国:权利保障与政府限权论

作为最早将"自由、平等、民主"确立为宪法原则的国家,法国将人权保障视为法治建设中最重要的事情。孟德斯鸠的分权学说,建立法治国家的构想以及卢梭的人民主权的思想对法国的国家发展以及法治建设产生了深远的影响,并在《人权宣言》中得到了贯彻和体现。三权分立学说的提出与最终目的是为了保障人权,法国将国家权力的分立作为权力分配原则,并得到普遍的认同。[1]为了避免公权力对公民权利的侵害,法国最先奉行普通司法权与行政裁判权分立原则,建立行政法院。"一方面,他们不信任王政时期沿袭下来的普通法院,担心将涉及行政机关的案件交由他们审理会影响到当时锐意进取、推动改革的行政机关的工作;另一方面,受到民主、法治及人权保障观念的影响,他们又认为有必要通过司法手段监督行政机关的行为。"[2]

2. 英国:法律主治论

与欧洲大多数国家的"言出法随""君自法出"专制法制不同,英国自盎格鲁—撒克逊时期开始,习惯法被奉为治理国家、维护社会秩序的主要手段。虽然从 7 世纪起,英国的民间习惯法开始向国家法转变,并形成了成文法典,但所有的变化只是形式上的,因为法典的内容都是对

---

[1]　1789 年《人权宣言》第 16 条明确规定:"任何社会,如果权利无保障或分权未确认,就没有宪法可言。"

[2]　张莉:《当代法国公法——制度、学说与判例》,中国政法大学出版社 2013 年版,第 255 页。

社会习惯的认可与肯定。在英国民众的心中,"习惯法是先于国家和国王而产生并存在的,它们无始无终,与天地同在。国王只能发现和宣布法律,而不能创造和增加法律"。①因此,在英国,法律的创制、解释与实施,国家政策的制定都保持了社会成员广泛参与的传统。

同时,英国在诺曼征服后建立起了欧洲最强大的封建集权君主制,走上了不同于其他同时期欧洲国家封建割据、长期不统一的道路。威廉一世利用征服者的权力将国家的政治、经济、军事大权牢牢掌控。虽然贵族阶层同国王有着直接的利益冲突,但都无法与王权分庭抗礼,所以,在缺乏激烈革命和社会变革基础的情况下,英国的贵族们只有联合起来依靠集体力量来争取参政议政的权力,而构建封建法律制度和大会议的形式便成为贵族反对王权的有力武器。在王权与贵族相互制衡的二元平衡结构中,重视程序诉讼主义,以遵循先例来约束王权、保障臣民权利的普通法制度,以及议会主权与责任内阁制应运而生。

3. 美国:宪法至上论

英国移民所倡导的"自由、平等"的精神深刻影响了美国,他们的"皈依契约"理论,即"神的诫命在引导着人的自由,宗教推动着启发民智的使命","公民或道德的自由,它的力量在于联合,而政权本身的使命在于保护这种自由"②的理念更是植根于美国的文化,最终转化成为所谓的"美国精神"。随后,美国独立战争所表现出的强烈的独立、自由、平等的民族主义精神,进一步强化了主权在民、法律面前人人平等、公民权利神圣不可侵犯的法治观念。

1776 年的《独立宣言》、1791 年的《人权法案》和 1789 年的《联邦宪法》及宪法性文件确立了美国权利至上和以宪法为中心的法律体系。

---

① 程汉大:《英国宪政传统的历史成因》,《法制与社会发展》2005 年第 1 期。
② [法]托克维尔:《论美国的民主》(上),董果良译,商务印书馆 1988 年版,第 47 页。

"这些宪法性法律文件规定了美国的国家结构、政权组织形式和活动方式,以及公民的基本权利等,为此后美国两百余年的宪政制度提供了法律依据。以宪法为依据所确认的国家管理活动中的民主原则、分权原则、联邦制、议会制等,使美国法治得以民主的力量为支撑,成为整合和控制美国社会的开放性机制"。[①]1803 年"马伯里诉麦迪逊案"、1810 年"弗莱彻诉佩克案"、1819 年"麦卡洛克诉马里兰州案"更是将违宪审查制度、联邦政府与州政府之间权力划分的宪法原则确定下来。随后,美国宪法的第 14 条修正案的公布成为美国宪政历史上具有里程碑意义的重大事件,它将公民权利的保障和政府权力的限制推进了一大步,不仅强化了宪法对美国社会的统摄作用,而且还直接推动了 1866—1875 年四部《民权法》的出台。

4. 日本:综合法治论

由于日本是一个岛国,受地理位置和环境资源的限制,因此,不断向外扩展和吸收外来优秀成果就成为日本一直谋求的手段与途径。公元 7 世纪,作为当时世界上政治经济文化居于领先地位的唐朝成为日本第一个学习和模仿的对象,不仅国家治理全面移植唐代的政治法律制度,而且就连城市布局、服饰装扮也与唐朝极其相似。在这次全面学习和吸收唐文化的高潮过程中,日本从唐代汲取了丰富的养料,参照唐律规定,制定完成了《养老律令》《大宝律令》等法律法规。在日本明治维新实施"富国强兵、殖产兴业、文明开化"三大政策后,学习和引进西方先进国家的治国理念与政策开始成为日本政府的主要目标。其先后学习了法国思想家孔德的实证主义、英国哲学家穆勒的功利主义思想,从而打破了以封建纲常为核心的等级观念和道德伦常,并在法国思想

---

① 曹全来:《论美国法治的形成》,《淮北煤师院学报》(哲学社会科学版)2002 年第 6 期。

家孟德斯鸠"天赋人权""三权分立"理论的影响下,开始奉行立法权、行政权和司法权独立,建立起较为完备的资产阶级法律制度。后来,参照法、德两国的民法典和刑法典,制定完成了具有日本特色的《民法典》和《刑法典》。

上述几个主要资本主义国家法治的发展是互相影响的,但主要制度设计都基于本国的现实需要和制度得以存活的土壤,经济、社会、历史、文化诸因素影响着各国法治道路的选择。理解这一点,对于我们坚定走中国特色社会主义法治道路是很有意义的。

第二章　社会主义法治建设的经验教训

中华人民共和国成立后,中国人民对中国的社会主义建设进行了长期的探索。回首六十多年建设的成功经验与失败教训,重温其他社会主义国家的发展历史,可以发现法治是建设中国特色社会主义的必然选择。在今后的发展中,我们应坚持不懈地进行法治建设来推动我国社会经济的健康发展。

第一节　对历史经验教训的总结

一、中华人民共和国成立后法治建设的曲折历程

1949 年 10 月 1 日中华人民共和国成立,中国人民开始在中国共产党的带领下建设新中国,新政权的法治建设也由此展开。1949 年 9 月 21 日,中国人民政治协商会议第一届全体会议在中南海怀仁堂召开。在新政协会议上,先后通过了《中华人民共和国中央人民政府组织法》《中国人民政治协商会议组织法》《中国人民政治协商会议共同纲领》等法律法规。其中,《中国人民政治协商会议共同纲领》具有重大意义,它

是"中国人民一百多年来斗争经验的总结,是全国人民意志和利益的集中表现,是具有临时宪法性质的重要文献。它共有 7 章 60 条,确定了新中国的性质及政权机关、军事制度、经济政策、文教政策、民族政策、外交政策的总原则"。①在中华人民共和国成立过程中,立法工作起到了重要作用,但是,这种状况并未持续发展,还出现了不少破坏法治的状况,使得这一时期的法治建设充满了曲折。

早在 1949 年 2 月 20 日,中共中央发布《中共中央关于废除国民党伪六法全书与确定解放区司法原则的指示》,废除了原国民党政权所颁布的法律,并提出"在人民的法律还不完备的情况下,司法机关的办事原则,应该是:有纲领、法律、命令、条例、决议规定者,从纲领、法律、命令、条例、决议之规定;无纲领、法律、命令、条例、决议规定者,从新民主主义的政策"。中国共产党创建法制的经验、实践以及中国共产党人的法律观、哲学观、国家观决定了中国共产党领导的新政权必然会废除国民党政权的六法全书。②

从中外法律史看,新政权建立后废除旧政权所颁行的法律是一件非常正常的事情。一般而言,新政权都会对旧政权的法律会有所损益,使其作为新政权法律的参考,甚至是蓝本。新中国不承认国民党政府所颁行的法律,但却没有很快完善人民政权的法律,造成原有法律被废后的漏洞无法填补,这就给新中国的法治建设蒙上了一层巨大的阴影。尽管如此,中华人民共和国成立初期的法治建设还是取得了一些成果。特别是一些重要的法律问世,对社会经济发展产生了重要影响。其中,最具有代表性的就是《中华人民共和国婚姻法》与《中华人民共和国土

---

① 有林、郑新立、王瑜璞主编:《中华人民共和国国史通鉴》(第一卷),当代中国出版社 1996 年版,第 11 页。

② 参见张晋藩主编:《中国法制 60 年(1949—2009)》,陕西人民出版社 2009 年版,第 96—98 页。

地改革法》。

在我国传统社会,妇女深受各种压迫。辛亥革命以后,中华民国政府颁布了有关解放妇女的法律,但是收效甚微。仅一夫一妻问题在民国时期就名存实亡,其相关法律的实施状况可管窥得之。中国共产党很早就提出了妇女解放的政策,并在其领导的革命根据地、解放区贯彻执行。中华人民共和国成立以后,于 1950 年 5 月 1 日颁布了《中华人民共和国婚姻法》。这是中华人民共和国颁布的第一部法律,共八章二十七条,为解放妇女提供了强有力的法制保障。这部法律的原则是:废除包办强迫、男尊女卑、漠视子女利益的封建主义婚姻制度;实行男女婚姻自由、一夫一妻、男女权利平等、保护妇女和子女合法权益的新民主主义婚姻制度;禁止重婚、纳妾;禁止童养媳;禁止干涉寡妇婚姻自由;禁止任何人借婚姻关系问题索取财物。

应该说,这是中国有史以来对于解放妇女最为彻底的一部法律。婚姻法颁布以后,为了保障其贯彻实施,中央出台了各种政策来宣传实施婚姻法。特别是 1953 年 3—5 月全国展开了宣传贯彻婚姻法运动。这部法律的颁布和实施对于当时的妇女解放和移风易俗作出了重大贡献,中国的妇女得到了空前的解放,对于当时的社会发展起到了推动作用。然而,婚姻法的颁布和实施虽然取得了重大成绩,但由于我国传统婚姻观念根深蒂固,在婚姻法舆论宣传和组织动员上有些不力,许多地区在实施婚姻法时遭到了乡村干部和民众的误读,造成了一些遗憾。①

土地问题关系到国家长治久安。在革命战争年代,中国共产党的土地政策几经调整,不同的时期法律、政策有所不同。中华人民共和国成立后,大片新解放区在土地改革中不断出现新问题,需要国家出台新

① 参见汤水清:《"离婚法"与"妇女法":20 世纪 50 年代初期乡村民众对婚姻法的误读》,《复旦学报》(社会科学版)2011 年第 6 期。

的法律。1950 年 6 月 30 日,毛泽东主席签署命令,正式颁布《中华人民共和国土地改革法》。这部法律同 1947 年颁布的《中国土地法大纲》相比在内容上发生了较大变化。第一,由征收富农多余的土地和财产,改为保存富农经济;第二,由没收地主在农村中的一切财产,改为只没收地主的土地、耕畜、农具、多余的粮食及其在农村中的多余房屋,对地主的其他财产不予没收;第三,增加了对小土地出租者的政策规定,对他们不超过当地每人平均土地数量 200% 者,均保留不动。此外,在土地改革中必须注意团结和保护中农,团结一切可以团结的力量,组成广泛的反对封建主义的统一战线。为了保障该法的实施,党和政府采取各种形式进行了宣传工作,还组建了大量工作队深入各地进行土地改革工作。①同时,国家还在 1950 年 7 月 20 日颁布了《人民法庭组织规则》,用于惩治危害国家和人民的恶霸、土匪,来保障土地改革的顺利进行。②

1954 年 9 月 15 日,中华人民共和国第一届全国人民代表大会第一次会议在北京开幕。在这次会议上,制定并颁布了《中华人民共和国宪法》,史称"五四宪法"。这部宪法共 106 条,对我国的国家性质、政治制度、人民的权利和义务、民族政策等各项内容作出了规定。同时,这次大会还制定并颁布了《中华人民共和国全国人民代表大会组织法》《中华人民共和国国务院组织法》《中华人民共和国人民法院组织法》《中华人民共和国人民检察院组织法》《中华人民共和国地方各级人民代表大会和地方各级人民委员会组织法》等法律。这些法律为我国各级国家机关的成立和运转提供了法制保障。

随着一届人大的召开和一系列法律的颁布,我国的社会主义法治

---

① 参见庞松:《中华人民共和国史(1949—1956)》,人民出版社 2010 年版,第 107—109 页。
② 参见韩延龙主编:《中华人民共和国法制通史》(上),中共中央党校出版社 1998 年版,第 74 页。

建设有了一个崭新的局面。遗憾的是,这种局面并未保持太久。当时,我国虽然按照相关法律组建了各级人民法院、人民检察院,但是,我国并未一鼓作气地颁布亟需的刑法、民法、刑事诉讼法、民事诉讼法等部门法。这在很长一段时间内影响了我国的司法工作。一系列运动接踵而至,在这些运动中,由于没有法治观念和有效的法律制度保障,出现了很多不合理的举措,有些甚至酿成了冤假错案。司法机关既不能依法打击犯罪分子,也不能依法保护人民群众的合法权益,对我国经济社会发展造成了严重阻碍。

中华人民共和国成立之初,国家面临严重的内忧外患局面。当时,大陆尚有上百万国民党残兵、土匪亟待清剿,很快又进行了抗美援朝战争,占用了国家大部分精力,没有条件集中全力进行法治建设。随着战事结束和经济的恢复,1954 年第一届全国人民代表大会召开,宪法等一系列法律的颁布和实施,新中国的法治建设本可以有一个良好的开端。但是,这种萌芽很快就被各种政治运动所压制,刚建立起来亟待完善的法治局面遭到了破坏,为新中国的法治建设蒙上了一层阴影。"这一时期法制建设出现的问题是:随着党和国家工作的指导方针接连出现失误和'左'倾思想的发展,法律虚无主义思潮日益泛滥,国家的政治生活逐渐陷于不正常状态,用阶级斗争、政治运动代替法制的情况愈演愈烈。"①直到"文化大革命"到来,新中国成立以来所取得的法治成果受到严重破坏,中国社会陷入了"文革"的动乱之中。

二、"文革"对法治的破坏及其后果

新中国的法治之路充满曲折,"文化大革命"的动乱无疑是这曲折

---

① 杨一凡、陈寒枫主编:《中华人民共和国法制史》,黑龙江人民出版社 1996 年版,第 23 页。

道路中最严重的一页。1966 年 5 月 4 日,中央政治局扩大会议在北京召开。5 月 16 日,会议通过了《中国共产党中央委员会通知》(简称"五一六通知"),"文化大革命"的十年动乱就此开始。

在"文化大革命"的动乱中,新中国成立以来的法治建设成果被破坏殆尽。立法全面停滞,法制机构遭到破坏。在政治体制方面,人民代表大会制度遭到破坏。全国人大和地方人大无法正常工作,各级党委、政府被打倒、架空,各地革委会纷纷掌权。根据相关统计,自 1966 年 6 月三届全国人大举行了第三十三次会议以后,长达八年多的时间里,无论是全国人大还是其常委会,没有举行过一次会议,其工作人员也大量被下放,立法工作被全部停止,地方人大停止活动的时间更长。①在社会生活方面,公民的合法权益受到严重损害。大量无辜干部、群众被批斗、抄家、非法囚禁,尊严和生命被严重践踏。全国许多城市出现了大规模武斗的现象,造成大量伤亡。

在"文化大革命"中,全国的"公检法"系统遭到了空前破坏。这些机关无法正常工作,公安部和最高人民法院基本陷入瘫痪,人民检察院甚至在 1969 年被宣布撤销。不仅如此,包括最高人民检察院检察长张鼎丞、最高人民法院院长杨秀峰在内的无数"公检法"工作人员被诬陷上各种罪名遭到揪斗、迫害、下放,制造了大量冤假错案。根据不完全统计,"文化大革命"中,各地受到打击迫害的公安干警达到 34 400 多人,其中,1 200 多人被打死、逼死,3 600 多人被打致伤致残。②"公检法"是新中国法治建设中的重要成果,是维护社会安定的保障。当它们遭到破坏时,群众的生命财产安全则没有了保障。

---

① 参见杨一凡、陈寒枫主编:《中华人民共和国法制史》,黑龙江人民出版社 1996 年版,第 26 页。
② 参见周振想、邵景春:《新中国法制建设 40 年要览》,群众出版社 1989 年版,第 351 页。

到了"文化大革命"后期,随着林彪集团的覆灭,客观上宣告了"文化大革命"理论和实践的破产,越来越多的人开始反思这场动乱。在党的老一辈领导人的努力下,社会秩序逐渐平稳,国民经济开始恢复。1975年1月13—17日,第四届全国人民代表大会第一次会议在北京举行。这次会议通过了新宪法,史称"七五宪法"。这部宪法存在着严重错误。它"内容简单,条文粗陋;以宪法的形式肯定了'文化大革命'的理论和做法;对国家体制作了一些改动。"[1]"它使得我国领导体制高度集中、党政不分、政企不分、缺乏民主监督等特点更为突出,经济体制更为单一、僵化。"[2]

1976年"文化大革命"结束。但是,由于当时"左"的错误没被清除,以阶级斗争为纲仍然是党和国家工作的指导方针。因此,从1976年10月到1978年12月,党的十一届三中全会召开之前,整个国家处于徘徊阶段,社会经济依然低迷。我国的法治建设也是如此,并没有比"文化大革命"时期有根本好转。根据有关记载,在1975年1月—1978年2月间,全国人大常委会仅举行过四次会议,会议内容也非常简单。[3]1978年3月5日,五届人大一次会议通过了新修订的宪法,史称"七八宪法"。这部宪法仍具有浓厚的"文革"色彩,例如,不设国家主席、保留革命委员会、保留人民公社制度、检法机关无法独立行使检察权,等等。因此,这依然是一部有着严重错误的宪法。其实,新宪法的制定本该是法治复苏的重要机遇,却因为其浓厚的"文革"色彩而显得黯淡无光。

---

[1] 韩延龙主编:《中华人民共和国法制通史》(下),中共中央党校出版社1998年版,第632—634页。

[2] 郑谦、张化:《中华人民共和国史(1966—1976)》,人民出版社2010年版,第410页。

[3] 参见杨一凡、陈寒枫主编:《中华人民共和国法制史》,黑龙江人民出版社1996年版,第85页。

三、改革开放以来法治建设的经验

1978 年 12 月,具有伟大历史意义的党的十一届三中全会在北京召开,党的工作重心开始转移到经济建设上来。在以邓小平同志为核心的党的第二代领导集体带领下,中国开启改革开放和现代化建设之路。在"文化大革命"的动乱中,党的第二代领导集体和广大人民群众深感缺乏法治会给国家造成巨大的损害,必须要有完善的法律制度来为社会经济发展提供有力保障。邓小平在 1978 年 12 月 13 日中共中央工作会议闭幕会上所作的著名的《解放思想,实事求是,团结一致向前看》讲话中即点出了建设法治的重要性:"为了保障人民民主,必须加强法制。必须使民主制度化、法律化,使这种制度和法律不因领导人的改变而改变,不因领导人的看法和注意力的改变而改变。现在的问题是法律很不完备,很多法律还没有制定出来。……应该集中力量制定刑法、民法、诉讼法和其他各种必要的法律,……加强检察机关和司法机关,做到有法可依,有法必依,执法必严,违法必究。……修改补充法律,成熟一条就修改补充一条,不要等待'成套设备'。总之,有比没有好,快搞比慢搞好。"[1]在这种正确思想的指导下,中国的法制建设迎来了春天。

"新时期法治建设开端最明显的标志是 1979 年的大规模立法。1979 年 7 月,五届全国人大二次会议审议通过了刑法、刑事诉讼法、地方各级人大和地方各级政府组织法、全国人大和地方各级人大选举法、法院组织法、检察院组织法、中外合资经营企业法等七部重要法律。"[2]这是中华人民共和国成立以来在全国人民代表大会上通过法律数量最多的一次,充分证明了当时国家对于建设法治的迫切需求。1979 年 2 月,

---

[1] 《邓小平文选》第二卷,人民出版社 1993 年版,第 146、147 页。
[2] 李林主编:《中国法治建设 60 年》,中国社会科学出版社 2010 年版,第 9 页。

全国人大常委会法制委员会成立,专职法律起草、修改等工作。此后,各地方人大的相关机构逐步成立,我国的立法工作终于逐步走向正轨。

在立法工作迅速展开的同时,平反冤假错案的工作也迅速展开。在中华人民共和国成立后的多次政治运动中,制造了大量冤假错案,大量无辜人士被诬告、陷害。他们因此长期饱受折磨、迫害,家属也备受牵连,亟需为他们恢复名誉。为此,中央下发了诸多政策文件来推进平反冤假错案工作。根据有关统计,1982 年年底基本完成了"文化大革命"中平反冤假错案的任务,全国平反的冤假错案共涉及干部 230 万人,集团性冤假错案近 2 万件。此外,中央还妥善处理了历史遗留问题,对中华人民共和国建立以来,在诸如"反右派""反右倾""四清"等各项运动、事件以及中华人民共和国建立之前的一些历史遗留问题中的受冤枉、迫害的人士进行冤假错案的平反。到 1987 年党的十三大召开前,这一工作基本完成,全国处理历史遗留案件至少 200 万件。①平反冤假错案工作是对此前破坏法治的各项错误举动的纠正,振奋了全国人心,调动了人民积极性,使得他们热情洋溢地投入国家现代化建设中来,为改革开放初期我国经济迅速发展奠定了基础,也在客观上证明了法治建设对于国家经济建设和社会发展的重要作用。

随着法治建设的不断深入,对"七八宪法"进行修改的工作也逐渐提上议事日程。1980 年 9 月 10 日,五届全国人大三次会议决定对"七八宪法"进行全面修改。在经过两年零三个月的修改后,在 1982 年 12 月 4 日五届人大五次会议上,正式通过了现行宪法,史称"八二宪法"。它把党的十一届三中全会以来树立的以经济建设为中心,全面进行社会主义现代化建设,推行改革开放的一系列指导方针用国家根本大法

---

① 参见伍国友:《中华人民共和国史(1977—1991)》,人民出版社 2010 年版,第 54—71 页。

的形式确定下来,为我国的改革开放提供了坚实的法律保障,是改革开放以来我国法治建设的重大成就。当然,随着我国社会经济的不断发展,"八二宪法"也在不断进行完善。截至 2017 年,"八二宪法"分别在 1988 年、1993 年、1999 年、2004 年进行了四次修订,至今仍适用,是中华人民共和国成立以来制定得最好的一部宪法。

改革开放至今,我国的立法工作取得了一系列重要的成果。截至 2017 年,我国正在生效的法律法规数以万计,其中,包括宪法法律 262 部,行政法规及文件 676 部、地方性法规规章 22 822 件,部委规章及文件 3 946 件,司法解释及文件 3 041 件。①它们为我国的经济发展起到了非常重要的保障作用。2011 年 3 月 10 日,在第十一届全国人民代表大会第四次会议上,全国人大常委会委员长吴邦国在全国人大常委会工作报告中指出:一个立足中国国情和实际,适应改革开放和社会主义现代化建设需要,集中体现党和人民意志的,以宪法为统帅,以宪法相关法、民法商法等多个法律部门的法律为主干,由法律、行政法规、地方性法规与自治条例、单行条例等三个层次的法律规范构成的中国特色社会主义法律体系已经形成。

中国共产党是中华人民共和国的执政党,其对法治建设的认识和态度将直接决定中国法治建设的成败。在改革开放的过程中,中国共产党对法治的认识在不断深入,越来越重视法治建设。这在改革开放以后的历次中国共产党全国代表大会上得到了突出体现。

在 1997 年召开的中国共产党第十五次全国代表大会上,江泽民指出:"进一步扩大社会主义民主,健全社会主义法制,依法治国,建设社

---

① 数据来源:中国人大网中国法律法规信息库,http://law.npc.gov.cn/FLFG/gjSearch.action,访问时间:2017 年 11 月 23 日。

会主义法治国家。"①在 1999 年召开的九届人大二次会议上,还将这一精神用宪法修正案的形式写入我国宪法:"中华人民共和国实行依法治国,建设社会主义法治国家。"此后,党的十六大、十七大、十八大、十九大报告,均强调依法治国的作用。依法治国成为党领导人民治理国家的基本方略,法治成为治国理政的基本方式。2014 年 10 月 20—23 日召开的党的十八届四中全会上,通过了《中共中央关于全面推进依法治国若干重大问题的决定》。这在党的全国代表大会中专题讨论依法治国问题的历史上尚属首次。2017 年 10 月 18 日,习近平总书记在党的十九大报告中指出:"明确全面推进依法治国总目标是建设中国特色社会主义法治体系、建设社会主义法治国家。"以上这些充分证明了我国对于法治建设的重视达到了前所未有的高度。

在中国共产党的领导下,我国的改革开放不断深入,经济建设与社会发展突飞猛进,取得了举世瞩目的成就,这与我国坚持法治建设密切相关。改革开放以来,中国的法治建设实现了从"法制"到"法治"、从"法律体系"到"法治体系"、从"依法治国"到"全面依法治国"的三大跨越。②在这些跨越中,我国不但建成了中国特色社会主义法律体系,还不断深化司法改革,大力进行普法宣传,使我国法治建设的面貌焕然一新。党的十八大以来,党和国家重拳惩治腐败问题,取得了一系列辉煌成果。这些法治建设的成果对于我国的经济建设迅速发展起到了重要作用。因此,中国要想在未来取得重大的成就,就必须要继续加强法治建设,全面推进依法治国。

四、权力缺乏监督导致腐败的教训

"国家治理的现代化其核心命题是:如何运用现代法治来规制权

---

① 《江泽民文选》第二卷,人民出版社 2006 年版,第 28 页。

② 王立民:《中国在依法治国中实现跨越的法治意义》,《学术月刊》2015 年第 9 期。

力、驯化权力。要让政府在法律框架内活动,不越权,不乱作为。因此,从国家治理现代化高度来有效解决公权力的规制问题,在当下是很迫切的任务。但是,也必须看到,我国改革开放后之所以取得巨大的成就,与改革开放是以政府为主导密不可分。因此,这一制度性安排在规制公权力的过程中仍要充分发挥其深化改革、推动发展、化解矛盾、维护稳定的能力。如何通过有效监督来规制公权力,使其既能够在法律框架内得以有效行使,不被滥用;同时,让公权力特别是行政权具有活力和创新动力,促进经济社会可持续发展,则是当前和今后我国国家治理现代化的核心命题。形成严密的法治监督体系,是基于执政的深刻经验教训所提出的法治体系建设任务。"①

中华人民共和国成立以来,中国的法治建设取得了很大的成绩,也存在着一些不足。其中,严重的腐败是我国法治社会建设过程中出现的重大问题之一。腐败问题是人类历史上的顽疾,在中国古代,历代王朝都曾被腐败问题所困扰。国民党政权,更是因为严重的腐败问题而导致其垮台。中国共产党在革命战争年代就狠抓革命队伍的廉洁问题,中华人民共和国成立后更是高度重视反腐。在全国解放前夕,毛泽东主席就表示中国共产党人要跳出政权兴亡的历史周期律。在党的七届二中全会上,他告诫全党同志要抵抗"糖衣炮弹"的攻击。②尽管如此,中华人民共和国成立初期还是出现了严重的腐败问题。③刘青山、张子善就是这批腐败分子的重要代表。

当时,党和国家对于这批腐败分子予以严惩,并出台各种措施来预防、惩治腐败,主要以党内整风运动和暴风骤雨式的群众运动为主要手

---

① 沈国明:《论规制公权力与强化法治监督体系建设》,《东方法学》2018 年第 1 期。
② 参见《毛泽东选集》第四卷,人民出版社 1991 年版,第 1438 页。
③ 参见王传利:《新中国成立初期的腐败高发期及治理方略研究》,清华大学出版社 2016 年版,第 23 页。

段，并没有运用法治从权力监督的角度来进行制度反腐。①事实证明，这些反腐的措施虽然取得了一定成效，但是没有从根本上解决腐败问题。这些运动还在很大程度上造成了社会的动荡不安。在"文化大革命"中，随着"公检法"机关被相继搞乱，更是为一些腐败分子提供了逃脱惩罚的机会。腐败问题的滋生很大程度上在于权力监督的缺失。英国的阿克顿勋爵认为："权力导致腐败，绝对权力导致绝对腐败。"②改革开放前的中国政治之所以出现一系列问题，权力缺乏监督是其中重要的原因。

改革开放以后，我国社会经济迅速发展，人民生活水平显著提高。但是，改革开放以来我国的腐败问题却越来越严重。改革开放伊始，腐败之风就来势凶猛。从20世纪80年代末至90年代，腐败问题愈益严重，形成了中华人民共和国成立以来又一个腐败的高发期。进入21世纪以后，尽管国家反腐成效愈发明显，但是腐败问题依然很严重，而且腐败的方式在此前的基础上又有了新的发展，形势十分严峻。③据统计，1982年至2011年，因违反党纪政纪受到处分的党员、公职人员达420余万人，其中，省部级官员465人；因贪腐被追究司法责任的省部级官员90余人，各省（自治区、直辖市）均有省部级高官落马。④这些数字令人触目惊心，国家亟待强有力的措施来治理腐败问题。

党的十八大以来，中央大力推进党风廉政建设和反腐败斗争，力度之大，效果之显著，前所未有。2017年10月19日，党的十九大新闻中心举行记者会，时任中共中央纪律检查委员会副书记、监察部部长、国

---

① 参见阎德民：《中国特色权力制度和监督机制构建研究》，人民出版社2011年版，第126、130页。

② ［英］阿克顿：《自由与权力》，侯健等译，商务印书馆2001年版，第342页。

③ 参见王传利：《1978—2009年中国腐败高发期及其治理方略研究》，清华大学出版社2016年版，第1—71页。

④ 李永忠：《论制度反腐》，中央编译出版社2016年版，第1页。

家预防腐败局局长杨晓渡同志在会上介绍加强党的建设和全面从严治党的有关情况时指出：'老虎''苍蝇'一起打，反腐败斗争压倒性态势已经形成并巩固发展。我们坚决铲除政治腐败和经济腐败相互交织的利益集团，严肃查处周永康、薄熙来、郭伯雄、徐才厚、孙政才、令计划等严重违纪违法案件。共立案审查省军级以上党员干部及其他中管干部440人，其中中央委员、候补中央委员有43人，中央纪委委员有9人。纪律处分厅局级干部8900余人，处分县处级干部6.3万多人。我们坚决整治群众身边的腐败，共处分基层党员干部27.8万人。我们努力推进反腐败国际追逃追赃，共追回外逃人员3453人，其中'百名红通人员'已有48人落网。"①党的十八大以来的反腐工作不但保持了中国共产党严惩腐败的一贯优良传统，还特别重视反腐的制度构建，高度重视运用法治手段反腐。"法治反腐，是指通过制定和实施法律，限制和规范公权力行使的范围、方式、手段、条件与程序，为公权力执掌者创设公开、透明和保障公正、公平的运作机制，以达成使公权力执掌者不能腐败、不敢腐败，从而逐步减少和消除腐败的目标。"②在法治反腐过程中，加强对权力的监督是重中之重。长期以来，我国反腐问题之所以未能取得令人满意的效果，缺乏对权力的监督是其中的关键因素。

在长期的反腐过程中，中国共产党对于权力监督的理解有了更为深刻的认识。党的十八大报告提出，要"加强党内监督、民主监督、法律监督、舆论监督，让人民监督权力，让权力在阳光下运行"。"历史一再证明：没有监督和制约，任何权力都会走向腐败。有鉴于此，加快法治监督体系的建设和完善的进程，特别是经过集思广益的民主立法过程，

---

① 新浪网：《十八大以来有多少高官落马？十九大之后反腐重点在哪？有答案了》，http://news.sina.com.cn/o/2017-10-19/doc-ifymzksi0452744.shtml，访问时间2018年3月20日。
② 姜明安：《论法治反腐》，《行政法学研究》2016年第2期。

符合中国国情和经济社会发展需要的监察法的出台,一定会大大增强法治监督体系的有效性。"①

党的十九大报告更是专门用很长的篇幅对未来我国的监督体系蓝图进行了描述:"健全党和国家监督体系。增强党自我净化能力,根本靠强化党的自我监督和群众监督。要加强对权力运行的制约和监督,让人民监督权力,让权力在阳光下运行,把权力关进制度的笼子。强化自上而下的组织监督,改进自下而上的民主监督,发挥同级相互监督作用,加强对党员领导干部的日常管理监督。深化政治巡视,坚持发现问题、形成震慑不动摇,建立巡视巡察上下联动的监督网。深化国家监察体制改革,将试点工作在全国推开,组建国家、省、市、县监察委员会,同党的纪律检查机关合署办公,实现对所有行使公权力的公职人员监察全覆盖。制定国家监察法,依法赋予监察委员会职责权限和调查手段,用留置取代'两规'措施。改革审计管理体制,完善统计体制。构建党统一指挥、全面覆盖、权威高效的监督体系,把党内监督同国家机关监督、民主监督、司法监督、群众监督、舆论监督贯通起来,增强监督合力。"

与此同时,一系列强化权力监督的制度构建也在紧锣密鼓地进行。2016 年 11 月 7 日,中央办公厅印发《关于在北京市、山西省、浙江省开展国家监察体制改革试点方案》。2016 年 12 月 25 日,十二届全国人大常委会第二十五次会议表决通过《全国人民代表大会常务委员会关于在北京市、山西省、浙江省开展国家监察体制改革试点工作的决定》。上述省市旋即进行国家监察委员会试点工作。

党的十九大后,中华人民共和国监察法草案(2017 年 6 月第十二届全国人大常委会第二十八次会议审议稿)面向社会征求意见。设立国家

① 沈国明:《论规制公权力与强化法治监督体系建设》,《东方法学》2018 年第 1 期。

监察委员会和进行相关立法充分证明了中央对于强化权力监督已经进入了一个新的历史起点，具有重大历史意义。党的十八大以来的反腐工作强有力地证明，从权力监督的角度进行法治反腐是治理腐败问题的高效办法。只有将权力关进制度的笼子里，让其充分接受各方监督，才能高效地让权力发挥其应有的价值来治理社会，才能更好地促进社会经济的发展。

2018 年 3 月 11 日，第十三届全国人民代表大会第一次会议通过的《中华人民共和国宪法修正案》确定在宪法第三章中增设第七节"监察委员会"，肯定了相关试点的经验，确立了监察制度的宪法地位。宪法规定，各级监察委员会是国家的监察机关。国家监察委员会是最高监察机关。国家监察委员会领导地方各级监察委员会的工作，上级监察委员会领导下级监察委员会的工作。国家监察委员会对全国人民代表大会和全国人民代表大会常务委员会负责。地方各级监察委员会对产生它的国家权力机关和上一级监察委员会负责。监察委员会依照法律规定独立行使监察权，不受行政机关、社会团体和个人的干涉。监察机关办理职务违法和职务犯罪案件，应当与审判机关、检察机关、执法部门互相配合、互相制约。宪法对监察制度的各项规定，为有力开展监察工作提供了基本遵循和有力支撑，是建设严密的法治监督体系的重要保证。随着监察制度的建立和完善，依法制约公权力，防治腐败的成效会进一步提高。

第二节 "苏东"失败的教训

一、执政党必须遵守宪法法律

20 世纪八九十年代之交的"苏东剧变"给中国敲响了警钟，它用残酷的现实警示我们,中国特色社会主义建设必须坚定不移地走法治之路。第二次世界大战后,捷克斯洛伐克、匈牙利、保加利亚等一系列东欧国家在苏联的帮助下建立了由共产党、工人党执政的社会主义国家,与苏联结成社会主义阵营,开始与以美国为首的西方阵营对立,形成两极对立的世界格局。综观 20 世纪后半叶的世界史,社会主义阵营是世界上一股非常强大的力量,在相当长的一段时间内给西方国家造成了巨大压力。然而在 20 世纪八九十年代之交,先是东欧各社会主义国家的共产党和工人党纷纷丧失政权,社会制度发生根本变化,由社会主义国家变为资本主义国家。紧接着,苏联也随之瓦解。这场"苏东剧变"来势突然,过程迅速,短短几年内就改变了世界政治格局。造成这场剧变发生的原因有很多,但主要原因无疑是在内部。① 其中,执政党不遵守宪法和法律是导致"苏东剧变"的关键内因。

苏维埃政权执政以后,逐步制定了宪法、刑法、民法等法律,形成了比较完整的法律体系。法律制定出来必须很好地执行,作为执政党,更应该带头严格遵守宪法法律,但苏联在这方面无疑是一个非常失败的教训。在苏联历史上,分别在 1918 年、1924 年、1936 年、1977 年制定过四部宪法。其中,1936 年宪法又被称为"斯大林宪法",它是"整个苏联历史上最为重要的一部宪法,反映了高度集中的社会主义政治经济体制在苏联确立的事实,成为各社会主义国家立宪的主要参照"。② 在这些宪法中,都规定了人民享有广泛的权利,实行社会主义民主,尊重少数民族意愿,国家要为人民谋福利,提高人民的生活水平等内容。在其他部门法中,苏联也显示了较高的立法水平,有不少独到之处。

---

① 参见[俄]尼·伊·雷日科夫:《大国悲剧:苏联解体的前因后果》,徐昌翰等译,新华出版社 2008 年版,第 394 页。
② 何勤华、李秀清主编:《外国法制史》第二版,复旦大学出版社 2010 年版,第 492 页。

遗憾的是,苏联并未如此去做,而是破坏了辛苦建立起来的法律制度。由于苏联特殊的政治模式,历部宪法中规定的监督制度基本上都流于形式。[1]在政治领域,苏联采用"斯大林模式",使得政治体制非常僵化。在这种政治体制下,最高领袖享有至高无上的权威,这种权威高于宪法法律,在斯大林执政时期尤为突出。"各种情报在送交政治局以前,首先要经过斯大林的仔细选择、限制和估量。根据党章,他没权力这样做。他这样做的这个事实是专横统治的另一表现,而这种专横在斯大林统治下几乎达到了法律的地位。"[2]"斯大林不仅掌握了全部政权和军权,而且能够不受任何监督地支配国家的一切物质资源,独自决定对外政策和国内生活的一切主要问题,哪怕是科学、文学和艺术方面的问题。"[3]

正因为如此,当斯大林犯下严重错误时,没有人可以阻止他。比如,他发动的肃反等一系列运动给苏联造成了严重的损失。这些运动中的一些做法,公然违反宪法法律中规定的各项制度。许多无辜的人民因此而备受折磨,甚至付出生命的代价。这种高度集中的政治体制一直贯穿苏联始终,也一直被东欧各国模仿,其带来的负面影响也扩散到这些国家。尽管后来的苏联最高领导人并没有斯大林这样高的权威,但是过于集中的政治模式并未从根本上改变,他们依然独断专行,宪法法律依然没有得到良好的执行。因此,当他们作出错误的决策时,没有有效的机制来制约他们。

在"斯大林模式"下,集权并未带来效率,相反,各级国家机关只对一人负责,对下则各行其是。据长期担任美国驻苏大使的马特洛克观

---

① 参见王海军:《苏维埃政权下的俄罗斯司法》,法律出版社 2016 年版,第 245 页。

② [苏]赫鲁晓夫:《赫鲁晓夫回忆录》,张岱云等译,东方出版社 1988 年版,第 194 页。

③ [苏]罗·梅德韦杰夫:《斯大林和斯大林主义》,彭卓吾等译,中国社会科学出版社 1989 年版,第 323 页。

察："在苏联政府内——其各个机构只维护本部门的狭隘的利益，而不考虑国家利益——概念混乱和官僚程序是一种普遍现象，其结果是，政府的计划往往使本来就十分糟糕的情况雪上加霜。"①苏联当年的评论家布尔拉茨基在评论苏联改革失败的原因时指出："他们是在传统的行政管理方法甚至官僚主义方法的基础上，来探索改革观念及其实现的途径的。赫鲁晓夫通常是委托一些部委机关来'认真研究'这些或那些经济、文化和政治问题的，而这些机关正是其自身权力应当受到限制的管理机构。这个机构总能通过直接间接的或模棱两可的决定，找到逃避监督的办法。"②到戈尔巴乔夫时代，上述状况丝毫没有改变，而且愈演愈烈。戈尔巴乔夫试图改革，但他推行的改革从一开始就陷入了误区。1988年，苏联改革战略进行重大转变，他提出的政治体制改革方案问题颇多。首先是弱化党的领导，将最高决策重心转到了最高苏维埃，导致决策层混乱，遇到危机根本无法应对。其次是罔顾法律，所谓的政治体制改革脱离了原来的法律，但又没有新的规则替代，国家机关乃至社会常处于无序状态，再加上以所谓"民主化"、"公开性"为最高原则的新思维致使政治上出现无政府状态，社会滑向偏激的方向，最终导致苏联解体。当然，苏联失败的原因还有很多，就以上涉及的政治和法律制度方面的问题，实际上已经足以使执政者丧失苏联和东欧各国的民心，为"苏东剧变"埋下了祸根。

二、依法保障人民民主

列宁认为："民主是一种国家形式，一种国家形态。"③他还对民主在

---

① [美]小杰克·F.马特洛克：《苏联解体亲历记》，吴乃华等译，世界知识出版社1996年版，第469页。

② [苏]尤·阿克秀金：《赫鲁晓夫同时代人的回忆》，东方出版社1990年版，第16页。

③ 《列宁选集》第三卷，人民出版社1995年版，第257页。

社会主义国家的建立和发展中所起到的作用作了非常精辟的论述："没有民主，就不可能有社会主义，这包括两个意思：(1)无产阶级如果不通过争取民主的斗争为社会主义革命做好准备，它就不能实现这个革命；(2)胜利了的社会主义如果不实行充分的民主，就不能保持它所取得的胜利。"①可是苏联成立以后，却没有认真按照列宁的民主思想，用健全的法制来保障民主。

苏联长期"没有健全的社会主义法制，办事无章可循，违法者不受约束和制裁。自十月革命以后，就产生了苏维埃代表，可是长期来没有制定代表法（直到1922年才制定），有关苏维埃代表活动的若干民主制度，没有形成法律，代表工作无章可循，代表对自己也没有约束力，别人对代表权利的干涉和侵犯也不受追究。有关各级苏维埃的工作条例也不完善，缺乏法律依据（这些法律大多是勃列日涅夫时期才逐步制定和完善的）"。②后来，尽管苏联和东欧各社会主义国家尽管都在立法上规定人民享有各种民主权利，却没有充分依法保障人民民主，这些规定有很多沦为具文，社会主义民主遭到了严重破坏。这种破坏主要体现为四点：个人集权、个人专断；党政不分、以党代政；干部实行委任制；缺乏监督制约机制。③

在苏联这种高度集权的政治体制下，官员对于社会的干预远远超过了法律所赋予他们的权力。人民根本无法依法享有宪法法律规定的各种权利，也无法依法表达自己对于社会的种种不满。一旦有较大规模请愿的活动，基本上都会遭到强力镇压。而且往往牵连广大，不依照法律办事，使得民众长期生活在恐惧和怨恨之中。美国学者法伊格对此评价道："在苏联模式的社会里，国家控制、国家所有、国家干预达到

---

①　《列宁全集》第28卷，人民出版社1990年版，第168页。
②　张寿民：《俄罗斯法律发达史》，法律出版社2000年版，第158页。
③　刘廷合：《苏东剧变主要原因探析》，山东大学出版社2008年版，第147—149页。

无处不及的地步,从而几乎每一步都需要国家官员的批准和合作。"①
这种缺乏民主的高度的压迫的社会环境,极大地伤害了苏联和东欧各
国民众对于参政议政的热情,他们无法合理地表达自己的各种诉求,统
治集团的作为没人监督,整个国家也日渐沉沦。

这也就不难理解,为什么如此强大的社会主义阵营会迅速地土崩
瓦解。当发生"苏东剧变"时,苏联和东欧各国人民对于苏联解体和东
欧各共产党、工人党失权表现得非常冷漠。②这个历史教训尤为深刻,
它警示我们,在建设中国特色社会主义的道路上,我们一定要坚持法治
道路,要用健全的法制来保障人民民主,并且严格实施这些规定,让人
民充分享受民主带来的红利,以此来赢得广大民众的真心拥护。

三、健全党内民主,依法治理腐败

作为执政党,苏联和东欧各国的共产党和工人党不但长期在保障
人民民主的方面做得很不够,在健全党内民主方面也存在着很大问题。
"它缺乏党内民主,盛行封建专制个人专断,领袖权力至上,并长期实行
领袖终身制。"③这些问题主要形成于斯大林执政时期。例如,在选拔
干部问题上,"斯大林实行了由上级任命的等级官员制度,由党中央设
置了一套职务清单,这些职务任职人员的任命、调动和撤职统归中央掌
握。整个苏联共产党和政府就是由进入该名单的官员管理的。起初在
万人左右,后来队伍逐步扩大,除中央以外,各共和国和州、区也有自己
的列入本级党委管理的在册官员"。④

---

① [美]艾德加·法伊格编著:《地下经济学》,上海三联书店、上海人民出版社 1994 年
版,第 381 页。
② 参见冯绍雷主编:《苏联解体的原因及思考》,时事出版社 2013 年版,第 147 页。
③ 肖锋:《苏联解体我的解读》,中共中央党校出版社 2011 年版,第 164 页。
④ 郑异凡:《苏联剧变:违背历史规律的结局》,《探索与争鸣》2011 年第 10 期。

当时,苏联有数以千百万计的普通共产党员、共青团员,他们是苏联共产党的基石,每日辛勤劳作。然而,这些普通的党员、团员被严格地管束起来,没有民主权利,而只能是机械地服从上级的命令。许多揭发者都难逃被打击、迫害甚至死亡的结果。这种体制极大地破坏了党内民主。这种做法完全违背了苏联共产党的民主制度,它促使苏联党内形成了特权阶层,使其与人民对立,是严重的历史倒退。

在这种政治模式下,苏联的各级干部享受着各种特权。他们住着高级住宅,有些甚至在各风景秀丽的地方有多套别墅,乘坐高级轿车,享受专门的医疗,额外的补贴,他们甚至可以在特供商店里购买紧缺的物资。20世纪30年代,苏联作家高尔基邀请法国著名作家罗曼·罗兰到苏联访问。在访问过程中,罗曼·罗兰写下《莫斯科日记》,里面记录了大量他亲眼看见的当时有关苏联特权阶层的奢侈生活与底层普通百姓困苦生活的内容,此本日记是反映当时苏联特权阶层奢侈生活的重要历史资料。

赫鲁晓夫上台后曾试图改变这种不合理的局面,但是却遭到了特权阶层的强烈反对。赫鲁晓夫黯然下台后,新上台的勃列日涅夫就又恢复了这些特权。[1]勃列日涅夫本人就极其贪腐,他个人拥有数幢豪华别墅,还挪用公款为其修别墅,自己收藏了大量名车、名枪,他的亲属也大量贪污受贿。当时,整个官场沆瀣一气,贪污受贿成风,勃列日涅夫都视而不见。[2]当然,许多资料显示,苏联时期也曾大量处理了许多贪腐案件,但是,有学者认真研究了这些档案后发现,这些处理存在双重标准,对于上层人物庇护的情况屡见不鲜。[3]这些都是法治遭到破坏、

---

① 参见戴隆斌:《苏联解体:特权阶层的自我"政变"》,《决策与信息》2010年第7期。
② 参见胡海涵:《僵化和腐败:勃列日涅夫时期苏联政坛的特点》,《史学月刊》2013年第8期。
③ 参见刘显忠:《苏联时期的腐败及其成因》,《当代世界与社会主义》2008年第6期。

党内失去民主、权力不受监督而造成的恶果。

东欧各国深受苏联体制的影响,全面继承了这种僵化体制带来的弊端,诸如独裁专制、特权阶层、严重腐败的现象在这些国家也是屡见不鲜。例如,罗马尼亚共产党总书记齐奥塞斯库,个人包揽了党和国家最高领导机构的全部最高职务。他还违反罗共早年关于不许把亲属安排在中央各级部门的重要岗位上的规定,许多关键的职务都落在了齐奥塞斯库家族亲属手中。他的妻子成为党和国家的二号人物,儿子、儿媳、弟弟、妹夫等几十名亲属把持了罗马尼亚党、政、军的各类大权。①如此堂而皇之地在社会主义国家内搞"家天下",不受任何党纪、国法的监督,其腐败程度可想而知。"齐奥塞斯库及其家属仅在布加勒斯特市内和市郊就拥有数幢宅邸和别墅,在全国各地拥有多幢别墅。每年还要花几十万美元从国外进口首饰、化妆品、食品和各种用品,甚至连他们养的狗的食物和疫苗都是进口的。"②最终,不但罗马尼亚共产党丧失政权,齐奥塞斯库本人也被杀死。此外,波兰、南斯拉夫、捷克斯洛伐克等国都出现了令人震惊的高层领导人严重腐败现象,最终都难逃下台的命运。这些都是不实行民主法治给后人留下的惨痛教训。

严重的贪腐问题是酿成"苏东剧变"的关键因素之一。然而,目前我们对这一教训的重视程度还有待于进一步提高。有学者在总结了研究"苏东剧变"原因的学术史后提出:"在众多观点中,把腐败作为考量苏联解体、苏共败亡主要因素的观点,被重视程度远远不够。"③中国应

---

① 参见姜琦、张月明:《悲剧悄悄来临:东欧政治大地震的征兆》,华东师范大学出版社2001年版,第313页。

② 曹桂乾:《腐败与东欧共产党的衰败》,《当代世界与社会主义》2001年第2期。

③ 黄军甫:《腐败是苏联亡党亡国的重要原因——回应蒋德海、竹立家教授》,《探索与争鸣》2014年第11期。

当深刻反思这些苏东国家腐败亡国的教训,继续保持党的十八大以来强力反腐的态势,建立健全完善的反腐法律体系,充分发扬人民民主、党内民主,运用各种监督手段,净化干部队伍,从而更好地建设中国特色社会主义国家。

四、依法发展经济,保障民生

"苏东剧变"的众多原因中,没有依法发展经济、保障民生也是其中重要的因素。苏联长期实行高度集中的计划经济体制,这种模式有其一定的优势。苏联在前期通过这种政治经济体制,重点发展重工业,在军事、科技等领域取得了巨大成就,使得苏联一举成为可以与美国分庭抗礼的工业强国。但是,这种经济模式也有很大的弊端。它不尊重市场规律,一切经济活动由国家统筹,不容易调动生产者的积极性。特别是在苏联建设工业强国的过程中,对于农业进行了过分的索取,不重视民生,导致人们生活长期困苦,逐渐对国家丧失了信心。苏联不但自己采取这种经济模式,还将其推行至东欧各国实行。在与这些国家交往过程中,苏联大国沙文主义色彩严重,非常不利于这些国家的经济发展,使得其人民生活长期贫困。这些在很大程度上为后来的"苏东剧变"埋下了祸根。

其实,苏联并不缺乏保障民生的法律制度。以苏联1936年宪法的第十章中规定为例,它规定苏联人民享有劳动权、休息权、受教育权,集会、游行、出版、言论自由权等一系列广泛的权利。国家要按照劳动的数量和质量付给报酬,每日工人工作七小时,对老弱者予以照顾,建立疗养院、俱乐部等供休假者享用,照顾妇女,等等。但实际上,宪法法律中的规定在现实中根本没有很好地落实。高度集中的计划经济体制注定了它的经济发展不会持续增长。在这个规律下,苏联在发展经济时又犯下了一系列错误，最终导致国家崩溃。

农业是国家经济的基础，但是，苏联在对待农业、农民的问题上，采取了粗暴、强制的办法。消灭农业个体，强迫其加入集体农庄，又大量剥夺农民的利益，比如，强征粮食等。这些举措都大大伤害了农民的利益，使得农民生产积极性大大降低。因此，整个苏联时期，其粮食生产一直面临着巨大问题，粮食大量依靠进口，农民的生活水平非常低。在工业问题上，苏联长期只重视发展重工业，忽视与国民生活水平密切相关的轻工业的发展。特别是在重工业中，又大力发展军工事业，陷入与美国的军备竞赛当中，大量增加军费开支。客观地讲，苏联在经济实力上远低于美国，之所以能够与美国抗衡，甚至一度在美苏争霸中占据上风，靠的就是用牺牲苏联人民生活水平的代价去大力发展重工业。而苏联的轻工业却发展非常缓慢，有限的轻工业生产出的产品数量不足，质量也差，远远不能满足日常需求。

原苏共中央宣传部长雅科夫列夫对此曾痛心疾首地说："几十年来，生铁、煤炭、钢、石油总是优先于饮食、住房、医院、学校和服务行业。类似'这是必要的'说教，实际是谎言。工业化加上类封建的管理所付出的代价之昂贵是灾难性的。人力物力损失极其惨重，对人的漠不关心到了无以复加的地步。"①这个过程中，苏联消耗了大量的人力、物力、财力，造成国民经济的畸形发展。勃列日涅夫时期，苏联"商品短缺，通货膨胀严重，以致人们寻购短缺商品的时间比工作时间还要多"。②

到了苏联解体前夕，苏联的经济已经面临崩溃。当时，卢布疯狂贬值，物价疯长，各种生活物资匮乏。而且改革策略也严重失误，"最令人

---

① ［俄］亚·尼·雅科夫列夫：《一杯苦酒：俄罗斯的布尔什维主义和改革运动》，徐葵等译，新华出版社 1999 年版，第 114 页。
② ［俄］瓦·博尔金：《戈尔巴乔夫沉浮录》，李永全等译，中央编译出版社 1996 年版，第 26 页。

吃惊的错误就是宣布在未来几个月中许多消费品将要提价。议会反对这个计划,但公众得知这个消息后,商店的货架立刻被抢购一空"。①许多历史影像资料都记录了当时的百姓排起长队去购买面包等日用品的凄惨景象。东欧各国也是如此,民众的生活水平极低,与其相邻的资本主义国家差距很大。正是由于长期忽视民生,人民的幸福得不到保障,苏联与东欧各国无法赢得民心,最终不得不走向失败。民主德国最后一任统一社会党总书记克伦茨对民主德国失败分析道:"导致民主德国最终命运的原因是多方面的。这些原因有社会主义的历史和世界政治的变化,有斯大林的遗产,有1945年以后社会主义世界体系形成的特点和美国与苏联两个世界超级大国的争霸,有冷战和民主德国与联邦德国的敌对状态,还有民主德国不断恶化的经济出口形势和华沙条约国家之间缺少共同协作的联系,还由于苏联早在80年代初期就已经躺在了灵柩上。"②克伦茨的总结未必全面,但是,还是涉及了一些深层次的原因。其实,在苏联模式之下,党内缺乏民主,体制僵化,对所处的历史阶段认识错误,忽视民生,失去人民的拥护。同时,缺乏与时俱进的勇气和智慧,不能对痼疾实施有效改革,特别是忽视法治,甚至罔顾法治,导致一旦遇到波折,便分崩离析。

苏东失败的教训警示我们,一定要立足国情,坚定不移地走中国特色社会主义道路,在建设中国特色社会主义的道路上,我们一定要坚持中国共产党的领导,没有党的坚强领导,13亿人就是一盘散沙,历史上中国积贫积弱任人宰割的悲剧就可能重演。党在改革开放过程中,也日益成熟,作为执政党,非常关注党的纯洁性问题,坚持反腐败,将权力

---

① [美]小杰克·F.马特洛克:《苏联解体亲历记》,吴乃华等译,世界知识出版社1996年版,第469页。
② [德]埃贡·克伦茨:《89年的秋天》,孙劲松译,中共中央党校出版社2005年版,第318页。

关进制度的笼子，这是符合法治要求的。我们还要坚持改革开放，革除一切阻碍经济社会进步和发展的弊病，引进消化吸收先进的理念和技术，坚持创新驱动发展。我们要坚持全面依法治国，坚定地走法治道路。法律要与时俱进，立、改、废、释工作要抓紧，以满足经济社会发展的需要。执法、司法要更趋规范、公正，要充分保障公民、法人和其他组织的合法权利不受侵犯。实践一再证明，只有坚持法治，才能克服体制机制性的障碍，保证改革取得成功；只有坚持法治，才能巩固改革成果，使改革成果得以推广和分享；只有坚持法治，全社会才有所遵循，人人尊法守法法律才能得到有效实施，才会形成经济社会发展所需要的秩序，公民、法人和其他组织的权利得到保障，义务切实履行，对未来有明确的预期，可以焕发出无穷的积极性和创造力，真正做到万众一心去实现"两个一百年"的目标，即到 2020 年，全面实现建成小康社会的目标，到 2050 年，把我国建成社会主义现代化强国，实现中华民族伟大复兴的中国梦。

第三章　中国特色社会主义法治道路

　　习近平总书记在党的十九大报告中强调："全面依法治国是中国特色社会主义的本质要求和重要保障。"全面推进依法治国，必须要方向正确，道路正确。"如果路走错了，南辕北辙了，那再提什么要求和举措也都没有意义了"。①在这方面，我们到底该走什么样的法治道路？就是必须走中国特色社会主义法治道路，建设中国特色社会主义法治体系。那么，为什么一定要走中国特色社会主义法治道路？其基本内涵是什么？"中国特色社会主义法治道路，是社会主义法治建设成就和经验的集中体现，是建设社会主义法治国家的唯一正确道路。在走什么样的法治道路问题上，必须向全社会释放正确而明确的信号，指明全面推进依法治国的正确方向，统一全党全国各族人民的认识和行动。"②对此，我们主要从以下四个方面来理解和诠释这段话的丰富内涵。

---

① 中共中央宣传部：《习近平总书记系列重要讲话读本（2016）》，学习出版社、人民出版社 2016 年版，第 88 页。
② 《中共中央关于全面推进依法治国若干重大问题的决定》，人民出版社 2014 年版，第 50 页。

第一节　国家治理体系和治理能力现代化的要求

党的十九大报告指出:"从二〇二〇年到二〇三五年,在全面建成小康社会的基础上,再奋斗十五年,基本实现社会主义现代化。到那时,我国经济实力、科技实力将大幅跃升,跻身创新型国家前列;人民平等参与、平等发展权利得到充分保障,法治国家、法治政府、法治社会基本建成,各方面制度更加完善,国家治理体系和治理能力现代化基本实现;……从二〇三五年到本世纪中叶,在基本实现现代化的基础上,再奋斗十五年,把我国建成富强民主文明和谐美丽的社会主义现代化强国。到那时,我国物质文明、政治文明、精神文明、社会文明、生态文明将全面提升,实现国家治理体系和治理能力现代化。"要实现这一伟大蓝图,就必须坚定不移进行法治建设,这是新时代赋予我们的重大使命。

一、多层次多领域社会治理的需要

"中国社会治理的近现代转向,从晚清起算,至今不足一百二十年,真正开启以法治的形式进行社会治理的历史尚不足四十年,因此,在许多方面我们的法治化程度是不够的。与此同时,受经济全球化所带来的各种思潮、科技发展所带来的各种变化等影响,中国同样面临着许多发达国家面临的现代性问题的滋扰,例如价值的多元困境,社会公共事务的日趋复杂,公民对公共服务需求的多层次化,群众表达诉求的渠道不畅,等等。这种前现代社会治理问题与现代社会治理问题纠葛在一起的状态,是当前中国社会治理中最独特的地方,也是中国社会治理面临的最大难题。"①

中华人民共和国成立以后到改革开放以前,社会治理也走过了一段曲折而漫长的道路。有学者对此总结道:"改革开放前,中国社会治理体系中法律不占主导地位,当时虽然制定了一些法律,如宪法、国家机构组织法、选举法、土地改革法、婚姻法、工会法等等,但作用有限,像一些人所说的,真正起作用的其实就是宪法和婚姻法,一个涉及国,另一个涉及家。大量的问题靠党的政策调整,'党的政策就是法','开会就是法'是那时社会治理体系的写照。刑法主要是解决敌我矛盾问题,是阶级斗争的工具经济法是完成国家计划经济的工具,由于'消灭私有制'观念的影响,财产关系不发达,民法主要调整婚姻家庭关系。行政法是国家行政管理的工具,不可能出现所谓'民告官'的现象,没有也不可能有对政府行政管理的制约。大量的社会矛盾不是通过法律、法院解决,而是通过党和国家的政策,通过社会组织自治规范,居民委员会或村民委员会的调解,或者通过单位解决。"②

改革开放四十年来,我们党在探索国家治理方面积累了丰富的经验,愈发认识到法治对于社会治理的重要作用。党的十八届三中全会通过的《中共中央关于全面深化改革若干重大问题的决定》指出:"全面深化改革的总目标是完善和发展中国特色社会主义制度,推进国家治理体系和治理能力现代化。"2014 年 10 月 20—23 日,党的十八届四中全会在北京召开,这次会议首次专题讨论依法治国问题,提出要全面推进依法治国,为如何推进国家治理体系和治理能力现代化指明了方向。

根据全会通过的《中共中央关于全面推进依法治国若干重大问题的决定》的精神,有学者指出:"法治是治国理政的基本方式。加快法治

---

① 张红、王世柱:《通过法治的社会治理》,《中国高校社会科学》2016 年第 2 期。
② 朱景文:《社会治理体系的法制化:趋势、问题和反思》,《社会学评论》2014 年第 3 期。

建设,对于全面推进依法治国、建设中国特色社会主义法治体系、建设社会主义法治国家,具有决定性意义。法治建设是促进国家治理体系和治理能力现代化的必然选择。"[1]"'国家治理体系和治理能力现代化'最重要的制度要求和特征就是'国家治理体系法治化'。"[2]这次会议在我国的法制史上具有重大意义,它更加明确和坚定了我国进行法治建设的信念和决心,同时,对如何全面推进依法治国提出了更高要求。

如何治理好中国这样一个泱泱大国,从来不是一件容易的事情。我国是一个幅员辽阔、人口众多、文化灿烂、历史悠久的东方大国。近代以来,中国国门被列强的坚船利炮打开,西方思想与本土文化激烈碰撞,我们历经百年的苦难拼搏才得以翻身解放。中华人民共和国成立后,我们在国家治理上进行了艰难探索,成就巨大,也教训深刻。改革开放以来,我们坚持法治,取得了巨大的成功,但随着经济社会的飞速发展,我们在社会治理上面临的挑战也越来越多,各种亟待解决的新问题层出不穷。这些问题大多数是当代社会冒出的新问题,很难从历史中寻找答案。特别是我国在数千年文明演进中沉淀了自己独特的法律文化,照搬、照抄任何国家的法律制度在我国根本无法走通,所以,也很难从他国直接复制治国方略。

因此,即便是我们从宏观上认识到实行法治对于推动社会治理的巨大作用,也要大胆创新和改革,必须从微观上有更新、更科学的指导,有助于这一思想和与之配套的举措落实。为此,《中共中央关于全面推进依法治国若干重大问题的决定》作了详细规划,它要求我们在未来的社会治理中"推进多层次多领域依法治理,坚持系统治理、依法治理、综

---

[1]　应松年等:《加快法治建设促进国家治理体系和治理能力现代化》,《中国法学》2014年第6期。

[2]　莫纪宏:《国家治理体系和治理能力现代化与法治化》,《法学杂志》2014年第4期。

合治理、源头治理,深化基层组织和部门、行业依法治理,支持各类社会主体自我约束、自我管理,发挥市民公约、乡规民约、行业规章、团体章程等社会规范在社会治理中的积极作用"。

要进行多层次多领域社会治理,必须坚持运用法治的手段。有学者认为:"法治精神是社会治理的精神支撑;法治规则是社会治理的重要基石;法治秩序是社会治理的根本保证。"①具体而言,就是"把社会治理纳入法治化轨道,强化法律在维护群众权益、化解社会矛盾中的权威地位,推动形成行止有法、办事依法、遇事找法、解决问题靠法的良好社会氛围"。②我国作为一个大国,各地区发展又很不平衡,各行各业、各类人群面临的问题各不相同,很难在化解矛盾纠纷层面做到公平、公正、统一。稍有不慎,往往会激化矛盾,引发不良的后果。因此,要牢牢树立法治观念,坚持以法律为准绳,法律面前人人平等。这样可以使得不同地区、不同阶层的人能够坐在一起解决问题。有了公平的法制作为保障,就至少实现了程序上的正义,其裁决也容易令人信服。否则自说自话,问题永远也得不到解决。

二、对社会规范在社会治理中作用的认识

关于社会规范,不同学者有着不同的定义。一般认为,"根据规范内容不同,社会规范可分为市场规范、道德规范、宗教规范、政治规范、法律规范以及风俗习惯、乡规民约、社团章程等等;根据表现方式不同,社会规范可分为成文规范与不成文规范,前者如法律规范、乡规民约与社团章程等,后者如道德与伦理规范;根据社会约束力不同,社会规范可分为正式规范与非正式规范,多数成文规范为正式规范,具有较强的

---

① 刘雪松、宁虹超:《社会治理与社会治理法治化》,《学习与探索》2015年第10期。
② 汪永清:《推进多层次多领域依法治理》,《人民日报》2014年12月11日,第7版。

社会约束力,多数不成文规范为非正式规范,不具有显性的强制约束力。此外,根据规范所属范畴不同,可分为价值规范、一般性行为规范与制度性规范。价值规范存在于观念领域,主要以宗教、道德、伦理规范为表现形式;一般性行为规范以风俗习惯、乡规民约、社团章程等为表现方式,存在于日常生活之中;制度性规范主要以国家法为表现方式,存在于正式公共生活当中"。①

当代中国的社会治理面临着新局面。一方面我国的社会主义法治社会正在如火如荼建设之中,国家投入了巨大的人力、物力、财力,然而随着社会的不断飞速发展,仅靠国家立法来实现社会治理显然是远远不够的。"建设社会主义法治国家必须重视法律规范的实施,让它成为评判公民和政府行为的最终标准。但是,国家和社会的有序运行,不仅需要严格遵守和执行法律规范,还需要借助其他规范。如果事事都完全依靠法律规范,会在政治、经济、社会心理等各方面给国家和社会带来巨大的成本,有些成本甚至难以承受。社会规范可以在不借助国家强制力的情况下,运用多种知识、方法和技艺来调整人们的行为,实现'性价比'更高的治理。"②

党的十八届四中全会通过的《中共中央关于全面推进依法治国若干重大问题的决定》指出:要"推进多层次多领域依法治理。坚持系统治理、依法治理、综合治理、源头治理,提高社会治理法治化水平。深入开展多层次多形式法治创建活动,深化基层组织和部门、行业依法治理,支持各类社会主体自我约束、自我管理。发挥市民公约、乡规民约、行业规章、团体章程等社会规范在社会治理中的积极作用"。这一要求

---

① 刘颖:《论社会规范在法治建设中的作用》,《暨南大学学报》(哲学社会科学版)2016年第 2 期。
② 郭春镇、马磊:《对接法律的治理——美国社会规范理论述评及其中国意义》,《国外社会科学》2017 年第 3 期。

非常符合我国的历史和社会现实。我国历史上长期处于农业社会,其生产力水平低下,国家财政收入有限,无法负担大量的公职人员开支。因此,中国古代的中央政府对于社会的控制一般只到县一级。每县的政府官员基本只有县令、县丞等数人,机构非常简单,且他们还要负担收税、组织徭役等任务,所以,用来解决社会矛盾的精力非常有限。但是,中国从来都是幅员辽阔,人口众多,基层社会的矛盾、事件多如牛毛,如此简单的政府机构根本不可能全部管理这些事情。在这种条件下,中国古代的基层社会治理主要是靠一般的社会规范在运作,如村规民约、宗法族规、道德风俗等。在长达数千年的社会演进中,这套办法将中国社会治理得井井有条,至今仍在深刻影响着当代中国人的思想观念。

同理,这个问题在当代中国也依然十分突出。我国近年来的政治体制改革成果显著,国家裁汰了大量的臃肿机构,以提高政府办事效率。但是,面对如此庞大的人口基数所产生的社会问题,我国社会形势依然十分严峻,很多问题都显得力不从心。在司法机关领域,"案多人少"早已成为各级人民法院的心头大患。全国司法人员尽力工作,加班加点已成为常态,但依然不能满足社会需求,人民还是觉得司法救济耗时费力。习近平总书记讲:"法安天下、德润人心。"如果我们能够很好地运用好社会规范,让市民公约、乡规民约、行业规章、团体章程在社会治理中发挥重要作用,那么,可以大大缓解国家机关的工作压力,同样能够达到善治的目的。

法律是社会规范中十分特殊的一部分。"立法者应该把自己看做一个自然科学家。他不是在创造法律,不是在发明法律,而仅仅是在表述法律,他把精神关系的内在规律表现在有意识的现行法律之中。如果一个立法者用自己的臆想来代替事物的本质,那么我们就应该责备他极端任性。"①"在所有社会规范中,法律规范具有较强的稳定性。然而,法律规范不可能一成不变,必须适应经济社会发展需要而不断变革、不断完善。"②但是,许多社会问题是不断变化,甚至是突然出现的新事物,我们不可能任何立法都做到未卜先知。

埃利希曾说:"法的发展重心既不在于立法,也不在于法学或司法判决,而在于社会本身。"③当代的社会治理只依靠国家立法机关制定的法律显然已经不够用,如果能够充分发挥其他社会规范的作用,那么,对法律而言则是一种很好的补充。社会治理需要的是多管齐下,法治应该成为其中的重要手段之一,甚至可以成为最重要的手段,但却不能将其视为唯一手段,不能陷入法律万能主义的误区之中。当然,法律之外的其他社会规范都应该符合法治精神,不与国家法律产生冲突。这就需要国家在立法、执法等方面对其加以规范、约束和指导,因此,总体而言,要努力在法治框架内让社会规范在社会治理中发挥重大作用。

三、对社会组织在法治社会建设中作用的认识

法治社会的建设,仅依靠政府的力量是远远不够的,需要社会组织加入到其中来。"社会组织主要是指在民政部门登记的社会团体、民办非企业单位和基金会。截至 2014 年 6 月底,全国依法登记的社会组织达 56.1 万个,其中社会团体 29.4 万个,基金会 3 736 个,民办非企业单位 26.4 万个。全国各类社会组织形成固定资产总值 1 496.6 亿元,年收入 1 884.9 亿元,吸纳社会就业 1 200 多万人。"④

---

① 《马克思恩格斯全集》第一卷,人民出版社 1956 年版,第 183 页。
② 沈国明:《着力彰显法治的时代价值》,《太原日报》2017 年 5 月 23 日,第 6 版。
③ [奥]欧根·埃利希:《法社会学原理》,舒国滢译,中国大百科全书出版社 2009 年版,第 180 页。
④ 窦玉沛:《加强党建工作促进社会组织健康发展》,《行政管理改革》2015 年第 2 期。

近代以来,我国社会组织发展道路充满曲折。"中国社会组织经历了中国特殊的历史阶段,具有特定的历史烙印。从 1840 年第一次鸦片战争开始,中国沦为半殖民地半封建社会,被迫开放通商口岸,伴随着商品经济的进一步发展,传统的小农经济逐步瓦解,出现了'行会''会馆'等社会组织。"①新中国成立以来,党中央对于社会组织的认识也有一个漫长的发展过程。"1949 年,新中国成立,到 1978 年,党的十一届三中全会召开,社会组织伴随着社会主义建设在曲折中探索。1949—1956 年,国家赋予公民结社的自由权利,这为公民结社和社会团队的产生和发展提供了法律保障,社会组织获得初步发展。这一阶段,依法取缔一批具有封建色彩和反革命色彩的行会、社会团体、黑社会等组织,改造一些具有政治倾向的社会团体为政党组织,成立全国总工会、全国妇联、工商业联、中华全国自然科学专门学会联合会等新社会组织。1957—1960 年,由于整风运动、反右派斗争扩大化,社会组织基本上处于停滞发展的状态。1961 年,八届九中全会对国民经济进行调整,对与经济工作相应的科学、教育、文化等领域也进行调整,确认了大多数知识分子是劳动人民。这卸下了知识分子的思想包袱,调动了他们参与社会团体的积极性,促进了社会团体逐步恢复发展。1966 年,'文化大革命'开始,民主和法制遭到严重破坏,社会组织发展几乎陷入瘫痪状态。"②

改革开放以后,我国法治社会建设取得了巨大成功,我国社会组织也焕发新生,如雨后春笋般茁壮成长。"1978 年,党的十一届三中全会召开,开启了改革开放的新时代。随着改革开放的推进,民主法制逐步

---

① ②　林苍松、张向前:《中国特色社会组织发展道路探索》,《重庆社会科学》2018 年第 5 期。

恢复和完善,政治、经济、教育和文化等各领域逐步恢复秩序,社会组织也得以恢复发展。1988—2006年,随着社会组织的发展,党和政府对社会组织的地位、作用和影响力以及存在的问题的认识越来越到位。这一阶段,党和政府对社会组织高度重视,通过成立管理机构、制定规章制度和清理整理,引导社会组织走上健康规范的发展道路,形成双重管理体制。2006年党的十六届六中全会通过《中共中央关于构建社会主义和谐社会若干重大问题的决定》,提出'支持社会组织参与社会管理和公共服务''健全社会组织,增强服务社会功能';'社会组织'首次出现在党的文件中,表明党对社会组织的发展已上升到和谐社会建设的高度。党的十七大报告提出'重视社会组织建设和管理'。"①

党的十八大以来,党中央高度重视社会组织的作用,中央的一系列文件和习近平总书记的讲话中多次提到发挥社会组织在建设法治社会中的作用,并且对其认识越来越深刻,赋予社会组织的任务也越来越重。在党的十八大报告中,一共三次提到了社会组织。"要围绕构建中国特色社会主义管理体系,加快形成党委领导、政府负责、社会协同、公众参与、法治保障的社会管理体制,加快形成政府主导、覆盖城乡、可持续的基本公共服务体系,加快形成政社分开、权责明确、依法自治的现代社会组织体制,加快形成源头治理、动态管理、应急处置相结合的社会管理机制";"改进政府提供公共服务方式,加强基层社会管理和服务体系建设,增强城乡社区服务功能,强化企事业单位、人民团体在社会管理和服务中的职责,引导社会组织健康有序发展,充分发挥群众参与社会管理的基础作用";"党的基层组织是团结带领群众贯彻党的理论和路线方针政策、落实党的任务的战斗堡垒。要落实党建工作责任制,

---

① 林苍松、张向前:《中国特色社会组织发展道路探索》,《重庆社会科学》2018年第5期。

强化农村、城市社区党组织建设,加大非公有制经济组织、社会组织党建工作力度,全面推进各领域基层党建工作,扩大党组织和党的工作覆盖面,充分发挥推动发展、服务群众、凝聚人心、促进和谐的作用,以党的基层组织建设带动其他各类基层组织建设"。

2014 年 10 月 23 日,党的十八届四中全会通过的《中共中央关于全面推进依法治国若干重大问题的决定》中提出,"健全立法机关和社会公众沟通机制,开展立法协商,充分发挥政协委员、民主党派、工商联、无党派人士、人民团体、社会组织在立法协商中的作用";"加强社会组织立法,规范和引导各类社会组织健康发展";"发挥人民团体和社会组织在法治社会建设中的积极作用。建立健全社会组织参与社会事务、维护公共利益、救助困难群众、帮教特殊人群、预防违法犯罪的机制和制度化渠道。支持行业协会商会类社会组织发挥行业自律和专业服务功能。发挥社会组织对其成员的行为导引、规则约束、权益维护作用";"发挥人民团体和社会组织在法治社会建设中的积极作用。建立健全社会组织参与社会事务、维护公共利益、救助困难群众、帮教特殊人群、预防违法犯罪的机制和制度化渠道。支持行业协会商会类社会组织发挥行业自律和专业服务功能。发挥社会组织对其成员的行为导引、规则约束、权益维护作用";"各级党委要领导和支持工会、共青团、妇联等人民团体和社会组织在依法治国中积极发挥作用"。

在党的十九大报告中,习近平总书记多次提到社会组织的作用。他强调:"要推动协商民主广泛、多层、制度化发展,统筹推进政党协商、人大协商、政府协商、政协协商、人民团体协商、基层协商以及社会组织协商";"加强社会心理服务体系建设,培育自尊自信、理性平和、积极向上的社会心态。加强社区治理体系建设,推动社会治理重心向基层下移,发挥社会组织作用,实现政府治理和社会调节、居民自治良性互动";"构建政府为主导、企业为主体、社会组织和公众共同参与的环境治理体系";"突出政治功能,把企业、农村、机关、学校、科研院所、街道社区、社会组织等基层党组织建设成为宣传党的主张、贯彻党的决定、领导基层治理、团结动员群众、推动改革发展的坚强战斗堡垒";"注重从产业工人、青年农民、高知识群体中和在非公有制经济组织、社会组织中发展党员"。

近年来的发展事实已经充分证明,社会组织在我国社会发展中扮演了非常重要的作用,它们承接了政府的很多职能,并且工作得十分出色,有效地缓解了社会上的许多矛盾。和政府机关相比,社会组织有其自身的优势。比如,它们在管理方式上更为灵活,效率往往更高,更了解民众的日常需求,在与民众相处过程中更具亲和力,更容易被民众接受,等等。不过,尽管社会组织在我国目前的发展中占据越来越重要的位置,但是,我国社会组织相关的法律制度却很不完善。

有些研究表明这个问题十分严重。比如,"当前我国的社会组织立法不仅面临着概念、规则和原则层面的困境,如基本范畴尚待共识、权利和义务设定失当、法律体系亟待完备、条文与指导思想出现悖离;还遭遇规范与秩序断裂的困境,如'有法'未必'可依'、'可依'也未必'有序'"。[1]又如,很多社会组织,因无法取得合法登记身份而存在着明显的合法性困境。[2]"门槛过高;限制竞争;监管措施不完善;缺乏统一的社会组织法。"[3]上述这些仅仅是我国社会组织法制存在问题中的一部分。目前,关于社会组织与法治社会建设这一问题尚未得到足够重视。随着研究的不断深入,还会有更多的问题被发现。这些问题不解决,我

---

[1]　马金芳:《我国社会组织立法的困境与出路》,《法商研究》2016 年第 6 期。

[2]　参见谢海定:《中国民间组织的合法性困境》,《法学研究》2004 年第 2 期。

[3]　鲍绍坤:《社会组织及其法制化研究》,《中国法学》2017 年第 1 期。

国的社会组织将难以健康成长。非但不能为政府机构分忧,反而会增加政府管理的难度。

有学者提出:"基于'包容'的法治理念,拥有有限自主性的社会组织需要嵌入到何种类型或特征的法理框架下,才能实现与政府的协调共治与合作共赢,是须面对并予以理论回应的重要议题。作为包容性和超越性的法治理想,包容性法治不仅与治理理论所蕴含的多中心、多层次的运行机理内在契合,还可以破解社会组织运行过程中规范单一、体制单一、手段单一的结构性瓶颈,包容性法治框架下社会组织治理不仅是一种规范性治理,也是一种参与性治理。包容性法治为研判中国社会组织发展的阻却与愿景及达至路径,提供了现实而可行的治理框架,开辟了社会组织规范治理的新领域。"①在全面推进依法治国的战略要求下,"亟需重塑社会组织在法治建设中的使命和功能,进而迈向共建共享型的'法治中国'之路"。②

第二节　实现"两个一百年"目标的需要

一、法治是全面建成小康社会的应有之义

"法治"与"小康社会"之间有着密切的联系。正如有学者所言:"所谓的'法治小康',是指一个社会法治状况达到了社会公众所期望的与特定时期、特定国家的社会发展状况同步的'状态',法律规范在国家治

---

① 张清、武艳:《包容性法治框架下的社会组织治理》,《中国社会科学》2018 年第 6 期。
② 马长山:《从国家构建到共建共享的法治转向——基于社会组织与法治建设之间关系的考察》,《法学研究》2017 年第 3 期。

理和社会管理中发挥着至高无上的重要作用。换句话说，就是'法治状况'与'小康社会'的社会整体发展状况同步。从'小康社会'的制度特征来看，'法治小康'又可以理解为'小康社会法治化'。尽管'法治小康'其内涵与外延不完全等同于'小康社会法治化'，但其存在的社会基础和价值功能是与'小康社会法治化'完全一致的。'法治小康'很显然在当今社会的语境下是'法治'与'小康社会'概念的直接融合，表现在法理上，就是要求将目前正在建设的'法治'提升到与'小康社会'相适应的水准。结合习近平总书记在纪念现行宪法正式施行三十周年大会上的讲话中所提出的'法治国家、法治政府与法治社会一体发展'的论述，'法治小康'既是'法治国家'建设进程中的一个重要历史阶段，同时又是'小康社会'对法制建设提出的具体制度建设任务。"①

在中国共产党的领导下，中国人民翻身解放，建立了中华人民共和国，并且在建设中国特色社会主义道路上取得了举世瞩目的成就。当中国共产党和中华人民共和国分别迎来一百年华诞之时，中国特色社会主义建设的成果自然是考量中国共产党执政能力的重要历史节点。中国共产党很早就注意到了这两个关键节点，提出了相应的奋斗目标。随着经济社会的不断发展，中国共产党对这"两个一百年"的奋斗目标也在不断修缮。

1997 年，江泽民总书记在中国共产党第十五次全国代表大会上作报告时首次提出"两个一百年"奋斗目标：到中国共产党成立一百年时全面建成小康社会；到新中国成立一百年时建成富强民主文明和谐的社会主义现代化国家。2012 年，胡锦涛总书记在中国共产党第十八次全国代表大会上作报告时也强调了"两个一百年"的奋斗目标：在中国

---

① 莫纪宏：《法治与小康社会》，《中国法学》2013 年第 1 期。

共产党成立一百年时全面建成小康社会；在新中国成立一百年时建成富强民主文明和谐的社会主义现代化国家。

2017年，习近平总书记在党的十九大报告中指出，"从十九大到二十大，是'两个一百年'奋斗目标的历史交汇期。我们既要全面建成小康社会、实现第一个百年奋斗目标，又要乘势而上开启全面建设社会主义现代化国家新征程，向第二个百年奋斗目标进军。""综合分析国际国内形势和我国发展条件，从二〇二〇年到本世纪中叶可以分两个阶段来安排。""第一个阶段，从二〇二〇年到二〇三五年，在全面建成小康社会的基础上，再奋斗十五年，基本实现社会主义现代化。到那时，我国经济实力、科技实力将大幅跃升，跻身创新型国家前列；人民平等参与、平等发展权利得到充分保障，法治国家、法治政府、法治社会基本建成，各方面制度更加完善，国家治理体系和治理能力现代化基本实现；社会文明程度达到新的高度，国家文化软实力显著增强，中华文化影响更加广泛深入；人民生活更为宽裕，中等收入群体比例明显提高，城乡区域发展差距和居民生活水平差距显著缩小，基本公共服务均等化基本实现，全体人民共同富裕迈出坚实步伐；现代社会治理格局基本形成，社会充满活力又和谐有序；生态环境根本好转，美丽中国目标基本实现。""第二个阶段，从二〇三五年到本世纪中叶，在基本实现现代化的基础上，再奋斗十五年，把我国建成富强民主文明和谐美丽的社会主义现代化强国。到那时，我国物质文明、政治文明、精神文明、社会文明、生态文明将全面提升，实现国家治理体系和治理能力现代化，成为综合国力和国际影响力领先的国家，全体人民共同富裕基本实现，我国人民将享有更加幸福安康的生活，中华民族将以更加昂扬的姿态屹立于世界民族之林。""从全面建成小康社会到基本实现现代化，再到全面建成社会主义现代化强国，是新时代中国特色社会主义发展的战略安排。"

目前,我国正处于决胜全面小康的关键时期。以习近平同志为核心的党中央提出"四个全面"战略,即全面建成小康社会、全面深化改革、全面依法治国、全面从严治党,用来引领今后我国党和国家的工作。在"四个全面"之中,包含了全面建成小康社会和全面推进依法治国。习近平总书记曾强调,全面深化改革、全面推进依法治国为全面建成小康社会提供动力和保障。毫无疑问,全面建成小康社会和全面推进依法治国之间是相辅相成的关系。没有法治保障,小康社会就不可能顺利建成。小康社会中,也要求要达到"法治小康"。"'法治小康'是'小康社会法治化'的重要特色,它表现在具体的法治实践中,即不仅在制度设计上要保证最低限度的'法治'价值要求得到实现,更重要的是实现与小康社会的社会发展状况相适应的'法治'。"①因此,法治是全面建成小康社会的应有之义。

二、法治是衡量中等发达国家的指标

1987 年,党的十三大提出著名的"三步走"战略。其中,第三步目标是,到 21 世纪中叶人民生活比较富裕,基本实现现代化,人均国民生产总值达到中等发达国家水平,人民过上比较富裕的生活。何为发达国家抑或中等发达国家,这个概念尚存在一定程度上的争议。但是根据一般常识,发达国家一般是经济水平高、科技先进、人民生活富裕的国家。目前,有着各种全球法治指数排名和全球经济指数排名。尽管这些排名都有一定争议,但是还能从一定程度上反映出一些问题。通过对这些排名的对比即可发现,全世界的发达国家毫无例外地在法治

---

① 莫纪宏:《法治与小康社会》,《中国法学》2013 年第 1 期。

指数排名上位居前列,并且,健全的法制也是这些国家能够成为发达国家的重要原因。这充分证明,法治是衡量我们是否达到发达国家的重要指标,这就要求我们更加重视中国的法治建设。

我国的法治建设与整个社会经济发展之间具有密不可分的联系。改革开放以来,中国的经济腾飞是建立在中国法治建设水平不断提高的基础上的。只有有了完善的法律制度保障,社会经济发展才能有一个稳定的环境,才能很好地解决不断产生的社会新问题。习近平总书记在党的十九大报告中指出:"新时代中国特色社会主义思想,明确坚持和发展中国特色社会主义,总任务是实现社会主义现代化和中华民族伟大复兴,在全面建成小康社会的基础上,分两步走,在本世纪中叶建成富强民主文明和谐美丽的社会主义现代化强国。"这说明,我们的奋斗目标比原有的达到中等发达国家水平还要高,要成为民主文明和谐美丽的社会主义现代化强国。要实现民主文明,就必须要坚持法治建设,全面推进依法治国。

目前,我国社会的主要矛盾已经发生了重要变化。从人民日益增长的物质文化需要同落后的社会生产之间的矛盾,转化为人民日益增长的美好生活需要和不平衡不充分的发展之间的矛盾。这个新矛盾对中国共产党的执政能力提出了更高的要求,必须要推进国家治理体系和治理能力现代化,从而更好地化解这个矛盾。为此,必须要坚持"四个全面"战略,特别是要全面推进依法治国。习近平总书记在十九大上已经指出,全面推进依法治国总目标是建设中国特色社会主义法治体系、建设社会主义法治国家。

这是一个具有重大意义又十分艰巨的目标。我国古代和近代长期处于"人治"的专制社会。中华人民共和国成立以来,我们的法治建设道路充满曲折。直到改革开放,我们才加快了法治建设的步伐,取得了一系列辉煌成就。尽管如此,我国的法治建设同发达国家相比还显得不够成熟。法治是衡量国家发达程度的重要指标,坚持不懈地进行法治建设,让社会主义法治文化观念牢牢扎根于全民心中是我们完成建设中国特色社会主义法治体系、建设社会主义法治国家,乃至成为富强民主文明和谐美丽的社会主义现代化强国这一伟大目标的不二选择。

三、法治是跻身中等发达国家之列的保证

法治之所以能够成为衡量中等发达国家的重要指标,这是因为法治本身就是一个国家是否能够跻身中等发达国家之列的保证。世界历史的经验早已告诉我们,要成为发达国家,必须要有法治来护航。"许多国家的发展经历告诉我们,由低收入国家步入中等收入国家之列后,人民的生活水平有所提高,但社会矛盾也会增多。如果不致力于转变经济发展方式,缩小贫富差距,化解社会矛盾,经济将处于停滞状态,掉入所谓'中等收入陷阱'。有些国家长期跳不出'中等收入陷阱',一个重要的原因,是既得利益集团利益固化,改革无法推行。大凡改革都会涉及利益调整,但没有改革,影响持续发展的难题无法克服。"①

我国目前也正好处于这个阶段。我国近年来的贪污腐败现象十分严重,既得利益集团十分强大,他们让改革举步维艰。我国近年来爆发的许多社会矛盾和这些腐败分子有着密切的联系,他们破坏了国法党规,严重腐化了社会风气,对我国的经济发展造成了严重阻碍,极大地伤害了国家和人民的利益。如果让如此大量的腐败分子来治理国家,他们肯定会大量侵蚀人民群众的劳动成果,更不要谈让他们来为中国的经济发展作出贡献了。

①　沈国明:《深刻认识决胜阶段新目标》,《解放日报》2015年11月6日,第11版。

党的十八大以来,中央反腐工作取得了重大成就,反腐败斗争压倒性态势已经形成。这种成绩是在坚持全面深化改革、全面依法治国、全面从严治党的重大战略下进行的。"法治是人类文明的结晶,是现代国家治理的基本方式。"①简而言之,只有推行法治反腐,才能真正治好腐败这一顽疾。只有将法治建设好,经济才能健康发展,才能让我们更高效地缩短与发达国家之间的差距。

目前,我们的经济建设取得了举世瞩目的成就,经济总量已经跃居世界第二位。但是,我们还没有步入发达国家行列,其中一个重要原因就是我们的法治建设还未达到发达国家的标准。只有我们的法治建设水平达到了发达国家的水准,我们才能真正成为发达国家,才能称得上真正意义上的社会主义现代化强国。纵览中外历史,没有一个国家是因不崇尚法治而国富民强的。中国的法治建设是经历了几代人的艰难付出才取得了今天的瞩目成就。我们必须珍惜这来之不易的成果,在今后中国特色社会主义建设的道路上,坚持不懈地进行法治建设,让法治为我们在建设富强民主文明和谐美丽的社会主义现代化强国的路上保驾护航。

第三节　中国法治建设的唯一正确道路

中国特色社会主义法治道路是我国法治建设的唯一正确道路。党的十八届四中全会通过的《中共中央关于全面推进依法治国若干重大问题的决定》指出:"依法治国,是坚持和发展中国特色社会主义的本质

---

① 沈国明:《着力彰显法治的时代价值》,《太原日报》2017年5月23日,第6版。

要求和重要保障,是实现国家治理体系和治理能力现代化的必然要求,事关我们党执政兴国,事关人民幸福安康,事关党和国家长治久安。""全面建成小康社会、实现中华民族伟大复兴的中国梦,全面深化改革、完善和发展中国特色社会主义制度,提高党的执政能力和执政水平,必须全面推进依法治国。"

全面推进依法治国是具体的、历史的实践。尤其是我们要走什么样的法治道路,可谓是决定我国推进依法治国的重大而关键性问题。历史和现实都表明,一国法治建设与本国国情、国家体制以及其所面临和需要解决的问题是分不开的。

一、依法治国,建设法治国家,是中国经济社会转型的必然要求

从我国的国情而言,自清末以后,中国社会在西方列强的侵略下发生了急剧变化。传统中国的社会结构和国家制度以及文化形态在面对西方列强的挑战时,不得不被动地调整以便应对危局。尽管是被动的和初步的,但传统社会和国家制度在危局中,不断面临自身合法性和合理性的危机,由此开启了中国社会转型之门,中国社会也由传统社会日益转变为近代社会,并由近代社会步履维艰地迈进现代社会。中国的社会转型时间跨度之长①和艰难程度是世人难以想象的,直至今天我们依然没有完成这次社会大转型。由于社会转型本身的复杂性和跨度的长期性,其中每一个历史阶段都具有鲜明的时代特征和特定的历史使命。洋务运动、戊戌变法、辛亥革命、新民主主义革命和社会主义革命以及我们现在正从事的改革开放,都代表了每一个历史时期先进的中国人对中国问题的思考,以及对中国现代化的追求和探索。虽然每个

---

① 唐德刚先生认为这是需要三个世纪跨越的历史大峡谷。

阶段所呈现的中国社会在迈向现代化进程中的问题和时代任务不同，体现出不同阶段的特殊性，但是，从纵向上来看，每一个阶段都在前一个阶段之上更深入地触及了中国社会问题本身。

经过一百多年的发展和变化，中国已经成为一个现代国家，但是，国家治理体系和治理能力现代化建设任务仍很繁重。我国改革开放，最初是以市场经济为取向的经济转型，市场经济是法治经济，因此，摒弃长期沿袭的"人治"转向"法治"，实行"依法治国，建立社会主义法治国家"方略是发展的需要，也是发展的必然结果。其后，对影响发展的上层建筑特别是行政体制不断加以改革，以期推动生产力的解放和发展。依法行政，建设法治政府成为行政改革的重要内容。法治不仅是市场主体谋求发展的要求，也成为现代行政的基本要求。由此可见，法治是经济社会发展达到一定阶段后的历史要求。

法治不是可以拍脑袋凭空想出来的，是经济社会发展的必然要求。因此，法治建设必须立足现实，从国情出发，在法律制定、法治实施、法治监督、法治保障各环节，有针对地解决矛盾和问题，改善法治得以存活的土壤。如果不顾国情和法律存活的社会条件，把在外国实施效果上佳的法律生搬硬套到中国，一定不能达到预期的效果，这也是欧美发达国家各国法律制度不尽相同的最主要原因。认清这一点，有助于我们认清自己的历史使命，增强对走中国特色社会主义法治道路的信心，增强坚定不移推进全面依法治国的定力，从而自觉地去实现法治中国的目标。

改革开放四十年来的法治社会建设经验告诉我们，法治社会建设是一个漫长的过程，必须坚持实事求是的原则，切莫好大喜功，一定要针对我国现阶段存在的现实问题扎实全面推进依法治国。"习近平同志 2012 年在中央党校春季学期第二批入学学员开学典礼上告诫大家：

'不提不切实际的口号,不提超越阶段的目标,不做不切实际的事情。'我国法治建设的成功经验重要的一条就是立足现实,设立阶段性的目标,积小胜为大胜。要慎提类似'法律至上'等近乎绝对真理的口号,因为在经济社会快速发展的阶段,法律的生命周期相对短,如果过于强调既有法律制度的刚性,极易固化既得利益。改革进行了四十年,中国实现了跨越式发展,但是,我们仍面临很多问题,很多问题只有靠改革才能加以解决,改革势必触碰既得利益。有的拉美国家三十多年前即进入中等收入国家行列,但是,既得利益集团为了固化既得利益,反对一切改革,导致这些国家至今跳不出'中等收入陷阱',这样的教训我们应当汲取。因此,我们的法治建设应当增强针对性、实效性,所提的口号和目标要接地气,要有助于全面深化改革,有助于推进改革和经济社会进步,在这个过程中真正确立法律权威。"①

二、我们的国家性质决定了我国必须走中国特色社会主义法治道路

从国家制度而言,我国是社会主义国家,法治建设的道路必须以马克思主义为主导,制度设计应当遵循社会主义的原则和要求,可以融合西方国家法治文明的精华和中华民族传统法治文化的精华。西方现代文明及其法律体系主要是发达的市场经济和工业文明的产物,它有着我们走向现代化,特别是社会主义市场经济所缺少,但又需要的法治经验、法律思想和观念。中华民族文化传统是我们的根基,只有牢牢地立足于这个根基,发扬光大中华民族文化传统的精华,抛弃其糟粕,才能保持我们民族精神的活力。无论是分析批判西方现代法律文化,还是总结鉴别中国传统法律文化,我们都要立足自己的实际,以科学的理论

---

① 沈国明:《改革开放40年法治中国建设:成就、经验与未来》,《东方法学》2018年第6期。

和方法做鉴别。

中国今天所取得的成就,正是把马克思主义与其他西方先进文化同中国本土实际、本土文化相结合的结果。今后,这仍将是我们应当采取的正确方法。以马克思主义为主导,就意味着要充分认识法治建设是一项艰巨的创造性的任务,要以更大的勇气面对现实,解放思想,以更严谨、科学的态度去总结经验教训,投身改革开放以及经济社会发展进程,作出符合时代要求、符合法治发展规律的探索和创造。

我们反对照抄照搬西方政治法律制度,但其合理的有益的成分,我们则要积极加以借鉴、引进和吸收。我国作为后发现代化国家,需要在中国共产党的领导下有秩序、有步骤地进行现代化建设,否则,各种分歧和混乱必然打断我国现代化的进程。因此,我们不能照搬照抄西方国家所谓的民主政治、三权分立、权力制衡等制度,但对于西方法律制度中能够促进市场经济发展的法治经验、制度成果、法治思想以及法学理论等要加以借鉴、引进和吸收,努力做到"取其精华,抛弃糟粕",为我所用。

此外,学习国外法治建设经验,必须要有自主意识或自主精神。在我国全面推进依法治国的过程中,我国社会发展所遇到的一些问题,是同一历史时代不同于其他各国的问题,往往没有现成的经验可以照搬。对于别国的法治经验,凡是符合我国法治建设需要的,就应该大胆借鉴与引进。在这方面,我们已经做了不少工作。比如,我国的土地使用权有偿转让制度,就是借鉴和引进西方土地批租制度而建立的。当然,我们学习他国的过程,应该是一个选择取舍的过程。外国法治经验的引进要同中国法治实践相结合,要与中国法律工作者的"自主意识"相结合。引进、借鉴和运用西方法学理论和法律制度,不能盲从,而是从自身需要出发,去观察它、审视它、吸收它。那样的话,你才能平视它,而不是仰视,不给自己造成一种心理上的压力,产生自卑感,以致阻碍社会发展。

三、法治建设面临的问题，要求我们从具体问题入手

从我们面临和解决问题的角度来看，改革向法律提出了许多新难题，可惜我们对这些问题的研究还很不够，所以，法律与现实存在脱节的情况。在前无古人的经济体制改革中，我们是"摸着石头过河"，是一种探索，也就是前途尚不可知。法律的基本特征之一是相对稳定，不能多加变动，变动多了，它的权威性就会减弱。法律变动所得的一些利益也许不足以抵偿由此引起的损失，所以，法律在实践中做不到超前而时常表现为滞后时也无需多加指责。

其实，法治建设就是一个创立、修改、重新探索、推翻和摒弃某种原理和区别矛盾的无尽过程。比如，中国乡民历来厌恶诉讼，而比较重民间调解。我们不仅可以继续保留非诉讼调解形式，而且可以大力发展这种解决纠纷的形式，问题是应该改变调解所依据的原则，不能以某些不合时宜的落后风俗、道德、礼仪、乡规为准绳，应以现代法律规范、法律原则为调解纷争的依据。法律规范与非法律规范相结合的治理手段，对今天来说仍然是有效的。中国地域辽阔，人口众多，各种矛盾和纠纷都要靠诉讼渠道来解决是不可能的。因此，需要探索使用多层次的调解手段和渠道，"社会综合治理"就是其中之一，它既契合我国当前的社会现实，又很好地继承了我国传统文化的内容。

我国是在既定的制度约束下进行改革的，到现在，我们已经基本上完成了许多方面的改革。但是，改革的任务仍然十分繁重，其中，国企国资的改革、金融改革、社会保障领域的改革都是很艰难的。之所以艰难，因为这些改革的内容涉及国家经济命脉和人们的切身利益，牵一发动全身，因此，需要格外谨慎。

改革中，往往是传统的规范在改革的冲击下已经瓦解和失效，而新

的规范因一时无法找到支撑点和载体而得不到有效运作,从而导致新旧规范均无法对社会经济、政治生活起到规范作用。这些弊端如果在上述领域出现,造成的后果可能是灾难性的。所以,在这些方面,法治建设更要考虑系统性,尤其要考虑社会的承受力。改革不能不计成本而人为地增加冲突和风险。以往各项成功的改革,基本上都是在成本较低的情况下达到预期的,这样的经验值得汲取。所以,市场主体和改革设计者都应当既考虑改革目标,又避免较大利益冲突,避免失误。不同地区和不同领域应当尽量在寻求共同发展的基础上推进改革。这种经验和方法也构成了我国市场化改革的某种共同文化,或曰"中国特色"。

习近平总书记强调"寻找最大公约数","有事好商量",①充分说明他对中国传统文化有着深刻的理解。基于这样一种文化之上的社会主义市场经济是很有中国特色的,与其相适应的法治建设也是有着浓郁中国特色的。中国特色社会主义法治道路是由我国国情的特殊性所决定的,法治要在中国生根,就必须符合中国实际状况,能够解决中国的实际问题,过于理想的理念、从外国搬来的法律制度,如果与中国的实际脱节,就无法在社会生活中生根,是难以存活的。历史已经表明,并将进一步表明,走中国特色社会主义法治道路,是中国法治建设的正确道路。

第四节　坚持中国共产党领导

"现代政治的实质是政党政治,剥离政党参与的法治实践是不现实的。政党最早诞生于西方国家,是现代政治经济发展的必然产物。在

---

① 《习近平在庆祝中国人民政治协商会议成立 65 周年大会上发表重要讲话》(2014 年 9 月 21 日)。

当今世界政治舞台上,政党政治是现代政治生活的主要内容,政党成为主导现代政治的核心力量,政党执政则是现代政治运作的基本形式。"①中国近现代历史反复证明,一个拥有绝对政治合法性和极高政治权威的政党来推进我国现代化建设是必不可少的。

在贫穷落后且具有根深蒂固的人治统治传统的国家,尤其是作为一个人口众多、各地发展极不平衡的中国,在面对近现代物质和精神文明的双重诱惑下,极易形成各种分歧和掣肘的力量,极易因在现代化过程中各种分歧而阻断现代化的进程,最终给国家和人民带来无序和灾难。在此过程中,历史和实践选择了中国共产党,在党的领导下,我们不仅破除了各种阻力和障碍,争得了民族解放、国家独立和国家富强,进而为实现中华民族伟大复兴的中国梦奠定了基础。"西方的法治化是个人和国家关系不断演进的过程,但中国的法治化是政党和国家的关系不断演进的过程。因此,必须在考虑我国的'本土资源'和西方法治经验的情况下,走出一条合适的法治道路。这就需要汲取以前党的运动思维、政策思维,汲取以党代政、党政不分管理方式的经验教训,这就需要大胆借鉴西方成熟的法治经验,使国家制度层面和党的制度实现法治化。"②

习近平总书记曾讲:"全面推进依法治国,必须走对路。如果路走错了,南辕北辙,那再提什么要和举措也都没有意义了。"③法治建设也是如此。中国法治建设也需要在党的领导下有步骤、有秩序地进行。要注重党的领导和国家法治的一致性。正如有学者所言:"党的领导和国家法治的一致性,是指两者在共存状态下所具有的内在协调性,且两

① 熊辉、谭诗杰:《党的领导与依法治国内在统一关系的逻辑生成》,《当代世界与社会主义》2017 年第 6 期。
② 殷啸虎、何家华:《中国特色社会主义法治体系再探讨》,《上海政法学院学报》2018 年第 2 期。
③ 习近平:《加快建设社会主义法治国家》,《求是》2015 年第 1 期。

者的互动能够在国家治理中保持其有效性,实现共同职能。党的领导和国家法治的一致性关乎社会主义法治建设的核心问题,是必须实现的现代国家治理状态。而这种状态得以实现的前提则应当从党的领导以及国家法治的深刻内涵中探寻。从根本上讲,以人民为中心的民主制度是党的领导和国家法治一致性的前提。"①

党的十八届四中全会明确指出:"党的领导是中国特色社会主义最本质的特征,是社会主义法治最根本的保证。把党的领导贯彻到依法治国全过程和各方面,是我国社会主义法治建设的一条基本经验。"说到底,我们要把非法治国家建设成法治国家就是党中央作出的重大决策的结果,是党带领全国各族人民在治国理政问题上一种历史性的抉择。尤其是党通过对政府的思想、路线、组织等方面领导来推进法治中国建设。正是在这个意义上而言,我国的法治建设的路径具有中国特色,即是中国共产党领导,自上而下推动的。正如邓小平正确地指出的那样:"我们要发扬民主,但是同时需要集中。也许现在和以后一个相当时候,更要着重强调该集中的必须认真集中"。②"改革要成功,就必须有领导有秩序地进行。没有这一条,就是乱哄哄,各行其是,怎么行呢?"③党通过带头守法,将自己的行为严格控制在宪法和法律的范围之内,并通过执政方式的制度化和法治化来推动科学立法、严格执法、公正司法和全民守法。

当然,在此过程中,也不是一帆风顺和畅通无阻的,其面临着一定程度上的博弈过程。正如有学者所说:"历史的经验表明,党的领导权与法治原则之间并不存在无条件的相互兼容性。"④在此背景下,我们

---

① 宋伟:《党的领导与国家法治一致性的内在逻辑》,《当代世界社会主义问题》2018 年第 1 期。
② 《邓小平文选》第二卷,人民出版社 1994 年版,第 282 页。
③ 同上书,第 277 页。
④ 郑成良:《党的领导权与法治原则相互兼容的可能性及其制度条件》,《法制与社会发展》2015 年第 5 期。

必须更加进一步改进党的领导方式和执政方式的现代化,不仅要带头运用和提高法治思维和法治方式来深化改革、推动发展、化解矛盾和维护稳定的能力和水平,而且要注意研究政府权力的法律规制,着力"把权力关进制度的笼子里"。与此同时,还要重视和加强执政党自身建设,以便更加注重运用法治思维和法治方式来统一人民意志,推进法治,以约束政府权力。

随着我国社会转型的进一步深入,民主政治建设的深入推进,自上而下推进的法治越来越需要借助民众和社会的力量。近些年,民众法治和民主意识的觉醒,在维护自己合法权益的过程中越来越注重运用法治方式,尤其是在涉及本地区的重大发展决策、重大规划、重大项目的落地等问题上,日益期待参与治国理政。而网络的发达,更是为民众参与法治建设提供了很多便利。"党的领导行为就是对具备民主精神的政党职能的充分展现,党的一系列行为必须因民主需要而生成,因民主的发展要求而转变,因落实民主的效果而经受检验。"①民众在推进法治中国建设中发挥着越来越重要的作用。这种现实主客观条件的变化,也需要我们党在推进法治中国建设中,在不断推进自身领导方式和执政方式现代化的同时,也要注重对民众积极推进法治建设现实给予重视,并在此过程中引导、凝聚民众力量朝着正确的社会主义法治道路前进。

"人类政治文明发展的历史表明,在一个国家被认为是行之有效的制度,不一定对别的国家来说就有效,就最好,因为每一种制度的背后都有其不同的经济和文化背景。经济和文化传统不同,政治制度的性质和样式也不同。世界上每一种政治制度都有其优点,也有一定的缺点,只有

---

① 宋伟:《党的领导与国家法治一致性的内在逻辑》,《当代世界社会主义问题》2018 年第 1 期。

最适合这个国家的文化背景和现阶段经济发展的制度才是最好的。"①

第五节　贯彻社会主义法治理论

　　社会主义法治道路是社会主义法治理论的实践形态。任何形态的法治道路都是在一定的法治基础理论指导下进行设计或形成的。"大凡建设法治国家,往往都有一套理论体系,而这些理论是否符合国情或正确与否,直接关系到该法治国家的兴衰。"②党的十八届四中全会通过的《中共中央关于全面推进依法治国若干重大问题的决定》指出:"必须从我国基本国情出发,同改革开放不断深化相适应,总结和运用党领导人民实行法治的成功经验,围绕社会主义法治建设重大理论和实践问题,推进法治理论创新,发展符合中国实际、具有中国特色、体现社会发展规律的社会主义法治理论,为依法治国提供理论指导和学理支撑。"习近平同志非常重视当代中国马克思主义法学理论的创新和发展,将贯彻中国特色社会主义法治理论与坚持党的领导、坚持中国特色社会主义制度一道,列为能不能办好全面推进依法治国这件大事的关键。

一、贯彻社会主义法治理论,必须要结合中国问题来坚持社会主义法治道路

　　贯彻社会主义法治理论是与对中国问题的分析和研判分不开的。离开了中国问题来研究社会主义法治理论,则容易将法学推向玄学。

---

① 陈志刚:《正确理解党的领导与依法治国、依宪执政》,《马克思主义》研究 2016 年第 6 期。
② 李龙:《中国特色社会主义法治理论体系纲要》,《法学杂志》2010 年第 1 期。

历史证明,作为治国理政的法学,只有与本国的实际问题结合起来,才有可能得到繁荣和发展。否则,将成为无源之水和无本之木。正如有学者所言:"实事求是、从实际出发,是辩证唯物主义世界观的根本要求,是法治建设应该遵从的行动指南,也是我国法治基本原则的内容之一。从法治推进方式角度看,法治建设从实际出发,要求法治的宏观决策,包括立法与法治改革措施,必须从基本国情出发,同国家现代化总体进程相适应,同推进国家治理现代化相适应,不能罔顾国情、超越阶段。为此,要克服法治理想主义、法治浪漫主义所造成的急进、急躁心理,坚持法治与社会的协调发展,坚持在改革发展和社会全面进步的过程中推进法治,在法治的框架下实现改革发展和社会的全面进步。"①

当前,全面深化改革向法学提出了许多新难题、新问题。这些问题,既有具体的实践问题,也有宏观的理论问题;既有亟需破解的疑难问题,也有持续关注并不断变化发展的老问题;既有人类共同体持续关注的问题,也有体现本土特征的问题;对于这些问题,如何结合现有的法学理论进行针对性的研究,将其上升到理论高度来进行解释和论证,并在此基础上,寻求与国际法学界的对话和有效交流,则是我国发展和贯彻社会主义法治理念的主要问题。

这里仅仅举一个例子来加以说明。比如,法律的有效性问题。党的十八大以来,法治实践的指向在进一步增强。关于法律的有效性、可执行性的研究在增多,一些成果是从执法体制和司法体制改革着手加以研究的,有的则着眼于法律实施的效果进行研究,与此相关,很多地方开展了立法后评估工作,对立法后评估本身开展研究的也不在少数。这类研究成果的转化比较快,不少研究成果已经付诸实践。

---

① 胡明:《用中国特色社会主义法治理论引领法治体系建设》,《中国法学》2018年第3期。

还有,近年来,法律边界的清晰度在提高,"法律红线不能触碰,法律底线不能逾越"这些原则,正通过各项制度设计和法律规范条文表达出来,立法的质量在提高。同时,执法、司法主体的责任更加明确,执法、司法队伍更加严格,对办人情案、关系案、金钱案等枉法裁判的腐败行为实行"零容忍、零懈怠"的制度。由此改变了过去有些法律规范只具"观赏性"的情况,有些法律法规是"没有牙齿的老虎"的形象也在改变。这些都是我国社会主义法治理论发展的方向,也是结合我国法治实践问题进行的理论总结和深化。

二、贯彻社会主义法治理论,必须要总结和运用党领导人民实行法治的成功经验来推进法治建设

党的十八届四中全会通过的《中共中央关于全面推进依法治国若干重大问题的决定》明确指出:"党的领导是中国特色社会主义最本质的特征,是社会主义法治最根本的保证。把党的领导贯彻到依法治国全过程和各方面,是我国社会主义法治建设的一条基本经验。我国宪法确立了中国共产党的领导地位。坚持党的领导,是社会主义法治的根本要求,是党和国家的根本所在、命脉所在,是全国各族人民的利益所系、幸福所系,是全面推进依法治国的题中应有之义。"通过"坚持党领导立法、保证执法、支持司法、带头守法",是推进社会主义法治理论创新的最基本的经验。

总结这些经验是我们当前和今后一个重要课题。我们在党的领导下,成功推进了由计划经济向市场经济、由传统社会向现代社会、由人治向法治渐进与成功转型,就是一个最基本的经验。

首先,对制度的形成采取"定变结合"的策略。作为后发型现代化国家,我国应着力运用改革来推动各个领域的现代化。因此,在这个意

义上而言,改革就是破旧立新的过程,就是运用经过实践验证行之有效的新制度来取代已经僵化滞后的旧制度。但是,制度改革并不是将所有的制度全部否定,而是仅仅改革那些阻碍生产力和生产关系的制度。关于依法治国的变化与发展的动因,远比表面看上去复杂得多。这时来回溯以下历史不无意义,这种回溯的价值主要来了解法律在一个什么样的运作机制中向前发展,又在多大程度上受到来自各种因素的制约;依靠什么可以在什么程度上摆脱这些制约,从而使我们能够尽量接近作为理性化制度的法治。

正如邓小平在推进改革过程中始终强调的那样,我国社会主义制度体系包括基本制度、具体制度和各类规章管理制度三个层次,这三个层次的制度中,社会主义制度是好的,是需要维护的,我们需要进行制度革新的是不适应社会主义制度发展和完善的具体制度。他将这些具体制度确定为在经济领域表现为经济体制,在政治领域则变现为政治体制。因此,从这个意义上来看,我们可以说,我国的法治建设是要在维护社会主义制度这个前提下,改革和破除一些不适应生产力和生产关系具体制度。因此,在这个意义上而言,我国推行的法治建设是定变结合的。

与此同时,我国的法治建设给予我国经济社会快速发展,一方面,一些原有的有效的法律制度在社会剧烈转型的过程中也已日益僵化落后;另一方面,从法律自身的规律来看,法律的稳定性和变化性是一个矛盾运行体。因为作为法律的社会是不断发生变化的。正如英国法学家梅因所说的那样:社会的需要和社会的意见常常是或多或少走在法律的前面的。我们可能非常接近地达到它们之间缺口的接合处,但永远存在的趋向是要把这缺口重新打开来。因为法律是稳定的,而我们所谈到的社会是进步的。人民幸福的或大或小,完全决定于缺口缩小的快慢程度。在此过程中,我们也要通过立法、执法、司法,甚至惯例等途径加以修正和完善。

其次,制度形成采取"推陈出新"的扬弃策略。改革开放以来,我国的法治建设总结了中华人民共和国建立以来的制度建设的成败经验和教训,并没有完全否定传统,而是在坚持社会主义制度的前提下,在正确区分毛泽东同志成绩和晚年错误的背景下,在吸收中国共产党建立以来行之有效的制度(如民主集中制)的基础上而进行建设的。从这个意义上而言,我国的法治建设具有生长的特征,即在原有的制度基础之上,结合时代和社会发展的需要不断进行创新。特别是通过实践试错,让一些具有生命力的制度和制度资源得以发挥其功效,而同时通过实践来判断和批判一些落后的制度,最终使得新制度在传统的制度框架内得以生长。

如在体制改革的过程中,我国是在既定的制度约束下进行改革的,即在改革中我们逐渐对传统的计划经济体制进行革新,在制度的变革中,我们并没有完全否定计划经济体制中合理的、有益的东西。这一方面是基于变革制度成本的考虑。因为经济当事人和改革设计者都既考虑改革目标,又力图避免较大利益冲突。不同地区和不同领域也似乎都在尽量不损害别人的利益的情况下推进改革。这种做法构成了我国市场化改革的某种共同文化,或曰"中国特色"。另一方面,计划和市场本身也需要恰当地结合,无论是资本主义制度的改革还是社会主义国家的改革实践都表明,计划与市场结合非常重要,尤其是如何最大化地发挥二者在调控和配置资源的过程中,最大化地发挥市场主体的作用,同时,又能保证这些潜在的力量不危害社会发展的基本秩序。

尽管理论上这二者的结合很重要,但是,在实践中,这二者往往是"两张皮",这两者的结合,至今还是一个难题,以至于某些经济学家把它称为"经济学中的哥德巴赫猜想",这也反映了计划与市场结合的难度。我们应通过试点和实践,逐渐释放计划经济体制中活力以推动社会主义市场经济体制的建立,同时又保证计划在国家调控经济和保障民生中的作用。因此,在这个意义上而言,我们在计划经济体制内部,并借助了计划经济体制合理的方式推动了市场经济发展和市场经济体制的成功建立,并逐渐完成了制度变革任务。

在党的领导下,我国采取政府自上而下、渐进性的方式推动法治建设。我们先采取从计划经济先向市场经济过渡的改革,在很大程度上,是由政府推动,具有人为干预的性质。一方面,要追求改革的低成本,以缓解社会各类矛盾;另一方面,要规范政府行为,使由政府来推动的改革完成从以行政指令为基础的计划体制,向以自愿交易为基础的市场体制过渡。

三、贯彻社会主义法治理论,要采取兼容并蓄和拿来主义的立场推进法治创新

我们的法治建设还应大胆创新。我国社会发展所遇到的一些问题,是同一历史时代不同于其他各国的问题,往往没有现成的经验可以照搬。

现代法学也是从西方输入进来,并在西方的影响下发展起来的。因此,解决我们面临的现实问题的过程,也必定是在法治建设引进、融合和创新的过程。西方因近代工业的早熟而使其文化中含有较多的现代化因素,中国的法律应该吸取和借鉴西方的一些法律观念为我国现代化服务。

我国的法治建设应当注意把西方的一些经验与中国法律一些好的传统结合起来。中国传统文化的作用和影响使我国法律必然具有许多独特之处,而这些独特之处是现代法律原理与传统文化的精华相融合的结果。中华法系在世界法制史上具有独特的地位。我们的法治建设需通过借鉴和转换的途径,吸取其有益的法律经验,改造其中某些法律文化因素,采取渐进和整合的方法,有条不紊地推进变革,同时,保持法

律文化结构体系中深层次和表象层之间的平衡、协调和发展。

中国的现代化一开始就是一种外迁的、后发的、依附的发展形态，而非自生的、内源的形态，故缺乏一种自然的历史过程。在一个世纪的时间里，我国始终存在着走什么样的道路争论，一直面临选择设计的问题。法学也是如此。至于如何创新，概括起来就是经过主体的自觉刷选，对西方法律文化进行优化选择，找到西方法律文化和社会主义现代化的历史结合点，将对传统民族文化的继承和选择与对现今法律的创建、对未来法律的设计及追求这三者密切结合起来。

第六节　建设中国特色社会主义法治体系

党的十五大明确提出："我国经济体制改革的深入和社会主义现代化建设跨越世纪的发展，要求我们在坚持四项基本原则的前提下，继续推进政治体制改革，进一步扩大社会主义民主，健全社会主义法制，依法治国，建设社会主义法治国家。依法治国，是党领导人民治理国家的基本方略，是发展社会主义市场经济的客观需要，是社会文明进步的重要标志，是国家长治久安的重要保障。"

法治体系的提出，是党的十八大以来法学理论的一项重要创新性成果。有学者指出："十八届四中全会的重大功勋之一，就是正式提出和深刻阐释了中国特色社会主义法治体系的建构，形成独具一格的社会主义法治体系的理论，从而打破了西方国家在法学上的话语主导权，为实现中国法学的繁荣与发展，提供了坚实的理论支柱。"[1]将建设中国特色社会

---

① 李龙:《中国特色社会主义法治体系的理论基础、指导思想和基本构成》,《中国法学》2015 年第 5 期。

主义法治体系作为全面推进依法治国的总目标,也是以习近平总书记为核心的党中央理论创新和发展的一项成果。建设有中国特色社会主义法治体系的基本内涵就是要在中国共产党的领导下,在坚持中国特色社会主义制度和中国特色社会主义法治理论的基础上,形成完备的法律规范体系、高效的法治实施体系、严密的法治监督体系、有力的法治保障体系;形成完善的党内法规体系,坚持依法治国、依法执政、依法行政共同推进,坚持法治国家、法治政府、法治社会一体建设,实现科学立法、严格执法、公正司法、全民守法,促进国家治理体系和治理能力现代化。

第一,要坚持党的领导、坚持中国特色社会主义制度和中国特色社会主义法治理论。《中国共产党第十八届中央委员会第四次全体会议公报》指出:"党的领导是中国特色社会主义最本质的特征,是社会主义法治最根本的保证。把党的领导贯彻到依法治国全过程和各方面,是我国社会主义法治建设的一条基本经验。我国宪法确立了中国共产党的领导地位。坚持党的领导,是社会主义法治的根本要求,是党和国家的根本所在、命脉所在,是全国各族人民的利益所系、幸福所系,是全面推进依法治国的题中应有之义。党的领导和社会主义法治是一致的,社会主义法治必须坚持党的领导,党的领导必须依靠社会主义法治。只有在党的领导下依法治国、厉行法治,人民当家作主才能充分实现,国家和社会生活法治化才能有序推进。依法执政,既要求党依据宪法法律治国理政,也要求党依据党内法规管党治党。"习近平总书记在十八届四中全会通过的《〈中共中央关于全面推进依法治国若干重大问题的决定〉的说明》强调:"坚持党的领导,坚持中国特色社会主义制度,贯彻中国特色社会主义法治理论。……这三个方面实质上是中国特色社会主义法治道路的核心要义,规定和确保了中国特色社会主义法治体系的制度属性和前进方向。"①

第二，要形成两大体系为主翼。社会主义法治体系是由法律体系和党内法规体系为主翼。前者是形成完备的法律规范体系、高效的法治实施体系、严密的法治监督体系、有力的法治保障体系；后者是形成完善的党内法规体系。推进社会主义法治体系的主要内容应当是法律体系和党内法规体系并列前行，不可偏废。党内法规是近年来党中央重点关注的领域，要对党内法规有着清晰定位，这对于社会主义法治体系建设大有裨益、正如有学者所言，"在党的建设制度化过程中，对党内法规进行准确定位，厘清党内法规与国家法律、道德的关系，在义务本位的基础上更好地发挥党内民主、权力制约等价值，有利于党内矛盾的处理和党内活动的规范，有利于党内生活的制度化、规范化，进而促进党的建设不断走向科学化、制度化、民主化。"②"中国特色社会主义国家治理体系主要由两套制度体系构成，即以中国共产党党章为统领的党内法规制度体系和以中国宪法为统领的法律制度体系。推进国家治理体系现代化，必须同时推进这两个体系现代化。"③从依法执政而言，作为治国理政根本依据则是宪法和法律。宪法和法律是党带领广大人民群众制定的，宪法明确党的领导地位，同时又规定包括中国共产党在内的所有政党都要在宪法和法律的范围内开展活动。

第三，坚持依法治国、依法执政、依法行政共同推进。依法治国是治国方略，作为治国方针与策略、方法与谋略，依法治国具有统领性，覆

---

① 《关于〈中共中央关于全面推进依法治国若干重大问题的决定〉的说明》（2014 年 10 月 20 日），《中国共产党第十八届中央委员会第四次全体会议文件汇编》，人民出版社 2014 年版，第 78—79 页。

② 刘昱辉：《党内法规的定位探析》，《河北法学》2018 年第 10 期。

③ 《中国法治论坛在深举行专家纵论"统筹推进依法治国与依规治党"》，法治广东网，http://www.fzgd.org/fzyw/201704/t20170407_831247.htm，2017 年 4 月 9 日访问。

盖所有领域和人群,包括执政党。依法执政是依法治国的题中应有之意,也是依法治国方略对执政党的要求。法治国家建设有赖于执政党依法执政。执政党是治国理政最重要的政治力量,执政党依法执政,才能实现依法治国的目标。依法行政强调的是政府带头要依法办事,建设法治政府。

第四,坚持法治国家、法治政府、法治社会一体建设。习近平同志指出:"法治国家、法治政府、法治社会三者各有侧重、相辅相成。全面推进依法治国需要全社会共同参与,需要全社会法治观念增强,必须在全社会弘扬社会主义法治精神,建设社会主义法治文化。"①按照笔者的理解,全面推进依法治国,建设社会主义法治国家,有许多方面的工作要做,其中,基础性的工作是推动全民守法,重点工作应当是提高各级干部的法治意识,厉行法治,带头守法并用好法律。

第五,实现科学立法、严格执法、公正司法、全民守法。中华人民共和国成立以来,尤其是改革开放以来,中国法治建设取得了重大成就:中国法治建设逐步得到深入,具有中国特色的社会主义法治体系逐渐形成;依法执政能力和水平大为提升;科学立法,不断推进中国特色社会主义法律体系的完善;严格执法,法治政府建设取得重要成就;公平司法,司法体制改革进一步深入;全民守法,人民群众的法制观念得以初步形成。

当然,在此过程中也面临着重大挑战。在法律全球化过程中,法治中国建设还面临着重大压力和挑战。在法治现代化过程中,传统社会的管理模式亟需在法治建设中加以扬弃,并进行法治现代化转型。公权力规制在深化改革中存在悖论,传统人治的行为模式还将在法治建设中继续存在,甚至有可能破坏法治建设的成果。法律有效性问题突

---

① 习近平:《加快建设社会主义法治国家》,《求是》2015 年第 1 期。

出,法律权威性不足,民众参与不足制约中国法治进程等问题和挑战。当然,这些挑战也可能是我国法治建设的动力,在一定条件下也是我国法治建设的机遇和契机。

第六,促进国家治理体系和治理能力现代化。法治是推进国家治理体系和治理能力现代化的必经途径,是国家治理领域的一场深刻革命。"法治体系是国家治理体系的骨干工程"。①全面推进依法治国与实现国家治理体系和治理能力现代化相契合。法治有助于实现有效政府治理和社会治理,实现政府治理和社会自我调节、居民自治良性互动,推进社会组织依法自我管理。法治在推进国家治理体系和治理能力现代化过程中,将党和国家对现代化建设各领域的有效治理同各种法律规范、社会规范以及各种形式的治理方式相结合,尽可能扩大依法治理的覆盖面,实现社会治理法治化、国家政治生活民主化、权力运行制约和监督科学化。

除此之外,要建设中国特色社会主义法治体系,还必须立足中国国情,吸取中国传统法律文化中的营养。2014年10月23日习近平总书记在党的十八届四中全会第二次全体会议上指出:"必须坚持从中国实际出发。走什么样的法治道路、建设什么样的法治体系,是由一个国家的基本国情决定的。'为国也,观俗立法则治,察国事本则宜。不观时俗,不察国本,则其法立而民乱,事剧而功寡。'全面推进依法治国,必须从我国实际出发,同推进国家治理体系和治理能力现代化相适应,既不能罔顾国情、超越阶段,也不能因循守旧、墨守成规。坚持从实际出发,就是要突出中国特色、实践特色、时代特色。要总结和运用党领导人民实行法治的成功经验,围绕社会主义法治建设重大理论和实践问题,不

---

① 习近平:《加快建设社会主义法治国家》,《求是》2015年第1期。

断丰富和发展符合中国实际、具有中国特色、体现社会发展规律的社会主义法治理论,为依法治国提供理论指导和学理支撑我们的先人们早就开始探索如何驾驭人类自身这个重大课题,春秋战国时期就有了自成体系的成文法典,汉唐时期形成了比较完备的法典。我国古代法制蕴含着十分丰富的智慧和资源,中华法系在世界几大法系中独树一帜。要注意研究我国古代法制传统和成败得失,挖掘和传承中华法律文化精华,汲取营养、择善而用。"

　　改革开放以来,中国特色社会主义建设取得了非常辉煌的成就。改革开放至今已有四十年,有必要对这四十年我国取得非常辉煌成就之原因进行深入总结和研究。近来许多学者都围绕这一问题展开了研究,学界几乎一致认同法治建设是这四十年来中国特色社会主义建设取得巨大成功的重要保障。"法治是人类文明的结晶,是现代国家治理的基本方式。"[1]中央对于法治建设在中国特色社会主义建设中的重要意义给予了极大肯定。中国共产党第十八届四中全会公报指出:"全面推进依法治国,总目标是建设中国特色社会主义法治体系,建设社会主义法治国家。"习近平总书记在党的十九大报告中要求"中国特色社会主义法治体系日益完善,全社会法治观念明显增强"。

　　当前,我国进入了新时代的中国特色社会主义建设时期,我国的法治建设在取得辉煌成就的同时也面临着不小的挑战。当前,国际形势不容乐观,国内矛盾依然不少。在此前的法治社会建设中,我国大量借鉴了西方法治建设的经验和教训,促进了我国法治社会建设的同时,也遇到了不小的问题困扰。在新时代的中国特色社会主义建设中,我们必须要坚持道路自信、理论自信、制度自信、文化自信,要寻找自己独特的法治社会建

---

①　沈国明:《着力彰显法治的时代价值》,《太原日报》2017 年 5 月 23 日,第 6 版。

设道路。这就不但要借鉴他人，也要学会反思自我，从历史中汲取营养。我国有着非常悠久、辉煌的传统法律文化，有必要努力挖掘中国传统法律文化中的营养来为新时代的中国特色社会主义建设提供新的动力。

首先，要肯定中国传统法律文化的历史贡献。中华文明源远流长，绵延数千年不曾断绝。长期以来，中国传统文化一直在世界文明史中占有举足轻重的地位，它同中国历史上各王朝的辉煌一样屹立在世界的东方。西方文明的源头言必称希腊、罗马，特别是在希腊、罗马孕育着的法治文化成为西方社会在近代突飞猛进的重要源泉。鸦片战争以来，随着西方坚船利炮打开中国国门，中国传统文化在与西方文化的对抗中受到重创，人们对于中国传统法律文化的认识也陷入了一种误区，即认为中国传统法律文化是一种落后、愚昧的文化，以至于在此后的法制变革中全面否定中国传统法律文化。其实，我们不应当将近代中国的落后归咎于前人。在中华文明延续的绝大部分时间中，中国传统法律文化有着很强的优越性，它所依附的中国传统法律制度丝毫不亚于同时期的西方法律制度，而且很长一段时间内还领先于绝大部分国家。

早在中国的夏商周时代，中华祖先已经制定了法典。《禹刑》、《汤刑》、《吕刑》等就是这一时期的重要代表作。到了春秋战国时期，郑国的大夫子产公布成文法，将法律铸造在刑鼎上公之于众，这对于当时的社会变革产生了巨大影响。战国时期，秦国正是依靠商鞅变法，制定出了完备的法律制度，使得秦国一举成为战国群雄中实力最为强大的国家，最终为秦始皇灭亡六国一统华夏奠定了坚实的基础。虽然当时的"法制"与今日之"法治"在内涵上有着较大区别，"'法制'强调的是法律制度，把法律文本作为主要表现形式，以静态为主要特征"。①但是我们

----

① 王立民：《中国在依法治国中实现跨越的法治意义》，《学术月刊》2015 年第 9 期。

不能以今天的眼光苛求古人,要承认当时的商鞅变法对于富国强兵的重要意义。这是法律制度对于国家兴亡影响的最早、最重要案例之一,这意味着我国的古人早就意识到了法律制度对于国家兴衰的重要性。汉承秦制,在继承秦朝法律制度的基础上又有所发展。当时的中国人利用中国传统法律制度使得汉帝国成为当时世界上最为强大的国家之一,再次体现了中国传统法律制度的优越性。

　　唐朝是奠定中华法系的朝代,也是中国古代法制水平的最高峰。"唐高宗永辉四年,《唐律疏议》三十卷的告成,更是将中国古代立法水平推向最巅峰,中华法系之法制即由此奠定。"①以唐律为代表的唐朝法律制度为唐朝政治清明、军力强盛、经济赋予提供了充足的法律制度保障。长期以来,中国人一直以盛唐美誉唐代,其"贞观之治"、"开元盛世"时期是公认的中国历史上最为强盛的时期之一。此前,人们一般都认为唐朝的兴盛在于唐太宗、唐玄宗等君主的知人善任,魏征、房玄龄等名臣的直言敢谏。其实在这背后,唐朝君臣的突出表现都是建立在稳定的法律制度保障之上的。明清时期,中央专制集权不断加强,甚至君臣关系逐渐沦落为主奴关系,隋唐以来奠定的良好法律制度遭到严重破坏,这也是明清时期中国走向衰落的重要原因,恰恰证明了中国古代法律制度的优越性。由此可见,在中国古代,国家的兴盛也与法制兴衰有着直接关系。中国古人运用这套传统法律制度将古代中国治理成为世界上最为强盛的国家之一,这已经说明了中国传统法律制度的优越性,并不应该因为近代中国国运衰落而否定中国传统法律文化的价值。

　　其次,要挖掘中国传统法律文化的当代价值。清末法制变革以后,中国的传统法律制度更是彻底瓦解。直到今天,在我国法律制度的表

---

　　① 宋伟哲:《中国古代两种反腐模式之评析——以唐太宗与明太祖的吏治为切入点》,《时代法学》2017 年第 5 期。

层中,已经难觅中国传统法律文化的踪影。然而透过表象看本质,我们却发现实际上中国传统法律文化依然深刻影响着当代中国人,盲目用西方法治文化来治理中国社会中的矛盾不一定管用。比如,有关养老、孝顺老人等问题,在西方国家并不常见,却成为中国当代最为突出的社会矛盾之一。我国当代民法很大程度上参考以德国为主的西方大陆法系国家,但这些国家并没有中国同样的问题,因此当代法律很难解决这些问题。

然而,如果我们将目光抛向过去,会发现中国古代法律制度中早有较为健全的规定。这些问题本身就是中国传统习惯所衍生出来的问题,解铃还须系铃人,中国古代的法律智慧早已有了一套十分健全的解决此类问题的办法,只不过今天的人们并不了解。比如,中国历代王朝都以"孝道"治天下,又以"五服制度"为宗有着一套严密的家族管理制度,中国古代最杰出的法典《唐律疏议》也是以"五服制度"贯穿始终,作为唐代立法的重要原则,对孝的问题有着十分详尽的规定。这些传统法律文化中的不少内容值得今天的法治社会所借鉴。

中国当代成文法中虽然难觅传统法律制度的踪影,但是中国当代的法律文化依然深深烙印着中国传统法律的痕迹。比如,中国古代有着"息讼"的传统,中国传统社会是一个人情社会,大家低头不见抬头见,尽管中国古代衙门打官司官方并不收取诉讼费,但是人们遇到矛盾总想着私下了结,不愿意到官府解决。正如孔子云:"听讼,吾犹人也,必也使无讼乎。"①然而清末法制变革后,近代法律制度传入中国,司法成为中国人解决矛盾的重要方式,中国民众的诉讼率也逐渐上升。但是总体来看,诉讼始终不是中国百姓十分愿意从事的一项活动,这便是

---

① 《论语·颜渊》。

中国传统法律在当代的重要痕迹。

在此前的许多年,我们一直将这种行为视为中国民众法治观念淡薄的表现,甚至许多地方送法下乡,主动让民众通过诉讼的方式解决矛盾。但是这些年实施的效果并不理想,人们逐渐认识到,中国传统法律文化中的"息讼"观念在中国这块土地上能够代代相传,必然有其存在的道理。我们不应打压这一传统,而是应当更为科学、客观地分析这一习惯形成的重要原因。值得肯定的是,近年来我国已逐渐认识到了这一问题的重要性,提出了多元纠纷化解机制,并不单纯依赖诉讼去解决矛盾。事实上,许多今天的矛盾在古代也是有的,古人也是要解决矛盾的,只不过古人有处理这些矛盾独特的方式,这些方式行之千年有效,不见得对于今天的社会治理毫无用处。习近平总书记也强调从中国传统法律文化中吸取营养为今天的法治社会建设提供法律智慧,这是今天中国特色社会主义建设需要关注的重点问题。

再次,要在借鉴传统法律文化时注重去粗取精。建设新时代中国特色社会主义法治应当立足于中国国情,要从中国传统法律文化中吸取营养。正如习近平总书记所讲,"文明特别是思想文化是一个国家、民族的灵魂","优秀传统文化是一个国家、一个民族传承和发展的根本,如果丢掉了,就割断了精神命脉"。但是,根据唯物主义的观点,社会是不断变化发展的,我们在向中国古代法律文化吸取营养的同时,也要注意去粗取精,不能盲目将古代的东西全部生搬硬套到今天所面临的问题上来。必须承认,当代社会物质、财富极大丰富,社会更为复杂,远非古代社会所能比。而中国古代的法律文化,除了有优秀的部分,也必须承认有着一些糟粕。对于这些中国传统法律文化中不适合今天法治社会建设宗旨的内容,必须予以剔除,这是当前法学研究所必须面对的。

在中国古代的传统法律文化中,有着非常明显的等级制度,并且这种等级制度给予贵族、官僚、富人以非常高的法律特权。例如,中国古代有着"官当"制度,也就是说官员犯罪以后可以用自己的官位或者荣誉爵位折抵刑期,如果现任官职不够,还能够凭借着以前的官职进行官当。有钱之人犯罪之后也可以堂而皇之地用钱进行赎罪。此外,官员犯罪还可以通过"八议"制度来进行减免处罚,这八议分别是议亲、议故、议贤、议能、议功、议贵、议勤、议宾,基本上要是高级官员和皇亲国戚都能够通过八议来减免处罚。

当前,我国正在全面推进依法治国,强力进行反腐。据统计,1982年至2011年,因违反党纪政纪受到处分的党员、公职人员达420余万人,其中省部级官员465人;因贪腐被追求司法责任的省部级官员90余人,各省(自治区、直辖市)均有省部级高官落马。①因此,警惕某些腐败分子钻法律空子,运用这些传统法律中的糟粕之处来规避法律的制裁。我们要坚持法治反腐。"法治反腐,是指通过制定和实施法律,限制和规范公权力行使的范围、方式、手段、条件与程序,为公权力执掌者创设公开、透明和保障公正、公平的运作机制,以达成使公权力执掌者不能腐败、不敢腐败,从而逐步减少和消除腐败的目标。"当前反腐一定要对权力进行限制,而不是像古代那样赋予他们特权。

又如元代和清代是人口少数的蒙古族贵族和满族贵族作为统治集团来统治人口占绝大多数的汉族,在这两个朝代的法律制度中,就公开实行民族不平等的法律政策。比如,元朝将人分成蒙古人、色目人、汉人、南人四等,蒙古人打死汉人、南人只需赔偿少量钱财即可了事,而南人、汉人如果打伤、打死汉人则判处死刑,这使得元朝的统治不得人心,不到一百年便被农民起义所推翻。而清朝统治者的汉化程度较高,但

---

① 参见李永忠:《论制度反腐》,中央编译出版社2016年版,第1页。

是也实行了不平等的法律制度，汉人与满人犯罪分别由不同的司法机关处理，对于满族人犯罪则往往实行宽大处理。这也是导致满汉民族矛盾始终贯穿清史，成为清朝灭亡的重要原因。而当前，我国民族问题也较为突出，是当前法治社会建设的重要难点。我们一定要坚持民族平等的法律政策，既要防止大汉族主义倾向，也不能造成民族歧视，传统法律制度在这方面给我们提供了不少教训。

　　总之，在新时代的中国特色社会主义建设中，法治将扮演着十分重要的角色。以往的法治建设经验告诉我们，照搬、照抄其他国家的法律制度适用之于我国是绝对不能取得成功的，也不可能完全解决我国当代社会所面临的问题。我国是一个幅员辽阔、民族众多、历史悠久的大国，我国的法治社会建设没有现成经验可循，要在吸取其他国家经验的基础上，更加注重挖掘本土法律文化中的内涵，从中国传统法律文化中吸取营养。2017 年，习近平总书记在党的十九大报告再次强调了"两个一百年"的奋斗目标：在 2020 年全面建成小康社会、实现第一个百年奋斗目标的基础上，再奋斗十五年，在 2035 年基本实现社会主义现代化。从 2035 年到本世纪中叶，在基本实现现代化的基础上，再奋斗十五年，把我国建成富强民主文明和谐美丽的社会主义现代化强国。"'国家治理体系和治理能力现代化'最重要的制度要求和特征就是'国家治理体系法治化'。"①一个现代化的强国的法治社会不可能建立在他人根基上。当今中国特色社会主义法治建设应当在吸取传统法律文化有益经验的基础上，注意去粗取精，做到防微杜渐，使得中国传统法律文化的当代价值得到最大发挥，必定能在中国特色社会主义建设中发挥更大的作用。

---

① 莫纪宏：《国家治理体系和治理能力现代化与法治化》，《法学杂志》2014 年第 4 期。

第四章 中国特色社会主义 法治建设的总目标

党的十八届四中全会通过的《中共中央关于全面推进依法治国若干重大问题的决定》明确提出,全面推进依法治国的总目标是建设中国特色社会主义法治体系,建设社会主义法治国家。中国特色社会主义法治建设总目标的提出,是建设"法治中国"的蓝图和宏伟规划,是建立在对中国特色社会主义法治建设的深刻规律把握基础之上所进行的创新。尽管其具有渐进性和长期性的特点,但是,只要沿着实现总目标的途径或措施,本着"踏石留印、抓铁有痕"的实干精神,在抓紧落实方面下功夫,相信我们设计的宏伟蓝图最终会成为现实。

第一节 建设法治中国的蓝图

"法治中国"是 2013 年年初习近平总书记在就如何做好新形势下政法工作问题上的一个重要批示中,首次提出的法治建设新目标。这一目标一经提出,就在国内外产生了强烈的反响。党的十八届三中全会将"建设法治中国"正式写入《中共中央关于全面深化改革若干重大问题的决定》，并确立为发展社会主义民主政治的改革方向和工作方向，并用专章阐述法治中国建设深刻内涵，表明党中央加快建设社会主义法治国家的坚定决心和信心。法治中国建设是将依法治理的共性与中国具体国情相结合而孕育的最新法治理论成果，其不仅是人类法治文明的"继承版"，更是法治国家建设的"中国版"；不仅是依法治国实践的"升级版"，更是成就我国民族伟大复兴的中国梦的重要元素与关键力量。党的十八届四中全会吸收了这些元素和精神，并更加明确了法治建设的总目标，为更积极地推动法治中国建设提供了方向和指引。正如习近平总书记指出的那样：提出这个总目标，既明确了全面推进依法治国的性质和方向，又突出了全面推进依法治国的工作重点和总抓手。

从法理上而言，中国特色社会主义法治建设总目标的提出，就是将全面推进依法治国、建设中国特色社会主义法治体系、建设社会主义法治国家，作为国家治国理政的基本方式和根本遵循。法治是人类文明的结晶，是现代国家治理的基本方式。法治强调尊崇法律权威、捍卫公平正义、维护公民权利、制约权力行使，具有规范性、强制性、平等性、公正性、稳定性。法治彰显了人类在国家和社会治理问题上的理性与智慧，体现了对自由、正义、平等等价值的追求。当代中国正走在实现中华民族伟大复兴的道路上，全面推进依法治国是实现这一梦想的可靠保障。在这一时代背景下，法治在促进社会公平正义、保障人民安居乐业、推进国家治理现代化方面的价值将得到更大程度的实现。

改革开放前，我们党在治国理政的过程中更多的是运用政策式和运动式的治理模式。这种模式在革命和建设时期曾经发挥过重要作用。但是，这种治理模式随着国家中心工作由革命向建设转变也日益带来弊端。总结"文革"给党和国家带来严重损失和负面影响，以邓小平同志为首的党中央毅然确定用制度和法律来治国理政。如他一再强调的那样："我们过去发生的各种错误,固然与某些领导人的思想、作风有关,但是组织制度、工作制度方面的问题更重要。这些方面的制度好可以使坏人无法任意横行,制度不好可以使好人无法充分做好事,甚至走向反面。……领导制度、组织制度问题更带有根本性、全局性、稳定性和长期性。这种制度问题,关系到党和国家是否改变颜色,必须引起全党的高度重视。"①

党的十五大提出:依法治国是党带领广大人民群众治理国家的基本方略。党的十六大首次提出:"改革和完善党的领导方式和执政方式",并认为"这对于推进社会主义民主政治建设,具有全局性作用。党的领导主要是政治、思想和组织领导,通过制定大政方针,提出立法建议,推荐重要干部,进行思想宣传,发挥党组织和党员的作用,坚持依法执政,实施党对国家和社会的领导。"党的十六届四中全会通过的《关于加强党的执政能力建设的决定》,以提高党的执政能力、加强与改善党的领导为目标,提出科学执政、民主执政和依法执政的三大目标。党的十七大报告以科学发展观为指导,作出了推进社会主义体制全面改革的战略部署。在此背景下,"要坚持党总揽全局、协调各方的领导核心作用,提高党科学执政、民主执政、依法执政水平,保证党领导人民有效治理国家。"

党的十八大提出:"要更加注重党的领导方式和执政方式,保证党领导人民有效治理国家。"党的十八届三中全会提出:"建设法治中国必须坚持依法治国、依法执政、依法行政共同推进,坚持法治国家、法治政府、法治社会一体建设。""紧紧围绕提高科学执政、民主执政、依法执政

① 《邓小平文选》第二卷,人民出版社1994年版,第333页。

水平深化党的建设制度改革,加强民主集中制建设,完善党的领导体制和执政方式。"这些论断都从宏观上表明党对依法执政建设重视,并结合治国理政方式现代化的需求不断将依法执政推向深入。

在推进党依法执政的过程中,我们可以总结这些年来取得的主要成就:

第一,我们党通过废除领导干部终身制,推进民主和法治建设,将党和国家的治国理政由人治向法治推进。

第二,随着改革的重心的调整,不断加强自身执政能力建设。从20世纪80年代改革开放初期更多强调经济体制改革,到21世纪初转向全面体制改革,即经济建设、政治建设、文化建设、社会建设、生态文明建设与"加强和改进党的建设"的全面改革。在全面体制改革中,"以改革创新精神全面推进党的建设新的伟大工程",深化党的领导制度改革,完善党的领导方式和执政方式,明确提出"科学执政、民主执政和依法执政"。

第三,通过科学执政、民主执政和依法执政这条主线,推进党实现了领导方式和执政方式的转变,"在党的领导体制改革问题上,逐步走出了一条超越党政关系简单分工与笼统的全面领导的改革新路径,抓住了改革与完善党的领导方式与执政方式的主线,使党的领导制度改革既能保障党的核心领导地位,以便统筹兼顾、协调各方关系,又能增强党的执政地位,加强党的执政能力建设,使中国共产党领导人民大众实现全面建设小康社会新目标的历史使命,有了一定的制度保障基础。"[①]

第四,将党的执政能力建设放在依法治国方略之下,党不仅要带头

---

① 周敏凯:《试析党和国家领导制度改革30年的路径转换——重温邓小平〈党和国家领导制度改革〉的理论思考》,《社会科学》2010年第12期。

和领导人民推进依法治国,而且还要自觉遵守宪法和法律。坚持将依法执政与依法治国、依法行政作为共同推进,坚持法治国家、法治政府和法治社会一体推进。实现法治在国家治理、执政方式革新和社会治理的重大作用和功能,并形成各系统之间的制约关系,积极推动党、国家以及社会等各领域的法治化。

第五,我们党在实践的基础上,走出了一条通过党内民主来推动和带动人民民主路径,并有力地推动了整个社会治理和国家制度层面上的价值观、世界观和方法论的革新。

第二节　中国特色社会主义法治体系和法治国家的基本属性

法治作为一种价值具有普适性,但是,就其内涵而言,有其特殊性、历史性、时代性。因此,在讨论中国特色社会主义法治体系和法治国家的基本属性的时候,不仅要明确法治的普适性,更要挖掘其所具有的本土性、时代性和特殊性。

从我国推进依法治国的大背景下来审视法治的基本属性,就是要实行法治、推进法治和尊崇法治。法治是各国在推进国家治理能力和治理体系现代化的必然选择,其所彰显的价值是人治所无法比拟的。法治所推崇的保护公民权利、维护公平正义、制约公权力、运用规则适用技术和程序来化解矛盾和纠纷等价值,被历史和现实一再证明其正确性和合理性。在当下,法治中国建设必须强调依法办事,强调保障人民享有广泛而充分的权利,建立权力运行和监督体系,让权力在阳光下运行,让公权力运作有规则、有边界。法治作为治国理政的工具,强调科学监督制约公权力,对于我们党和政府保持健康肌体至关重要,对于释放和增强社会活力、促进社会公平正义、维护社会和谐稳定、确保国家长治久安也具有重要意义。这也是党的十八大以来不断拓展法治的广度和深度的重要价值和宗旨。

从法治体系的角度而言,法治体系是全民推进依法治国的总纲领。过去,我们大多强调建设法律体系,但是,在法治建设过程中,我们逐渐认识到除了加强规范体系建设以外,法治本身应该是一个立体的、应用的、实践的、动态的综合体。其不仅要强调立法、执法和司法,对人民群众的守法也提出了更高的要求。因此,在推行法治体系建设过程中,我们不仅要注重规范体系建设,也要注重法治实施体系、法治监督体系和法治保障体系,还要加强党内法规体系建设;不仅要加强依法治国,还要强调依法执政和依法行政三者共同推进,坚持法治国家、法治政府、法治社会一体建设。

法治建设总是有其时代和历史阶段性。我国的法治建设不仅仅是法治建设本身的大问题,而且也是我国国家治理体系和治理能力现代化的核心命题。无论是经济、政治、文化、社会、生态以及党的领导方式和执政方式等方面的现代化,都离不开法治现代化的支撑。尽管这些领域的现代化不断为法治现代化提供源头活水,但是法治现代化却为这些源头活水提供制度保障和动力支撑。因此,在此过程中,我国的法治现代化也呈现出独特的内涵或属性。

首先,我国的法治现代化建设必须坚持党的领导。这是因为,我国建立改革开放的初衷是为了改变原先封闭僵化的旧体制,建立起富有生机和活力的新体制。在这个过程中,作为后发的现代化国家,我国要想实现国家富强、民族振兴和各个领域的现代化,就必须更注重人为的因素来进行锐意改革,从改革经济体制开始,不断向其他领域推进和延伸,最终达到全面现代化的目的。在此过程中,没有党的领导,没有强大的中央权威,则很难进行推进和拓展改革。因此,在法治建设过程中,按照法治的核心命题来审视我国法治建设就会发现一些悖论。如我们在推进现代化过程中,行政权是宝贵的权力资源。所以,在改革的过程中,法律经常赋予政府很多权力。但是,在此背景下,也导致行政权力得不到有效制约,反而很容易进行扩张。其结果势必影响公民、法人和其他组织行使权利。如果事情只是这么简单,那么,我们只要对行政权实行强有力的制约就是了。问题恰恰是,我国的改革是政府主导的,在引领中国走向现代化的过程中,行政权发挥着重要作用。行政权具有巨大而又危险的功能,在我国现代化过程中体现得非常明显。因此,在此背景下,我们应在不危及改革和发展的大局下来进行行政权的限制。

其次,从市场体制改革进程来看,我国的法治建设呈现出实践和法条之间的割裂,法律的有效性问题较为明显。在市场机制和契约社会纽带发育不成熟的历史条件下,传统规范的制约退出以后,新的市场化力量和体现契约精神的法律虽然逐步形成,但是在实践层面的确存在历史和传统的惯性,导致法律的实效性较差。法律逐步齐全之后,对法律有效性的要求会提高。立法受到来自社会各方的拷问,说明大家都很在乎它,它在社会生活中起作用了,这从一个侧面说明社会在进步。对此,立法者应当感到欣慰,同时,也应当提高回应各种社会诉求的能力。在利益日益趋向多元的社会,期望每个人的诉求都一致无异于空想,事实上也没有这个必要。在很大程度上,差别是激发社会成员谋求发展的一个动力。但是,我们又必须谋求社会和谐与稳定的发展,避免两极分化。如果法律不能形成社会的这类平衡,其有效性是很成问题的。必须承认,在利益调整的过程中,既能顾及广大社会成员的长远利益,又能顾及现实利益的确是一件很不容易的事情。

最后,我国法治建设具有逐步拓展的属性。由于改革的渐进性致使改革的目标在短时期不是很清晰,因而在改革中阶段性的目标设定非常重要。我国由改革开放初期邓小平所设定的发展目标,到江泽民提出"三个代表"的建党理论,到胡锦涛提出"科学发展观",再到今天习近平全面勾勒如何有效实现治理现代化和国家治理体系现代化的框架和蓝图,都显示了国家改革和发展过程中具有明显的重点和难点。

在这种大背景下,为了实现建设法治中国目标,设定一些阶段性目标至关重要。近些年,我们可以清晰地看到这方面的进步。先是提出到 2010 年形成中国特色的社会主义法律体系。当实现这项目标时,党的十八大又提出:到 2020 年"法治政府基本建成"的新任务。党的十八届三中全会又提出"建设法治国家,必须坚持依法治国、依法执政、依法行政共同推进,坚持法治国家、法治政府、法治社会一体建设",并要求"建立科学的法治建设指标体系和考核标准"。党的十八届四中全会从国家治理体系和治理能力现代的角度,明确中国特色社会主义法治建设的总目标:"建设中国特色社会主义法治体系,建设社会主义法治国家。"今后,根据这些目标及其实现路径,经过如此若干阶段后,我们将逐步接近法治国家的目标。

第三节　实现总目标的基本途径

为了顺利达到"建设中国特色社会主义法治体系,建设社会主义法治国家"的总目标,党的十八届四中全会明确了推进实现总目标实现的基本原则,在笔者看来,这些总的原则就是推进总目标实现的基本路经。

一、基本路径之一:在推进和拓展法治建设中,坚持和改进中国共产党的领导

此路径是最为根本的路径。历史和现实一再证明,坚持党的领导是我国革命和建设事业取得成功的最基本的经验。"党的领导是中国特色社会主义最本质的特征,是社会主义法治最根本的保证。把党的领导贯彻到依法治国全过程和各方面,是我国社会主义法治建设的一条基本经验。"这主要是因为:

首先,从法治建设的方向而言,坚持党的领导是保证我国法治建设保持社会主义方向的根本保证。正如党的十八届四中全会在《中共中央关于全面推进依法治国若干重大问题的决定》中强调的那样:"坚持党的领导,是社会主义法治的根本要求,是党和国家的根本所在、命脉所在,是全国各族人民的利益所系、幸福所系,是全面推进依法治国的题中应有之义。党的领导和社会主义法治是一致的,社会主义法治必须坚持党的领导,党的领导必须依靠社会主义法治。只有在党的领导下依法治国、厉行法治,人民当家作主才能充分实现,国家和社会生活法治化才能有序推进。"在推进法治建设过程中,方向问题是关键问题,如果法治建设的方向错误,即使花费再大的力气,也不可能成功推进法治建设。

其次,从法治建设与重大改革的关系来看,推进改革与法治保证建设需要强有力的权威。历史证明,作为后发现代化国家,需要一个强有力的权威力量来消除改革和法治建设中种种障碍和势力,否则,改革和法治建设根本无从谈起。在当下中国,只有中国共产党能够协调各方,凝聚各种力量,来推进改革和法治建设。由于政府权力本身就是一种可贵的资源,如果没有中国共产党和政府权力对改革的引导和拉动,我

们的改革不会得到强有力的保障和顺利的开展。①因此,在当下,改革和法治二者总会出现表面上和暂时的冲突和对立。但是,随着改革进程的日益推进和法治建设的逐步深化和拓展,将改革逐步纳入法治的轨道已经成为当前和今后我国法治建设中一个非常重要的问题来加以解决。而如何解决二者之间的对立,也是需要党的领导和权威来推动。

最后,在拓展法治的过程中,应着重加强和改进党的领导。党的领导在全面推进依法治国,建设社会主义法治体系中也面临不断转型升级的需求。依法治国首先要求党要依法执政。在依法执政的依据上,"既要求党依据宪法法律治国理政,也要求党依据党内法规管党治党",加强法律规范体系建设和党内法规建设并重;在依法执政功能上,要"必须坚持党领导立法、保证执法、支持司法、带头守法,把依法治国基本方略同依法执政基本方式统一起来",强化依法执政在依法治国中的关键和枢纽作用;在依法执政的方式上,"把党总揽全局、协调各方同人大、政府、政协、审判机关、检察机关依法依章程履行职能、开展工作统一起来",做到既要坚持依法执政,也要依法治国;在依法执政的策略上,"把党领导人民制定和实施宪法法律同党坚持在宪法法律范围内活动统一起来,善于使党的主张通过法定程序成为国家意志,善于使党组织推荐的人选通过法定程序成为国家政权机关的领导人员,善于通过国家政权机关实施党对国家和社会的领导,善于运用民主集中制原则维护中央权威、维护全党全国团结统一。"

为了加强党对法治中国建设的领导,2018 年成立了中央全面依法治国委员会,为的是加强党中央对法治中国建设的集中统一领导,健全党领导全面依法治国的制度和工作机制,更好落实全面依法治国基本

---

① 沈国明:《渐进的法治》,黑龙江人民出版社 2008 年版,第 78 页。

方略,该委员会负责全面依法治国的顶层设计、总体布局、统筹协调、整体推进、督促落实,作为党中央决策议事协调机构。其主要职责是,统筹协调全面依法治国工作,坚持依法治国、依法执政、依法行政共同推进,坚持法治国家、法治政府、法治社会一体建设,研究全面依法治国重大事项、重大问题,统筹推进科学立法、严格执法、公正司法、全民守法,协调推进中国特色社会主义法治体系和社会主义法治国家建设等,委员会办公室设在司法部。

二、基本路径之二:在推进和拓展法治建设中,坚持人民群众主体地位

人民群众创造历史,也必将创造法治中国和法治社会。对此,党的十八届四中全会在《中共中央关于全面推进依法治国若干重大问题的决定》中指出:"人民是依法治国的主体和力量源泉,人民代表大会制度是保证人民当家作主的根本政治制度。必须坚持法治建设为了人民、依靠人民、造福人民、保护人民,以保障人民根本权益为出发点和落脚点,保证人民依法享有广泛的权利和自由、承担应尽的义务,维护社会公平正义,促进共同富裕。"法治建设落脚点还是广大人民群众的法治素养。"在某种意义上,法治是一种典型的社会民情和社会心态,它既是个人的一种思想方法与行为方式,又是社会公众的一种普遍的生存方式和生活方式"。①从社会学意义上来说,一种生存方式和生活方式的转变不是可以通过朝夕之间可以改变的,它受到人们的经济生产方式、政治模式和文化传统等习惯化的思维模式和行为模式的制约。

应该说,经过四十年的改革开放,在市场经济的熏陶下,我国社会成员的民主意识和平等意识大大增强,遵守法律,通过法律寻求利益保

---

① 沈国明:《渐进的法治》,黑龙江人民出版社 2008 年版,第 33 页。

护的意识也明显增强。以前，很多人认为上法院是很没面子的事，现在，则不像过去那样畏惧诉讼，诉讼成为解决纠纷的重要途径，即使对政府的决定也不再是无条件的服从，相反，会对政府行为的合法性、合理性有自己的判断，甚至会通过行政诉讼"讨个说法"。这种变化，形成了实现法治的基础条件。虽然传统文化的影响仍然很大，市场经济并没到发达的程度，接受法治的社会基础还不牢固，但是，与三十年前相比，情况已经大为改善。然而，权利和自由的边界是不影响别人的权利和自由的意识还不强。今后，我国还要通过国民教育和精神文明建设，让全社会形成"不妨碍他人"的意识，助推法治的实施。

同时，当前广大人民群众作为我国法治建设主体和力量源泉，还与我国法治建设要求存在不小的差距。以立法为例，立法机关应当是代表全体人民利益和意志的，是否能做到这一点，取决于人大及其常委会是否具有足够的代表性；是否在立法过程中让各方利益充分表达和碰撞；是否能根据最大多数人民的利益进行抉择。能够代表人民的利益和意志，人大就能够在审议和通过法律法规的过程中，剔除政府的所谓部门利益和倾向。如果没有这个能力，反怪是因为政府部门起草导致部门利益倾向，那就是打错了"板子"。

绝大多数法律法规草案由政府部门起草是符合实际的，而且，好处也很明显。政府在行政管理第一线，最能感受社会对规则的需求以及执法的效果。而且，政府部门起草相关领域法律法规草案，在人力投入方面比人大常委会更有优势。由政府部门起草法律法规草案，可能会导致草案带有部门利益倾向，因此，要做好人大审议工作，特别是统一审议工作。笔者认为，能够发现并剔除部门利益，就是在主导立法；能够对草案中的这些内容行使否决权，就是在主导立法。在这方面，我们应逐步加强社会力量参与立法广度和深度，但如何引导社会力量参与立法应尽可能在体制内进行。媒体要参与和引导,立法民主协商、人大组织的听证会、论证会、座谈会应当常态化。应当避免就立法问题做出承诺或结论性的表态,因为人大的立法是集体行为,应当让社会成员都逐渐接受这种概念。

当然,人民群众的法治素养的提高和法治生活方式提升,需要有组织、有步骤、有计划地进行建设,尤其是在广大人民群众的法治意识和法治行为方式层面,亟需进行加强建设,但提升人民群众的法治素养和改进法治行为方式的前提,必须是让人民群众的主体性加以凸显,必须使人民认识到法律既是保障自身权利的有力武器,也是必须遵守的行为规范,增强全社会学法尊法守法用法意识,使法律为人民所掌握、所遵守、所运用。

三、基本路径之三:在推进和拓展法治建设中,坚持法律面前人人平等

首先,在法律面前人人平等,强调的是任何人都没有法律上的特权。"任何组织和个人都必须尊重宪法法律权威,都必须在宪法法律范围内活动,都必须依照宪法法律行使权力或权利、履行职责或义务,都不得有超越宪法法律的特权。"

其次,我国法治建设强调法制的统一、尊严、权威,绝不允许任何公权力在法律范围之外恣意妄为。在对待公权力的约束问题上,党的十八届四中全会进行了重点论述。笔者认为,这次法治体系建设的提出,使法治监督体系提升的空间更大,因此,应当投入更多的力量加强相关研究,以使这个体系能发挥预期的功效,促进并保证依法执政、依法行政、公正司法,最大限度地将公权力约束在制度笼子里。

最后,坚持法律面前人人平等,必须要维护公平正义。公平正义是社会主义的本质要求。一个时期以来,我国社会收入差距出现扩大趋

势,并因分配问题导致了一系列社会矛盾。在这种情况下,需要做到效率与公平并重,再分配应更加注重公平。过去一个时期的立法,在平衡效率与部分群体利益以及生态环境保护时,多少存在偏重效率的情况。公平正义是法治的生命线。在今后的立法导向中,应更多体现利益平衡,司法更需要将重心放在维护公平公正上。近年来,保护产权、维护契约、统一市场、平等交换、公平竞争、有效监管的各项制度在完善;一些久拖不决的冤案、错案得到了纠正;落实公民生态环境权利,促进绿色发展、循环发展、低碳发展的法律制度在健全。可以说,法治维护公平正义的价值正在日益得到重视,并在很多方面逐步得以实现。

四、基本路径之四:在推进和拓展法治建设中,坚持依法治国和以德治国相结合

在推进法治建设的过程中,我们注重社会主义法律规范建设,并通过多年的努力,基本建成了社会主义法律体系。依法治国逐步推向深入,制度建设向更为成熟的方向迈进。但是,越是法治建设走向深入,我们越是认识到:法律自身的限度,法律需要其他社会规范的配合和支撑。

正如习近平指出的那样:"法律是成文的道德,道德是内心的法律。"说明了作为社会规范,法律与道德两者的关系。道德是社会规范,它的主要社会职能通过确立一定的社会善恶标准和行为准则,来约束人们的相互关系和个人行为,从而调节社会关系。法作为社会规范,与道德的不同之处主要在于,它是由国家强制力作保证的行为规则。这两者的差别,使得法律比道德更接近行为的底线。在现实生活中,如果大家仅以不触犯法律作为自己的行为准则,将社会公德弃置一边,社会成员的行为都游走在法律边缘,人们相互之间的关系一定会很紧张,社

会秩序和社会氛围也一定很紧张。

法治建设需要以全社会普遍具有较高道德水准为条件的。没有公民普遍认同的民主、法律、道德意识,就没有全民守法的基础,法治不可能实现。亚里士多德说:"法律所以能行之有效,全靠民众的服从,而遵守法律的习性须经长期的培养,如果轻易地对这种或那种法规常常作这样或那样的废改,民众守法的习性必然消减,而法律的威信也就跟着削弱了。"①为此,我们在提出依法治国以后,便注意到这个问题,很快又提出以德治国,强调法治建设中社会公德建设,而不是凡事只讲法律,而将社会公德弃置一边。

与此同时,我们也注意到法律和道德的边界问题。从学理上而言,法律不是私人伦理学,不同于道德法则。道德法则有一种绝对不变的原则,它不是现有的人的行为规则的法典,而是应有的人的行为规则的法典,是完人的法典。法作为社会规范,与道德的不在同之处主要在于,它是由国家强制力作保证的行为规则。这两者的差别,使得法律比道德更接近行为的底线。

基于这种特点,我们逐渐通过确立法治是治国理政的基本方式,来确定法治在治国理政中的优先地位。但是,在我国法治建设的过程中,我们也认识到许多不宜由法律来起作用的事情,还要有舆论等来办。现实生活中的秩序并不都是由法律建立的,社会生活中的各种规范都可能起到建立秩序的作用。传统的中国从来就没有健全的法制,但社会仍有序,因为有其他规则起作用法律也不是越多越好。得不到公民的有力支持,法律是没有效力的。

在法治建设过程中,我们还应注意和谐社会的构建和社会主义核

---

① [古希腊]亚里士多德:《政治学》,吴寿彭译,商务印书馆 1996 年版。

心价值观的弘扬。坚持把依法治国与以德治国结合起来,高度重视道德对公民行为的规范作用。在法治建设中,既要提倡遵守社会公德,为法治建设奠定良好的道德风尚,又要通过善法,推动善治,引导公民依法维护合法权益,自觉履行法定义务,做到享有权利和履行义务相一致。与此同时,在道德建设中,我们应逐步加大法律教育的内容,通过法律治理来推动道德治理中一些好的经验和做法制度化、法治化,以便为推动人的现代化和人的全面发展提供制度保障。

没有内心的法律约束,人们内心的恶也很容易表现出来。比如,我国公民出境旅游不守社会公德的劣行屡被曝光。为了所谓"维权",个人私欲膨胀,殴打甚至杀害医务人员,扰乱正常的医疗秩序。为了满足一己私利,极个别上访人员采用爆炸等危害公共安全的手段。上述行为中,有的虽然够不上法律惩处,但在人们心中是极为鄙视的。中国游客的表现很难让世界认同我们已经进入法治状态,这说明,法治是以全社会普遍具有较高的道德水准为条件的。如果全社会道德水准不高,诚信缺失,不能普遍守法,是不能说法治已实现的。

因此,我们要坚持把依法治国与以德治国结合起来,高度重视道德对公民行为的规范作用。要提倡公民遵守社会公德,引导公民既依法维护合法权益,又自觉履行法定义务,做到享有权利和履行义务相一致。

五、基本路径之五:在推进和拓展法治建设中,坚持从中国实际出发

在法治推进的过程中,要总结、思考、分析法治建设的经验,探索创新法治理论,这个过程不是闭门造车,而是通过社会观察法治实践并结合我们遇到的现实问题来进行的,要将这些思考和分析上升到理论的高度,着力切实解决经济社会发展中遇到的矛盾和问题。分析中要将

现实国情、传统文化、经济和政治改革的特点、社会结构的变迁和整合的路径等因素结合起来,不囿于法学的视野,强调用经济的、社会的、政治的以及历史的等多元的方法,来解释中国法治建设中所出现的困境和难题,以寻求其应对和解决之道。

在路径选择上,要尽量中国化。现代法治是随着 19 世纪西风东渐进入中国的,实施法治不可避免会带有一定西方文化的因素,这在客观上不容否定的。但是,在法治建设中,如何实现西方法治文明的中国化,即在借鉴西方法律制度和法律思想的过程中,结合中华优秀传统文化,直面中国社会在转型期所出现的各种问题,要立足于中国现实来借鉴、吸收和改造西方法治文明成果,以适应其在中国社会的生长。具体的法律制度和法律条文的引进,要与中国社会特有的文化传统、现实的国情、特定的社会结构、政治经济制度等方面相适应,对国外的法律有知其然,并知其所以然,在此基础上,寻求我国法治现代化的路径。研究转型中的中国的经济、政治以及社会结构变迁对法治建设的影响和制约,是为了有效推进实施法治,使法治能为社会转型提供一个公平、和谐和稳定的环境,确保中国经济社会良性循环发展,但是,发展本身对法治提出的难题也是不可忽视的。

第四节　法治中国建设的长期性

中国正在逐步走向法治社会,这是一个漫长的过程。原因主要由以下几个方面的因素决定:

首先,客观上,中国要在改革的进程中实现法治,但是,法治的实现受到现实社会、政治、经济以及传统文化等条件的影响和制约,这决定了中国的法治不会一蹴而就,在短期内难以实现。中国的传统社会是一个伦理社会或人治社会,缺乏法治意识和习惯,正如皮拉特的观点所表明的那样:"华人经济的共同特征是不具备西方人意识中的那种规范化、理性化的制度结构,非正式的行为规则和具体情况下的随机的行为控制居于支配地位。其表现之一,就是在华人文化的传统中,更注重的是'人治'而不是'法治';一切正式的法律、规章,都可因人而异、因事而异地加以打破和改变。"①而法治意识和观念的培养不是通过教育和宣传能够在短期有效解决的,中国的历次普法的现实的状况就很好地说明了这一点。

其次,从历史上看,中国历史上法治传统比较薄弱。我们的社会是从农业社会演变而来的,缺少市场经济的历练。为什么说农业社会离法治社会比较远呢? 著名学者费孝通曾经在很多地方进行过考察、研究,他认为我们的农村是一个熟人社会,村里人互相认识,村里的人对待村里的人和对待陌生人的态度是不一样的。我们现在仍然深受这种文化的影响,到目前为止,即使生活在城里,这种所谓的熟人文化还在起作用。托关系、找熟人是一种相当普遍的文化现象,这种文化对于我们实行的法治实际上是有阻碍作用的,而这样一种文化的改变,需要经历一个漫长的过程。

从法治所实现的社会条件来看,市场经济改革的深入和社会转型的定型,是法治实现的社会基础。而中国市场经济改革和社会转型本身是渐进的,市场经济的基本目标模式刚开始就具有一定的尝试性和试错性,并在实践的检验下不断地修正和改进。这对社会结构的调整和法制的形成产生了很大的影响和制约,使中国法治带有自己本身的

---

① 沈国明:《渐进的法治》,黑龙江人民出版社 2008 年版,第 33 页。

特征:中国法治的进程始终受到中国社会转型阶段性特点和市场经济改革程度的影响,所面对的社会问题和法治问题都各具特殊性和复杂性,法治建设要随着上述阶段性的变化和发展做出自己的调整,并克服调整给自己带来的困境和难题。

从法治建设目标来看,法治建设具有阶段性的目标。这时来回溯一下历史不无意义。这种回溯的价值主要来了解法律在一个什么样的运作机制中向前发展,又在多大程度上受到来自各种因素的制约;依靠什么可以在什么程度上摆脱这些制约,从而使我们能够尽量接近作为理性化制度的法治。与东欧、苏联的激进式改革相比,我国的改革是渐进式的。它的基本特征之一是:改革目标不断随着改革的推进、深化,随着主客观情况的变化而不断地修正、调整。只要回顾一下历史,就可看出,我国的改革之初并没有明确的目标模式。广大社会成员,包括政府,所接受与认同的改革目标,始终是不断调整、变化的。

在此过程中,改革向法律提出了许多新难题,法律与现实存在脱节的情况也在所难免。所以,法律在实践中做不到超前而时常表现为滞后也无需多加指责。这是因为,法治的建设也有渐进性,具有"过渡"的特征:改革中常见的新旧规范均无法对社会经济、政治生活起到规范作用,往往是传统的规范在改革的冲击下迅速瓦解和失效,而新的规范有时是从西方直接引进,由于无法找到支撑点和载体而变得无法运作。有时,则是由于新的规范所调整的社会关系不明确、不成熟,导致新规范无法运作。

虽然法律在渐进式改革中显得被动,常常滞后,但是,渐进式改革仍然需要法律;在渐进式改革过程中,应有法治生根的基础。市场经济条件下,个人之间、企业之间的经济交往越发展,社会分工就会越细密,越需要有政府这样的公共机构通过法制来保护大家的产权,调解各种经济纠纷。尤其是政府的权力在推进改革过程中,也逐渐纳入到法治化的轨道。我们简单地回顾一下历史就可以发现,现在,政府对经济、文化、社会等领域的控制力度以及控制的方式都发生了根本性的变化,逐渐由原来的身份式控制过渡到向契约化方式的迈进。

第五章　法治中国建设需要
完备的法治规范体系

2010年,全国人大宣布具有中国特色的社会主义法律体系形成,标志着我国法治建设取得了阶段性的胜利。社会主义法律体系形成以后,并不意味着立法工作量有丝毫减轻。相反,还会面临着更多的压力和挑战。这主要是因为社会转型对立法质量和立法精细化提出了更高的要求。

第一节　我国法律体系的形成是
法治建设阶段性的重要成果

1997年9月,党的十五大明确提出了到2010年形成有中国特色社会主义法律体系的立法工作目标。2007年党的十七大提出:要完善中国特色社会主义法律体系。2010年,全国人大宣布具有中国特色的社会主义法律体系形成。

中国特色社会主义法律体系是在党的领导下,适应改革开放和社会主义现代化建设需要,以集中体现党和人民意志以及契合中国国情和实际的法律体系。其以宪法为统帅,以宪法相关法、民商法、行政法、经济法、社会法、刑法、诉讼法等多个法律部门的法律为主干,由法律、行政法规、地方性法规为要素构成,由 250 多部法律、800 多部行政法规和近 9 000 部地方性法规构成。中国特色社会主义法律体系形成的根本意义在于:"把国家各项事业发展纳入法制化轨道,从制度上、法律上解决国家发展中带有根本性、全局性、稳定性和长期性的问题,为社会主义市场经济的不断完善、社会主义民主政治的深入发展、社会主义先进文化的日益繁荣、社会主义和谐社会的积极构建,确定了明确的价值取向、发展方向和根本路径,为建设富强民主文明和谐的社会主义现代化国家、实现中华民族伟大复兴奠定坚实的法制基础。"①

宣布法律体系的形成并不意味着对立法理念的先进与落后、立法质量的高与低、法律作用的好与坏等作评价,而只是对现存法律文本的大体覆盖面做一个事实确认,宣示我国实现了法治建设的一个阶段性目标。明晰法律体系形成的时间节点,对于明确该节点前后两个时间段法治建设的任务是有益的,也有利于区分前后两个阶段的法治状态。法治初建时面对"无法可依"的情形,我国急需大量立法,立法工作原则是"有比没有好","粗一点没关系",但是,当法律体系形成之后,今后的立法势必应更加注重科学化、民主化,更加注重立法的质量。

社会主义法律体系形成以后,党的十八大又提出"科学立法",将立法重点调整到提高立法质量和立法有效性上来。与此同时,强调"完善中国特色社会主义法律体系,加强重点领域立法,拓展人民有序参与立法途径"。根据全国人大 2017 年的立法计划,加强重点领域或重点行业中法律的修法和立法问题主要有:为提升立法质量,要总结立法工作

---

① 吴邦国:《在形成中国特色社会主义法律体系座谈会上的讲话》,《人民日报》2011 年 1 月 25 日。

的新经验、新做法、新情况,进一步完善立法制度,修改立法法;加强和改进预算管理制度,实施全面规范、公开透明的预算制度,修改预算法;鉴于当前治理环境污染的紧迫任务,将抓紧修改环境保护法、大气污染防治法;为解决人民群众反映强烈的立案难、审理难、执行难等突出问题,适应依法行政,建设法治政府的要求,修改行政诉讼法、行政复议法;为保障人民群众生命财产安全和身体健康,修改安全生产法、食品安全法;为进一步加强网络安全工作,将制定网络安全法;为保证刑法、刑事诉讼法的正确贯彻实施,根据司法实践需要,还要对刑法、刑事诉讼法有关规定进行法律解释。

与此同时,立法机关通过公民有序参与立法机制完善,努力拓展民主立法渠道。为了使人民成为真正的立法主体,使立法的内容体现人民的意志和利益,立法机关努力推动和完善以立法机关为主导,有关部门参加,人大代表、专家学者、企事业单位、团体组织和人民群众共同参与的立法工作机制。健全公布法律草案征求意见机制和公众意见采纳情况反馈机制,重视网络民意表达,拓展公民有序参与立法的途径。完善法律起草、审议的协调协商机制,广泛听取、认真对待各方面意见,充分尊重、合理吸收各种建设性意见,最大限度地凝聚社会共识。

在社会主义法律体系形成后,应成功运用立法来推进改革。目前,我国与社会主义市场经济相适应的法律体系已经基本形成,法律的基本价值取向也已经明确,现在已无需大面积、多选项地突破法律。因此,在此大背景下,改革不能脱离法治的轨道,而要在遵循法律的指引下开展。如习近平总书记在2014年主持召开中央全面深化改革领导小组第二次会议上强调的那样:凡属重大改革都要于法有据。在整个改革过程中,都要高度重视运用法治思维和法治方式,发挥法治的引领和推动作用,加强对相关立法工作的协调,确保在法治轨道上推进改革。例如,中国(上海)自由贸易试验区(以下简称"上海自贸区")试点改革,全国人大常委会为了保证上海自贸区依法改革和运行,制定了《关于授权国务院在中国(上海)自由贸易试验区暂时调整有关法律规定的行政审批的决定》(下称"授权决定")。该授权决定为国务院在上海自贸区暂时调整行政审批事项提供了依据,进一步扫除了法律障碍,成功地运用立法来推进自贸区法治建设。

第二节 法律体系形成之后,立、改、废的工作还将持续

法律体系内必须保持法律相互协调,没有内在的矛盾和抵触。而我国的立法,在同一种社会制度下,经历了体制改革,法律的价值也随着日益明晰的政治民主化、经济工业化、社会城市化、人的社会化,经历了根本性的转变。

我国的改革过程,就是市场因素不断增加的过程,从改革开放之初坚持"以计划经济为主、市场经济为辅",一直演变到现在的"让市场在资源配置中起决定性作用",其间,对市场主体的认定、对经济关系主体权利义务的配置和调整,基本处于逐渐变化的状态。经济社会的快速发展,使得法律的生命周期相对短暂,一般都在 5—10 年左右,20 世纪 70 年代末,法治重建之初出台的规则,能用来调整当下中国社会关系的已经为数不多,这意味着法律相互之间不可避免地存在矛盾和抵触,这种状态需要改变。现有法律的质量尚不能满足经济社会发展的要求,特别是在经济社会正在经历快速转型时。城镇化的快速推进、户籍制度的改革、司法制度的改革、教育制度的改革、社会保障制度的改革、医疗保险制度的改革,这几项与民生密切相关的改革,已经需要在立法

层面大幅度调整思路,进行新的符合实际的制度设计了。在经济领域,土地制度改革、企业产权制度改革也是呼之欲出,需要在法律层面作出相应调整的。

今后,随着我国经济总量增大,经济增速放缓的"新常态"出现,我们可能有机会能比较从容地解决法律内部的矛盾和抵触,法律生命周期也可能随之延长。但是,一个基本判断不会改变,那就是,在今后相当长一个时期里,法律的立、改、废仍然是立法机关的艰巨任务。

首先,法律体系要不断完善,补短板。中国处于快速发展期,这使得法律生命周期很短。中国的法治,特别是法律规范为什么总是让人感到滞后,一个重要的原因就是我们经济社会发展得快,法律要调整的很多社会关系没有稳定下来,加上传统文化影响非常深,这就决定了中国法律规范的制定不可能一步到位。就保护产权而言,法律体系形成以后,保护产权的法律已经具有相当数量,尽管有物权法、证券法,有保护市场主体财产权的很多法律,可是企业的财产安全性仍然受到威胁,不断遇到新的问题。举例说,有人瞄准优质上市企业,在股市违法交易,购进上市公司股份超过 5%,但是,不依照法律进行公告,结果监管机关没有进行有效监管,依照现有规定只是给予 50 万元的罚款,这种成本低、收益却巨大的恶意收购威胁的是上市公司的财产权,结果损害了市场秩序,影响了经济社会的健康发展。要创造公平竞争的环境,维护市场经济的正常秩序,法治需要与时俱进,社会主义市场经济应当是法治经济,甚至是道德经济。

所谓法治经济是遵循市场经济规律的,是有秩序的,是讲诚信的。现在市场上往往存在野蛮得利的情形,在互联网领域表现得尤其明显。互联网出现后,许多企业被迫关门,互联网的力量如此之大,可是约束却很少。就拿 P2P 来说,进入 P2P 领域的门槛非常低,以至于相当数量的欺诈行为在这个行业出现,E 租宝等期货理财诈骗案造成严重后果,不仅是数额巨大,而且往往因为损害普通民众的切身利益,给社会安定也造成了负面影响。在这个领域,立法明显滞后,极其有必要制定网络立法总体规划,积极构建互联网法治体系。经过这一段野蛮生长,对企业而言,理想状态似乎不应该是互联网＋,而应当是产业＋互联网,法学界应当积极推动传统法律适用延伸到网络空间,从而有效规范网络执法,引导网络守法。同时,这一现象也提示我们,法律体系形成以后,完善法律体系的任务须臾不可放松。

其次,今后立法工作面临的挑战。说今后立法工作艰巨,并不只是指需要一定数量的立法,同时,还意味着我们的立法质量和立法科学性必须得到提高。遵从经济社会发展的规律,认识和把握规律不是件容易的事。而且,与法治初创时期相比,中国社会变得日益复杂,配置各社会关系主体权利义务的难度大大增加。经济关系日益复杂、不同利益群体的形成以及相互之间的利益冲突、相关主体对维权意识的日益增强,等等,都给平衡各方利益带来难度。

经济的外向度提高,会对规则体系产生影响。自贸区的实践已经表明,负面清单式的管理是今后的发展趋势,政府与市场的关系需要重新厘定,行政权力对市场干预的减少,势必将重塑符合市场经济需求的法律体系。我们所制定的规则,应当遵从市场规律和市场经济发展的规律。可是,认识上的局限性也会影响立法的科学性。民主立法可以适当弥补认识上的缺陷,但是,不能认为民主立法就一定会引出符合科学的立法。由权利义务配置引发的争议,甚至会导致质疑立法机关的代表性。

最后,确定下阶段立法工作的适当目标,并提供相应的条件。可将提高立法质量的重点放在提高法律的有效性上,将其作为今后一个阶段立法工作的目标;结合执法和司法效果,检验法律的有效性,对不合时宜的,通过立、改、废,及时加以修正,对涵义不清晰的要加强立法解释。待时机成熟,抓紧开展法典编纂工作。

目前,《民法总则》已经出台,各分则在紧锣密鼓制定中。经过广泛充分的讨论,民法典一定会比较充分地满足经济社会发展的要求以及广大人民群众的期望,形成对公民各项权利更为充分的保护,形成良好的社会秩序,特别是经济运行秩序。

除了抓紧立法工作,今后应当高度重视各种社会规范在社会生活中的作用,结合社会治理与社会管理创新,重视发挥乡规民约、社会规范等软法的作用,使社会更加和谐。

社会成员接受社会主义核心价值观的情况和全社会的诚信程度,是实现法治的基础。我们在聚焦法律的功能、重视立法的时候,须臾不可放松对全民的道德教育、公民教育,以夯实法治的基础。

第三节　法律体系的价值取向

在经济、社会整体发展战略中,法律体系是实现建设中国特色社会主义法治体系、建设社会主义法治国家总目标的根本依据,它为最终实现总目标及其具体途径提供了必要规范指引。但法律"作为社会控制的一种技术不是中性的,它必然包含着制定者的价值追求和价值取向。"①尤其是受到法的制定者和实施者的政治理想和道德观念及其阶级意志等因素的制约或影响。作为中国特色的社会主义法律体系,受

---

① 　严存生:《法德价值问题研究》,法律出版社 2011 年版,第 28 页。

到法的制定者和实施者的政治理想和道德观念及其阶级意志等因素影响，主要表现如下：

一、坚持党的领导

在立法领域加强党的领导是完善法律规范体系的根本政治保障。社会主义法律体系初步形成以后，立法领域面临很多难题。一方面，立法滞后、法律体系尚不严密等因素制约了法律体系的完善和发展；另一方面，在社会急剧转型时期，很多重大问题的处理都需要全面深化改革来进行推进。党的重大改革决策，如农村土地制度改革、监察委员会制度改革、上海自贸区改革和司法体制改革等，都需要既要突破既有的规范，又保持与宪法和立法精神的衔接。还有，如何依法推进改革；如何借助立法来获得改革措施的深入和持续；立法应如何在党的领导下，不断有效反映党的全面深化改革的意志和主张。

对此，党的十八届四中全会明确提出须"加强党对立法工作的领导，完善党对立法工作中重大问题决策的程序"。"党中央向全国人大提出宪法修改建议，依照宪法规定的程序进行宪法修改。法律制定和修改的重大问题由全国人大常委会党组向党中央报告。"这些要求对于提高立法质量的立法工作水平极为重要。一方面，党的领导针对立法者无法解决的问题，尤其是立法者无法破解的难题，有助于寻找到破解之道；另一方面，党领导立法也是改进和加强党领导的方式方法。

（一）坚持党领导立法能为法律体系的完善提供根本政治保障

在社会转型期，改革的深化不断向现行法律体系提出了问题。如全面深化改革与于法有据内在统一，要求改革必须在尊重法律，但是，改革本身又可能突破现行法律。我们是在这二者相互作用的基础上来发展和完善法律体系的。很多情况下，二者的协调都需要根据党中央的决策部署,通过试点或逐步推进的方式进行。没有党中央的决策部署,改革与法律规范体系的紧张关系可能极大制约改革。如自贸区法治建设、农村宅基地试点改革,都是根据党中央的决策部署,以试点的方式逐步推进,缓解了二者之间的紧张关系。

立法是确立重大社会利益调整的政治行为,涉及基本社会秩序的维护、社会正义的实现以及人们自由的限度等问题。在立法领域,通过民主和科学的法律规范体系的建设,才有可能充分表达,进而实现民主、法治、公平、正义、平等、自由等法律价值。在立法过程证明,形成最大公约数,形成共识,离不开中国共产党的领导。"在利益多元化和社会矛盾多变的当今中国,只有通过党的统一领导才能有效化解社会矛盾、维护社会稳定、实现利益均衡。"①

(二)加强党对立法的领导也是改进党的领导的方式方法的重要内容

立法,是民主性和科学性很强的一项复杂的政治活动,也有相当的技术性。党领导立法必须按照立法规律和立法程序来进行。因此,加强党对立法的领导,也是改进党的领导的重要内容。

宏观上,加强党对立法的领导和坚持人大主导立法是统一的。加强党对立法的领导主要是指党对立法政治方向、意识形态和组织等方面的领导,包括对法律,特别是重大的基本法律是否坚持正确的政治原则、保持正确的政治方向、是否坚持了马克思主义的立法思想和方法把关,还包括为立法工作推荐合格的人才等。对人大根据合法程序和合法职权进行立法,要根据宪法与法律予以支持和肯定,并在此基础上,带头守法,维护宪法和法律的权威。

---

① 汪习根、宋丁博男:《论党领导立法的实现方式》,《中共中央党校学报》2016年第2期。

微观上,在法律修改和完善方面要坚持党的领导。在宪法的修改和完善方面,党中央通过向全国人民代表大会提出修宪建议,或者通过确立宪法惯例等方式来实现党的领导。在法律制定和修改中的重大问题,党中央应依照党内程序实现党对立法的领导,在这方面,要加强党内组织制度的建设,以便于更好地与人大的衔接。在人事问题上,对立法机关的编制等问题给予支持;对立法机关报送的立法规划进行讨论、审定,都是党对立法工作进行领导的重要方式。

无论是宏观上或微观上的党的领导,都是在人民当家作主和尊重人大主导立法的原则下进行的,都是代表广大人民群众根本利益的。这对完善社会主义法律体系十分重要,对加强和改进党的领导也十分重要,二者是相互促进的。

二、确立市场经济导向

法律规范体系的形成与发展,与改革开放以来所确立的社会主义市场经济体制改革具有内在的联系。经过近四十年的改革开放,在市场经济的熏陶下,我国社会成员的民主意识和平等意识大大增强,遵守法律,通过法律寻求利益保护的意识也明显增强。虽然传统文化的影响仍然很大,市场经济也没到发达的程度,接受法治的社会基础还不牢固,但是,与三十年前相比,情况已经大为改善。这是我们当下完善法律规范体系的背景。离开这一点来谈法律规范体系,很多法律问题是无法解释或解决的。

党的十八届四中全会通过的《中共中央关于全面推进依法治国若干重大问题的决定》中指出:"社会主义市场经济本质上是法治经济。使市场在资源配置中起决定性作用和更好发挥政府作用,必须以保护产权、维护契约、统一市场、平等交换、公平竞争、有效监管为基本导向,完善社会主义市场经济法律制度。"在法律规范体系完善方面,加强对以市场化为导向的法学理论研究非常紧迫。市场经济的发展,尤其是党的十八届三中全会提出的"让市场在资源配置中起决定性作用"对法学理论提出了新要求。

在价值多元的纷繁变革中,法律要能在以市场化改革的过程中发挥作用,法学必须先进行一定的改革。对此,法学要同经济学结合深入社会和经济生活。过去由于法律缺门多,甚至有的部门法学还只停留对在"立法原则"进行研究的水平上,而且,往往还将此比作"中国特色"。今后,法学可能会转向更务实地对条文的研究,更注重理论同实际的结合,因此,也更容易同世界对话。当然,法学工作者应提高自己,尤其要注意完善知识结构,特别是要了解经济,深入社会经济生活之中,使自己的研究能够更贴近社会实际,以适应时代的需求。在此过程中,法学会进一步繁荣和发展,社会主义法律规范体系也会进一步发展和完善。

在坚持以市场化为导向的法律规范体系完善的过程中,要注意实行市场经济所导致的社会问题。市场经济不是只有益处没有弊病的。市场遵循优胜劣汰的原则,而很多问题不是遵循市场原则可以解决的。因此,应在尊重"市场在资源配置中起决定性作用"前提下,要"更好发挥政府作用"。在社会保障领域,在利益分配方面,政府的作用不可或缺。在新一轮社会财富分配过程中,城市居民并不处于有利地位,农民也不处于有利地位。市场化进程中,财富的重新分配是不可避免的,但分配的不公平,出现两极分化,就会导致社会整合的严重困难,甚至会导致下一轮的再清算。所以,在以市场化为导向的改革中,要加强社会建设,关注民生问题,寻求最佳的改革道路或方案,使改革方案尽可能少地损害广大人民群众,特别是普通劳动者利益。法律应该积极参与

248

降低改革成本,以缓解各类社会矛盾。

三、保障人权

法治的核心要义是制约公权力,保障公民私权利。在完善社会主义法律规范体系的过程中,也要坚持此导向,注重保障人权,制约公权力。法治与人治的最大区别不在于是否建立了普遍社会秩序,而在于是否能够制约公权力,将权力关进"制度的笼子"。

在法治状态下,公权力运作遵循"法定职责必须为、法无授权不可为"的原则。不可否认的是,当前个别领导干部还存在权比法大的观念,将法律视为对付群众的工具,更有甚者以言代法,将自己置于法律约束之外。因此,依法制约公权力行使具有很强的现实针对性。法治强调依法办事,强调保障人民享有广泛而充分的权利,建立权力运行和监督体系,让权力在阳光下运行,让公权力运作有规则、有边界。法治作为治国理政的工具,强调科学监督制约公权力,对于党和政府保持健康肌体至关重要,对于释放和增强社会活力、促进社会公平正义、维护社会和谐稳定、确保国家长治久安具有重要意义。

当前,公权力侵犯公民私权利的情况时有发生,这是因为权力本身就是一把双刃剑。其既可以推进社会有序发展,也可能成为危害公民的武器。就权力运行规律而言:"权力使人腐败,绝对的权力绝对使人腐败。"[1]"一切有权力的人都容易滥用权力,这是万古不变的一条经验。有权力的人使用权力一直到遇有界限的地方才休止。"[2]因此,对待公权力与对待公民私权利秉承着不一样的规制方法:"法无明文规定即禁止。"行政法律规范是基于在政府公权力可能扩张和被滥用而存在

---

[1]　[英]阿克顿:《自由与权力》,侯健等译,商务印书馆2001年版。
[2]　[法]孟德斯鸠:《论法的精神》,张雁深译,商务印书馆1961年版。

的。正是对公权力特性的充分认识,习近平总书记要求:"要将公权力关进制度的笼子里。"也如美国宪法之父麦迪逊所言:如果人人都是天使,那么就不需要任何政府。如果政府是天使,就无需对政府实行内部和外部控制。而在构建一个由人来统治人的政府时,最大的困难就在于,你必须首先让政府有能力控制受它统治的人,其次是强迫政府控制自身。

对于公民而言,也要按照法治的基本精神和原则维护自身权利和主张自己的要求。尽管法律对于公民的权利维护是按照"法无明文规定即自由"的原则,但是,也应该按照理性、相关道德准则等来审视自己主张的合理性。否则,社会成员将自己的权利看得无比重要,而无视或忽视他人权利的存在,甚至只要权利而不想承担义务,最终都会导致权利诉求的任意和恣意,进而产生破坏法治的负面影响或结果,正所谓"过犹不及"。

在完善法律规范体系的过程中,我们还应当认识其他社会规范的作用。各种社会规范对于合理协调利益、处理社会矛盾、建立公平正义、建立社会诚信、激发社会活力和创造力,从而形成良好社会秩序具有重要意义。这些社会规范使许多事务的处理有章可循,也能使相关责任落到实处。加强这些社会规范的建设,也适应了人民群众的社会参与要求。与经济和社会发展相适应,人民群众的民主法治意识不断增强,政治参与的积极性不断提高,对发展社会主义民主政治、落实依法治国方略也有新的要求。社会参与,能够使各利益群体的诉求通过规范有效的渠道进入决策层,从而使广大人民群众的各项权益得到切实尊重和保障,社会主义民主法治也会随之更加完善。

四、实现公平正义

习近平总书记强调:把促进社会公平正义作为核心价值追求,把保障人民安居乐业作为根本目标,这对于完善法学理论和制定法治工作方针政策具有指导作用。法理学近年来已经由"兼顾公平"转向把促进社会公平正义作为核心价值追求,各项立法的价值取向也在改变。社会主义法律规范体系是社会公平正义的根本保证。要建成中国特色社会主义,实现公平正义,完善的法律规范体系是不能缺失的。历史已经证明,在市场经济条件下,人财物流动性很强,社会关系多种多样,没有相应的法律规范体系保证,人们的物质利益和其他各种权利不可能得到认可和有效保护,各种利益冲突也没有稳妥的化解途径,对立和摩擦会变得很频繁,社会也不可能达到有序状态。很难想象,在工业化条件下,一个相对成熟的法律规范体系缺失的社会,其运作是和谐的,社会结构是和谐的。

最大限度地化解社会不和谐因素,需要良好的制度基础。改革已经持续了四十年,随着经济体制的深刻变革、社会结构的深刻变动、利益格局的深刻调整、思想观念的深刻变化,深层次矛盾已逐步显现。在目前这个阶段,改革的难度加大了。我们既要继续推进改革,解决体制上的一些亟需攻克的难题,又要维护公平正义,保持社会稳定,二者不可偏废。不继续进行改革,会导致经济徘徊不前,积累下更多的社会问题;只关注改革的推进,忽略社会矛盾的化解,可能会导致社会长期陷于动荡。

现实生活中,由利益调整引发的社会矛盾比过去有所增多,有时候矛盾还比较尖锐。群众关注的社会矛盾和社会问题主要集中在下岗失业、"三农问题"、城镇拆迁、贫富差距、社会治安、环境保护、医疗服务、养老和医疗保险等社会保障问题,如果这些问题处理得不好,极易损害群众利益,损害党和政府在人民群众心目中的形象,造成干群之间关系的紧张。着力解决影响实现社会公平正义和社会稳定的突出矛盾和问题,是当前的一项重要工作。我们应当正视现实、直面矛盾,并且去逐个化解具体矛盾。这样的化解矛盾过程,也是重视和加强法律规范体系建设的过程,因为完善的法律规范体系对于建立化解社会矛盾,实现社会公平正义的长效机制更加重要。可以说,完善的规范体系是法治中国的导轨,是全面推进依法治国的必要条件。

应该看到,健全和完善的法律规范体系是项系统工程。当前,社会面临的问题很多,社会矛盾交织在一起,诸多矛盾的解决,不可能只靠某一方面的法律法规"单打独斗",而应当发挥法律规范体系的作用,发挥法律规范的综合效应,解决一些大面积存在的社会问题更是如此。法律规范相互之间应当协调一致、不相冲突。为此,应当按照社会主义市场经济的理念,跟踪社会的变化,精心地、持之以恒地进行制度建设,以使制度日趋完善,愈加精巧。

法律规范应当是明确的、确定的,但是,这种明确和确定仅仅是相对的。当人们遇到法律规定的合理性质疑时,就会诉诸正义等超法律的东西。但是,正义本身又是变化无穷,令人难以捉摸的。有时,每个人基于自己的立场可能会认为对自己有利的就是正义的,最终导致矛盾和争议处于无法终结的状态。于是,又不得不诉诸法律。这就是法律和超法律之间的二元悖论。但是,这种悖论表明,我们在维护权利、诉诸法律的过程中,不要轻易否定法律规范。否则,就有可能造成只寻求个案正义,而否定具有普遍正义性质的法律。当然,这并不意味只要是既有法律规定的,都是不可更改的。在法律的规定让社会大众普遍难以接受的情况下,法律需要重新解释、修正。如同法国法学家热内所说的:通过法律来超越法律才是我们守候公平正义、使用法律的不二法门。

五、关注民生

目前,我国不平衡不充分的发展问题、社会事业发展滞后的问题亟待解决。在促进城乡协调发展、促进区域协调发展、发展和谐劳动关系、促进教育公平、加强医疗卫生服务、发展文化事业和文化产业、加强环境治理保护等方面,制度建设要大大加强,而且,所建立的制度应当行之有效,能够切实解决一些突出的矛盾和问题。为此,党的十八届四中全会明确提出:"加快保障和改善民生、推进社会治理体制创新法律制度建设。依法加强和规范公共服务,完善教育、就业、收入分配、社会保障、医疗卫生、食品安全、扶贫、慈善、社会救助和妇女儿童、老年人、残疾人合法权益保护等方面的法律法规。"

以土地制度改革为例,土地是社会转型时期非常重大的经济、社会,乃至政治问题。其不仅涉及农民权益的维护,也涉及国家城市化发展和农村社会的稳定。如何有效平衡城市发展用地和农民土地权益维护之间的关系,是当代社会一个重大的民生问题。数据显示,因为土地征收、征用所导致的社会矛盾,乃至群体性事件已经占据转型时期矛盾总量的很大比重,并且有逐年攀升的趋势。因此,合理地规制土地领域的违法行为已经成为一项重大的法律课题和政治任务。

现实中,有些案例表明农村土地权益维护和地方政府城市发展用地之间形成了一种博弈和紧张的关系。地方政府必须依法行政,城市建设和发展中,应当切实维护人民群众的合法权利。有的村委会领导甚至地方政府和开发商相勾结,非法获取农村集体的土地所有权,最终导致双方发生冲突。按照我国宪法规定,农村和城市郊区的土地,除由法律规定属于国家所有的以外,属于集体所有,而且,我国土地管理法对于农村土地农用地转化为非农用地设定了非常严格的转用条件、标准和转用程序,违背这些规定都系违法征地行为。为了维护农民利益,法律还规定了征地后要及时足额将农用地征收补偿款送到农民手中。

实践中,有部分村委会以及开发商,乃至地方政府违背相关规定,擅自将农地转化为非农用地,并且擅自克扣或扣减农地补偿款,最终导致农民集体反抗。这些都表明一些地方政府在执行农村土地法律制度方面,并没有遵守宪法和土地管理法等法律法规,而是侵犯了农民的合法利益,进而导致农村社会不和谐、不稳定局面的出现。因此,必须惩处任意侵害农村集体土地和农民土地权益的行为,有效维护农村集体土地和农民土地权益,相关法律制度应当进一步健全和完善。在农民土地权益遭受到侵害以后,要通过相关司法渠道来让农民权益获得及时救济。否则,看似完善的法律实际只是"没有牙齿的老虎"。

六、立足法典化

法典化是法治国家建设重要内容,也是新时代完善社会主义法律规范体系的主要任务。在市场经济改革深入到一定阶段,各种社会关系逐渐趋于成熟,调整相关社会关系的法律也会渐渐趋于稳定,这为编纂法典创造了条件。与单项法律相比较,法典内容更全面、更稳定,内部的协调性、一致性也更好。从法律发展史考察,法典化是趋势。法典为人们的行为提供了更为明晰的标准和预期,可以增强人们行为的主动性和自觉性,也有助于减少争议和矛盾的发生。因此,法典化是我们这个时代推进依法治国最大的制度需求。

在现实中,对推动法典化建设是没有争议的,争议的是如何形成法典。关于法典化建设速度问题。法典是制定出来的,它的优劣,很大程度上取决于对法律所要调整的社会关系的认识。真正能够充分发挥效应的法律,应当是与社会现实契合的。对要调整的对象认识得是否清楚,关系到所制定的制度能否达到预期效果、实现预期目标。对法典所要调整的对象认识得全面、清楚,制度设计时所采用的方法就可能比较有效。但是,正确的认识不可能轻易形成,需要经过实践—认识—再实践一再认识的过程。改革实践就经历了这样的过程，许多具体条文是经过实践中的探索，然后形成规则，最终上升为法律的。现在，对市场经济规律的认识深化了，很多实践也许不必像以前那样在制度完全缺失的情况下进行，但是，总体看来，法典从初建到完善，仍然需要经历一个实践检验的过程。

法典化建设是一个不断完善、不断发展的过程，不可能编纂一部没有任何问题的法典。可能的倒是法典刚制定好，就发现其存在的问题和漏洞了。这是因为：一是我国处于快速发展期，这使得法律的生命周期相对较短，以往经济社会发展太快，法律要调整的很多社会关系没有稳定下来的情况今后仍会发生；二是法律本身是由语言组成的，语言本身存在言辞不一、内含与外延不周延等问题，也会导致法律常常滞后于常识、人情。

法典化面临最大的难题是如何协调"恶法非法"和"恶法亦法"这两种法律观。尤其是当今社会转型时期，人们由过去通常的"是非之争"转向"利益之争"，不少人是根据自己的利益来判断"恶法""善法"的，对自己有利的就是"善法"，对自己不利的就是"恶法"。这种认识方法对于整个社会秩序的维护和良性发展有着诸多负面影响。

在民主和法治日益完善的今天，大多数案例中法律与正义等冲突能够在法治体系内得以有效化解。无法通过法律加以解决的冲突毕竟是少数。因此，在一般情况下，公民维护和主张权利应该在法律框架内进行，严格按照法律的规定和精神来维护和主张自己的合法权利。在特殊案件中，如果面临法律和正义的冲突，也应该尽量通过法律及其法律的基本原则和基本精神来维权。只有当法律与正义的基本法律价值产生根本性冲突，进而达到社会大众普遍无法接受时，才需要修正法律，改进和完善相关法律。

七、为保持法治规范体系的统一,要加强宪法解释工作

关于宪法解释,有宪法学者认为其是"依据一定的程序,探求宪法规范内涵并使之与变化着的社会生活相适应的一种活动,其目标在于追求解释的合理性、正当性、宪法秩序的稳定性,以及宪法规范对现实生活的适应性"。①该研究认为,过去我们过于强调修宪权的运用,忽视了宪法解释的功能和价值,所以,要加强宪法监督制度的建设,必须要加强宪法解释的功能。②宪法解释是加强宪法监督的具体化工作,也是宪法监督的一种有效的方式和途径。要充分发挥宪法监督作用,实现依宪治国和依宪执政,离不开对宪法的解释和运用。党的十八届四中全会从国家治理体系现代化和治理能力现代的角度,提出"完善全国人大及其常委会宪法监督制度,健全宪法解释程序机制"这一时代课题,具有重大的现实意义和理论意义。

首先,应明确全国人大的宪法解释权。对于由什么机关来进行宪法有权解释,我国宪法赋予全国人大常委会专享此种权力。但是,从体系解释和目的解释的角度而言,全国人大也应具有宪法解释权。这主要是因为全国人大和全国人大常委会都是宪法监督的权力机关,虽然《宪法》第 67 条明确授权全国人大常委会享有宪法解释权,但是,作为全国人大常委会的监督机关,全国人大应该具有依据宪法精神和原则来判断全国人大常委会职权行使是否合乎宪法进行解释的权力。从目的论而言,全国人大有宪法监督的权力,而全国人大常委会也有宪法监督权力,如果仅仅赋予全国人大常委会宪法解释权力而否定全国人大相关方面的权力,明显不符合立宪的初衷。因此,在这个意义上而言,

---

①② 韩大元:《"十六大"后须强化宪法解释制度的功能》,《法学》2003 年第 1 期。

"完善全国人大及其常委会宪法监督制度,健全宪法解释程序机制",首先就是要明确全国人大宪法监督权和宪法解释权。

其次,应充分有效发挥全国人大常委会在具体案件中运用宪法解释来进行宪法监督的功能。如何在具体案件中来推动宪法解释,是当前和今后一段时间宪法解释一项重大任务。目前,学界相关研究认为应赋予法院系统相关宪法解释权,以便在具体个案中通过宪法解释的方式来进行宪法监督,以便维护当事人的正当权益。这种研究思路没有问题,但是,没有考虑我国法院系统适用宪法能力,而且,实践中很多具体部门法已经对宪法相关条款进行了具体化,很多案件完全通过具体部门法的适用或相关法理推理方法来进行案件的裁判,这是人民法院的基本功能。

尽管有些案件需要对相关宪法条文进行解释,并且这类案件不断增多,但是,我国宪法规定的宪法解释权属于全国人大常委会(当然全国人大也具有相关权力)。因此,在这方面全国人大常委会应积极行使此种权力,以便为司法案件的裁判提供明确的依据,并为激活宪法条文提供政治基础和法律保障。对于一些重大疑难案件,且亟需宪法相关条文明确的,可以通过最高司法机关向全国人大常委会提出宪法解释请求权,以便为具体案件的裁判提供宪法基础。

最后,应完善相关宪法解释程序。提起宪法解释和进行宪法解释需要严格的法律程序。对此,在具体的个案中如果确实需要明确宪法的基本含义或具体内容的,在司法实践中,如果可以通过法律内部体系可以逻辑推导出来,也不要全国人大或全国人大常委会进行解释。但是在极端个别的情形,确实需要进行明确的,可以通过最高人民法院或最高人民检察院等机关向全国人大常委会提出确认申请,如果确实需要明确进行解释或澄清立法宗旨的,可以在诉讼期限内对此进行解释。

因此,这个问题涉及全国人大常委会的工作规程的变革,因为全国人大常委会一般通过常委会会议的方式来进行宪法解释的通过,且时间间隔较长,无法应对复杂而多变的个案诉求,而对于司法个案中遇到的宪法解释问题,则需要专门的机构来进行研究和确定。为此,学界很多学者建议在全国人大常委会之下再专门设置一个专门的机构,并由全国人大常委会授权其来进行处理相关宪法解释。这种建议可以进行尝试和探索。

八、健全合宪性审查制度

根据现行宪法规定,作为宪法的监督机关,全国人大及其常委会具有根据宪法对相关机关发布的规范性文件进行合宪性或适当性审查的权力。只有全国人大或其常委会有权确认法律、行政法规、地方性法规、自治条例、单行条例、规章等是否违反宪法,其他任何机关、组织、个人均无此项权力。对此,全国人大和全国人大常委会具有不同的审查范围:全国人大的合宪性审查权具体表现在审查全国人大常委会所批准的自治条例与单行条例是否"违反宪法"以及有权改变或撤销全国人大常委会制定的"不适当"的法律。全国人大常委会可以对作出行政法规及其他相关法规范与宪法相抵触且予以撤销的决议——即可以针对除法律以外的规范性文件进行合宪性审查。因此,全国人大是专门针对全国人大常委会的立法或其批准的规范性文件进行合宪性审查;而全国人大常委会则可以对行政法规以及相关规范性文件进行审查。因此,这种宪法审查体制确立了全国人大监督全国人大常委会立法,全国人大常委会监督行政机关、司法机关等颁布的规范性文件。但是,这种审查体制存在以下问题亟需完善:

一是全国人大常委会立法任务繁重,无法有效顾及运用宪法审查权来对此进行审查。全国人大常委会委员、全国人大法律委员会主任委员乔晓阳对此指出：从 2004 年在全国人大法工委下设"法规备案审查工作室"到 2014 年的十年间，法规备案审查室一共提出了 44 件行政法规、地方性法规，包括司法解释同宪法法律不一致的审查案。经过沟通，44 件全部进行了修改或者废止。①但是，这 44 件审查案和我国大规模立法的进程相比，比例还是太少。

二是审查程序和审查结果亟需公开。自全国人大法工委成立"法规备案审查工作室"进行宪法审查以来，如果进行审查，审查的具体程序如何操作，以及审查结果都需要让全社会知晓。

三是全国人大法工委"法规备案审查工作室"是如何与全国各地省级人大进行合宪审查进行衔接的。对此，有学者已经提出过相关质疑："当省或自治区人大常委会认为自治州或自治县的自治条例违反宪法的规定而不予批准时，该人大常委会通过何种程序将相关条例提交全国人大常委会，交由后者确认。确认的结果是什么，以什么形式作出，认为其违反宪法，是撤销、修改还是责令改正；若认为不违反宪法，可否责令省一级人大常委会予以批准。"②

九、发挥公民参与作用

加强宪法监督和推动宪法解释离不开公民的支持和参与。对此，现行宪法明确规定国务院、中央军委、最高人民法院、最高人民检察院和省级人大常委会以及其他国家机关、社会团体、企业事业组织与公民认为行政法规、地方性法规、自治条例和单行条例同宪法或者法律相抵

---

① 《乔晓阳详解我国宪法监督职能：10 年推动 44 件法规修改或废止》，《长江日报》2015 年 4 月 9 日，第 3 版。
② 赵玄：《宪法实施机制的规范解读》，《南都学坛》2013 年第 3 期。

触的,可以向全国人民代表大会常务委员会书面提出进行审查的要求或建议。在实践中,随着我国民主法治建设深入推进,公民法治意识和权利意识的崛起,已经涌现出众多典型案件为推动宪法监督和实施作出了贡献。如"孙志刚案"引发的学者上书全国人大常委会废除劳动教养案等。这些典型案件都是公民参与宪法实施和宪法监督的活生生案例,为转型社会发挥公民参与宪法实施和宪法监督提供了先例。

第六章　法治中国建设需要
高效的法治实施体系

在法治实施体系建设方面,这些年的成绩有目共睹。党的十五大将"依法治国,建设社会主义法治国家"作为治国方略后,法治实施成为社会广泛的关注点。中央对法治实施也高度重视。党的十八届四中全会将法治实施体系作为法治体系的重要组成部分。回顾历史,可以看出,对法治实施的要求是随着时代的发展和法治实践的深入逐步提高的。

党的十六届三中全会将依法治国和依法行政作为完善社会主义市场经济体制,全面建设小康社会的重要任务。党的十六届四中全会明确提出在依法治国背景下如何转变执政方式,进而实现"科学执政、民主执政和依法执政",并认为:"依法执政是新的历史条件下党执政的基本方式"。党的十七大提出"全面落实依法治国基本方略,加快建设社会主义法治国家"。党的十八大进一步提出"法治是治国理政的基本方式",并要求"要更加注重发挥法治在国家治理和社会管理中的重要作用","提高领导干部运用法治思维和法治方式深化改革、推动发展、化解矛盾、维护稳定能力"。党的十八届三中全会将完善社会主义制度,推进国家治理体系和治理能力的现代化为总目标,在此基础上,提出法治中国建设,这是以习近平同志为核心的党中央对中国法治建设的新目标。党的十八届五中全会对行政体制、司法体制改革作出了明确而具体的要求。从将依法治国作为基本方略,到作为治国理政的基本方式,再到从国家治理体系和治理能力现代化的高度来推进法治中国建设,这在宏观上表明我国法治建设逐步走向深入和成熟,法治实施体系建设在执法、司法、守法三个层面全面展开。

建成高效的法治实施体系需要各方面条件的。改革开放在促进经济、社会、文化等各领域发展的同时,也促进了人的全面发展。这些都为实现高效的法治实施打下了基础。

第一节　法律的生命在于实施

《中国特色社会主义法律体系》白皮书指出:"法律的生命力在于实施。中国特色社会主义法律体系的形成,总体上解决了有法可依的问题,对有法必依、执法必严、违法必究提出了更为突出、更为紧迫的要求。中国将积极采取有效措施,切实保障宪法和法律的有效实施,加快推进依法治国、建设社会主义法治国家的进程。"推进依法治国、建设社会主义法治国家,应当将重点工作由制定法律转变为实施法律,社会主义法治体系概念的提出反映了上述这种转变。

党的十八大和十八届三中、四中全会提出全面推进依法治国和全面推进法治中国建设总要求,从依法执政、科学立法、严格执法、公平司法和全民守法等领域对法治建设进行重点部署和顶层设计,形成了有中国特色的社会主义法治体系。法治体系的形成对于破解制约或阻碍我国法治建设体制性、系统性和根本性的难题提供了理论指南和制度依据,也为我国法治实施体系建设提供了基本遵循。

在法治实施体系建设上,特别要突出宪法的实施。宪法是保证党和国家兴旺发达、长治久安的根本法,具有最高权威。习近平总书记在《中共中央关于全面深化改革若干重大问题的决定》的说明中指出:"宪法是国家的根本法。法治权威能不能树立起来,首先要看宪法有没有权威。必须把宣传和树立宪法权威作为全面推进依法治国的重大事项抓紧抓好,切实在宪法实施和监督上下功夫。"该《决定》提出:"要进一步健全宪法实施监督机制和程序,把全面贯彻宪法实施提高到一个新水平"。

实施宪法,必须遵循上述《决定》中提出的:"任何组织或者个人都不得有超越宪法和法律的特权,一切违反宪法和法律的行为,都必须予以追究"①的法治原则,任何组织和个人都必须尊重宪法法律权威,都必须在宪法法律的范围内活动,都必须依照宪法法律行使权力或权利、履行职责或义务,都不得有超越宪法法律的特权。任何人违反宪法法律都要受到追究,决不允许任何人以任何借口、任何形式以言代法、以权压法、徇私枉法。

为了保证实施宪法法律的有效实施,该《决定》提出要"完善全国人大及其常委会宪法监督制度,健全宪法解释程序机制;加强备案审查制度和能力建设,把所有规范性文件纳入备案审查范围,依法撤销和纠正违宪违法的规范性文件"。党的十九大明确提出:要加强"合宪性审查"。这些都为进一步加强宪法的实施提供了保障。

第二节 严格执法,法治政府建设取得重要成就

依法行政是依法治国的重要环节。改革开放以来,我国依法行政

---

① 《习近平在首都各界纪念现行宪法公布施行30周年大会上的讲话》(2012年12月4日)。

逐步得到确立,法治政府建设稳步推进,尤其是社会主义法律体系的建立为严格执法和法治政府的落实奠定了制度基础。

从1989年《行政诉讼法》确定司法机关有权审查政府具体行政行为的合法性问题后,行政诉讼与日俱增,①"民告官"作为一项诉讼制度与刑事诉讼、民事诉讼并列;1994年的《国家赔偿法》首次明确行政机关的违法行政行为给当事人造成损失的,需要承担赔偿责任,为政府责任和人权保障提供了法律依据。1996年《行政处罚法》规范了行政处罚的设定权、行政处罚的程序,为行政处罚确立规矩,建章立制;1999年《行政复议法》规定当事人可以就具体行政行为向上级部门申请复议;1999年,国务院召开全面推进依法行政工作会议,通过了《国务院关于推进依法行政的决定》,将依法行政的各项要求具体化。2003年《行政许可法》明确了行政许可的创设以及范围,规范了政府的行政许可行为,推动了行政审批制度改革;2004年3月,国务院颁行《全面推进依法行政实施纲要》,对依法行政、建设法治政府进行整体布局。《纲要》对严格行政执法提出明确要求:合法行政,合理行政,程序正当,高效便民,诚实守信,权责统一。2005年《公务员法》规定了竞争上岗、公开选拔、领导干部引咎辞职等制度,充分体现了"责任行政"的理念。

此外,行政立法在行政组织法、行政行为法和行政救济法三个领域都构建了基础性的法律,而且在国防、外交、海关、人事、民政、侨务、公安、安全、教育、科技、文化、体育、旅游、城市管理、环境保护、医药卫生、食品安全等各个领域都已制定了相应的行政法律法规,形成了相对完善的行政法律体系,体现了规范行政权力、制约行政权力的行政法治理念。

2008年国务院《关于加强市县政府依法行政的决定》和2010年国

---

① 据统计,1989年,全国各级法院共受理一审行政案件仅9 934件,到了2011年则达到了13.6万件,相当于1989年的13.7倍。

务院《关于加强法治政府建设的意见》部署了全面推进依法行政,进一步加强法治政府建设的各项任务。2013 年党的十八大明确提出"法治政府基本建成"是实现 2020 年全面建成小康社会目标的新任务。党的十八届三中全会通过的《中共中央关于全面深化改革若干重大问题的决定》中提出"建设法治中国,必须坚持依法治国、依法执政、依法行政共同推进,坚持法治国家、法治政府、法治社会一体建设"。

改革开放以来,通过这一系列的重大举措,中国政府的法治政府建设取得了重大成就。各级政府的行政人员,特别是各级行政领导干部依法行政的意识和能力逐步提高;政府立法的质量和水平也不断提高,立法理念更加科学,立法内容更加注重民生,立法过程更为民主和注重程序。科学民主依法决策的体制、机制和制度逐渐健全。通过相对集中行政处罚权、综合执法的试点,推进行政执法责任制,健全行政执法的程序和制度等举措进一步规范行政执法。行政机关依法运用行政调解、行政裁决和行政复议以及行政监察等方式化解社会矛盾和纠纷的成效比较明显。通过人大监督、司法监督、人民群众监督和网络等新媒体的监督进一步加强了对行政权力的制约和监督。通过行政管理体制改革、机构改革,包括大部制改革,通过行政审批制度改革等一系列措施,进一步促进了政府职能的转变、政府管理方式的创新,依法行政的体制进一步完善。

与此同时,行政行为逐渐向法治化、制度化迈进。如行政执法方式日益多元化。首先,行政机关越来越多地采用以号召、倡导、引导、劝导、告诫、建议等形式的行政指导来实施法律、实现服务。其次,行政执法日益公开化。近年来,随着法治建设的深入推进,增加行政透明度、坚持行政公开化等理念,日益成为人民群众共识,许多地方政府积极推行行政公开制度改革,取得显著成效,有力推进法治政府建设。再次,严格落实行政执法责任制。2005 年 7 月，国务院办公厅发布《关于推行行政执法责任制的若干意见》，对推行行政执法责任制工作作了专门的部署和安排。目前，全国已有 31 个地区和国务院各部门陆续完成了梳理执法依据工作，并向社会公开了清理结果；在梳理执法依据的基础上，将行政处罚、行政许可、行政征收、行政强制等行政执法职权分解到具体的行政执法岗位，同时，采取多种措施确定了行政执法部门的执法责任，进一步明确执法标准和程序。

第三节　公正司法，司法体制改革进一步深入

改革开放以来，党领导司法机关逐步通过司法改革来理顺司法体制机制，尤其是适应改革开放以来经济社会发展的形势，努力推进司法机关围绕公正司法，通过法律适用来保证人民群众合法权益，维护社会公平正义，确保改革、发展和稳定的大局。

在继承和发扬中华人民共和国成立以来所确立的司法机关依法独立行使审判权、公开审判、人民陪审、司法调解、刑事辩护、审判监督和检察监督等制度成果的同时，结合社会转型和法治发展的客观要求，我国正在探索有中国特色社会主义司法制度，通过司法改革，逐步推进司法组织、司法程序、机构设置、司法职业化、司法人事制度、司法监督、管理制度等司法制度建设。这些改革成果大部分内容都被吸收到《宪法》《人民法院组织法》《人民检察院组织法》《监察法》以及三部诉讼法当中。司法改革推动了司法制度和法律制度的发展，司法队伍的素质普遍提高，司法程序更为完善。通过司法改革革除弊端，司法在法治中国建设中发挥越来越重要的作用。

一、司法机关自行的改革

20 世纪 80 年代末期，由于我国存在的诉讼案件迅速增多，司法机关面临的问题不少：法官的数量和素质均难以适应需要；律师的数量不足，职业道德水平不高；在刑事诉讼中，法官的庭前审查导致先入为主、审判不公，等等。为应对挑战，摆脱困境，各级司法机关先后推进审判公正和审判效率方面改革，全国人大及其常委会先后制定《民事诉讼法》(1991 年)、《法官法》、《检察官法》(1995 年)和《律师法》(1996 年)，修订《刑事诉讼法》(1996 年)，对民事司法制度、刑事司法制度、律师制度进行了较大的修改和完善，进一步健全了法官、检察官制度，较好地促进了司法的公正与廉洁，提高了司法效率。

二、1997 年中央明确提出的"司法改革"

当时三部诉讼法在实施过程中遇到不少难题，如诉讼案件迅速增多、审判不公、"关系案、人情案、金钱案"时有发生，执行难问题开始出现。为破解难题，中央明确提出：推进司法改革，从制度上保障司法机关依法独立公正地行使审判权和检察权，建立冤案、错案责任追究制度。在制度层面完善了诉讼程序，保障公民和法人的合法权益；切实解决执行难问题；改革司法机关的工作机制和人财物管理体制，逐步实现司法审判和检察同司法行政事务相分离；加强对司法工作的监督，惩治司法领域中的腐败。这一阶段对民事、刑事司法制度进行了较大的改革，将司法机关公正司法向前推动了一大步。

三、2002 年中央提出"司法体制改革"

在司法改革的过程中，逐渐认识到司法改革是一项系统工程，要使司法改革深入推进并取得实际成效,就要对现行司法制度进行总体反思,实行全方位的改革,要完成这样的一项工作,没有一个专门性的机构来负责和协调相关部门的关系是很难取得成效的,没有个统一的全盘规划,同样会影响司法改革的效果。为此,中央明确提出并设定了"推进司法体制改革"的目标与任务,要求"社会主义司法制度必须保障在全社会实现公平与正义。按照公正司法和严格执法的要求,完善司法机关的机构设置、职权划分和管理制度,进一步健全权责明确、相互配合、相互制约、高效运行的司法体制"。

根据这一要求,2004 年中央成立了中央司法体制改革领导小组,全面领导司法体制改革工作。该领导小组为推进司法体制改革制定了一系列指导性政策文件,如《中央司法体制改革领导小组关于司法体制和工作机制改革的初步意见》,该意见提出了十个方面三十五项改革任务。与此同时,为提高法官、检察官的任职条件和取得律师资格的条件,根据全国人大常委会修订《法官法》《检察官法》和《律师法》,于2002 年建立起统一的国家司法考试制度;2004 年和 2005 年,全国人大常委会分别通过《关于完善人民陪审员制度的决定》和《关于司法鉴定管理问题的决定》,对我国人民陪审员制度、司法鉴定制度进行了重大改革,进一步完善了该两项制度;2005 年,全国人大常委会通过《中华人民共和国公证法》,完善了我国的公证制度。这些举措有力地推动了我国司法体制的改革和完善。

四、2007 年的"深化司法体制改革"

虽然经过前几轮的司法体制改革,我国司法改革取得了很大的成绩,但是在司法实践中,还存在司法理念不强所导致的司法权威不彰、司法机关行政化和地方化导致司法公信力不强等某些与新形势、新任务不相适应的问题,为此,2007 年 10 月,中央又适时提出"深化司法体制改革"的任务:即"深化司法体制改革,优化司法职权配置,规范司法行为,建设公正高效权威的社会主义司法制度,保证审判机关、检察机关依法独立公正地行使审判权、检察权。"

按照这一总体要求,中央司法体制改革领导小组组织中央和国家机关有关部门进行了深入调研和论证,广泛听取意见,出台了《关于深化司法体制和工作机制改革若干问题的意见》,该文件围绕优化司法职权配置、落实宽严相济刑事政策、加强政法队伍建设、加强政法经费保障四个方面,提出了六十项改革任务。2013 年 1 月 7 日召开的全国政法工作电视电话会议又进一步确定了当年重点推进劳教制度改革、涉法涉诉信访工作改革、司法权力运行机制改革、户籍制度改革四项改革措施。这些措施都为司法体制的改革提供坚实的制度基础。

五、党的十八届三中、四中全会从建设法治中国的角度,来确定司法体制改革的目标

建设法治中国,必须深化司法体制改革,加快建设公正高效权威的社会主义司法制度,维护人民权益,让人民群众在每一个司法案件中都感受到公平正义。根据这些目标和任务,设计了实现这些目标的具体改革方案。这个改革方案包括:包括改革司法管理体制,推动省以下地方法院、检察院人财物统一管理,探索建立与行政区划适当分离的司法管辖制度;健全司法权力运行机制,完善主审法官、合议庭办案责任制,让审判者裁判、由裁判者负责;严格规范减刑、假释、保外就医程序;健全错案防止、纠正、责任追究机制,严格实行非法证据排除规则;建立涉法涉诉信访依法终结制度;废止劳动教养制度,完善对违法犯罪行为的惩治和矫正法律,等等。这些改革措施,正如习近平总书记所说的那

269

样：对确保司法机关依法独立行使审判权和检察权、健全权责明晰的司法权力运行机制、提高司法透明度和公信力、更好保障人权都具有重要意义。

司法改革取得了良好的社会效果,这主要表现在以下几个方面:

第一,通过司法改革,有效地维护社会公平正义。从完善司法机构设置和职权配置、规范司法行为、完善诉讼程序、强化司法民主和法律监督方面进行制度改革,着力提高了司法机关维护社会公平正义的能力。

第二,通过司法改革,强化司法人权保障功能。司法机关依法采取有效措施,遏制和防范刑讯逼供,保障犯罪嫌疑人、被告人的辩护权,保障律师执业权利,限制适用羁押措施,维护被羁押人的合法权益,加强未成年犯罪嫌疑人、被告人的权益保障,严格控制和慎用死刑,健全服刑人员社区矫正和刑满释放人员帮扶制度,完善国家赔偿制度,建立刑事被害人救助等制度,把司法领域的人权保障基本落到实处。

第三,通过司法改革,提高了司法能力。不断完善了法律职业准入制度,加强职业教育培训和职业道德建设,改革经费保障体制,有效提高了司法能力,为提升司法公信力奠定了坚实基础。

第四,通过司法改革,着力践行司法为民的宗旨意识。不断推进基层司法机构建设,强化司法工作的服务意识,降低当事人诉讼成本,开展法律援助,建立多元纠纷解决机制,畅通司法机关与社会公众沟通渠道,切实为人民群众行使权利提供便利。

第四节　全民守法,筑牢法治国家的社会基础

法治建设是一项系统工程,其不仅需要硬件设施建设,更需要人们

的法律观念、法律意识、法律思维和法律文化等软件的支撑。对此,我国始终将法治硬件和软件共同建设,并将人们法治观念的养成与依法治国协同推进。从 1985 年起,全国人民代表大会先后通过了六个在全民中普及法律知识的决定,并已连续实施了六个五年规划。"一五"(1986—1990 年)普法期间,有 7 亿多公民学习了相关的初级法律知识;"二五"(1991—1995 年)普法期间,有 96 个行业制定了普法规则,组织学习专业法律法规 200 多部;"三五"(1996—2000 年)普法期间,30 个省、自治区、直辖市结合普法活动开展了依法治理工作,95%的地级市、87%的县(市)区、75%的基层单位开展依法治理工作;"四五"(2001—2005 年)普法期间,有 8.5 亿公民接受了各种形式的法治教育;"五五"(2006—2010 年),第一次明确提出将农民作为法制宣传教育的重点对象,"法律六进""法治城市、法治县(市、区)创建"等活动深入开展。目前,"六五"普法正在蓬勃展开。

这三十多年的普及法律常识的工作,取得了很大的成绩。与过去相比,我国公民的法治意识有了很大的提高,人民群众掌握了一些法律知识,尤其是法治观念的确立和更新,为进一步推进法治中国建设在奠定文化基础和社会基础。"从人治到法治""从法制到法治",这些依法治国的精神理念逐步深入人心,从而为法治中国建设营造了良好的氛围。依法治国在改变中国社会的同时,也改变着中国人的观念,法治、民主、自由、平等、公正、诚信等已经融入并凝炼为社会主义核心价值观重要内容,深刻影响着人们生活方式和生存方式。提高全民法治意识,很大程度上铲除了"权大于法"等错误认识生存的土壤,增强了广大人民群众运用法律武器保护自身合法权益的自觉性、主动性,对抑制公权力滥用有积极意义,同时,也能减少公民有法不依、违法抗法现象的发生。

普法工作的成效突出表现在以下几个方面：

首先,广大人民群众的法治观念得到了增强。一项调查表明大多数的受众虽然对法律知识的掌握是零散的,并不系统,但是对法律却变得认可了,很多人认识到法律不是对自己生活的妨碍,而是与自己现实生活密切贴近的必需品,是与正常的生活融为一体,是保障公民权利与义务的武器。根据北京大学中国社会科学调查研究中心的调查报告显示,2009 年,对北京、上海、广州三地居民进行调查,在 4576 个受访者中,关注度排第一位的是法制新闻,占到了所有回答的 14.3％。这在某种程度上说明国人法治观念的增强。随着法治中国建设推进,人们的权利观念、契约观念、正确的诉讼观念以及公平正义观念会逐步形成。

其次,人民群众已敢于争取自身的合法权益。随着人民群众法治观念的增强,在自己法律权利受到侵害时,越来越多的公民都开始运用法律手段来保障自己的合法权益。最典型的就是行政诉讼,也就是"民告官"案件逐年增加。还有一些领域也出现越来越多当事人运用法律来维护自己权益的现象。如劳动争议案件增多,劳动者在劳动争议中胜诉率不断提高。上海在企业转型、大规模职工下岗那几年的数据很能说明问题。根据 2005 年上海市劳动与社会保障部门的统计,劳动争议案件数量大幅上升,上半年,各劳动争议仲裁委员会受理的劳动争议案件总计 9 000 余件,比 2003 年同期增长了 13％,是 1995 年《劳动法》实施初期的 7 倍多。2008 年《劳动合同法》实施近半年后,上海市人力资源保障部门统计,仅上半年劳动争议受理数比去年同期增长了 113.2％。这些都说明劳动者越来越重视自己权益的保护,法治观念在这过程中会不断得到强化和提升。

再次,积极要求参与立法。通过普法和社会实践,人们日益懂得法律的重要性,懂得要让自己的意志和利益体现在法律里,所以,参与立法的积极性有所提高。与此同时,立法民主化程度也在提高。无论是中央立法还是地方立法,为充分反映社情民意,吸纳民意民智,也为顺应广大民众日益增长的民主参与的要求,已经逐渐采取各种形式征求和接收公民的意见和建议,而且通过举行立法听证会、座谈会、论证会,吸收公民参与立法,公民能够通过多种途径表达意见。通过广泛的社会参与,立法更能体现人民的意志,更趋科学合理。公民通过参与立法提高自身的法治意识,具有一定的法治意识,又将激发他们参与立法的积极性,形成一种良性循环。

最后,人民群众逐渐变得敢于和善于运用法律对公权力进行监督。人民群众对那种有法不依、执法不严、违法不究和以言代法、以权压法、徇私枉法的行为,由敢怒而不敢言到逐步勇于"叫板",再到理直气壮地依法进行监督。近年来,纪检部门根据群众举报和网络监督而立案侦察的贪污贿赂、渎职等职务犯罪案件,占查办职务犯罪案件总数的比例明显提高。不少大案要案,就是由群众举报而得到查处的。

互联网的兴起和迅猛发展,为广大人民群众广泛的社会参与创造了极为便利的条件。随着法治意识逐渐深入人心,以及社会主义民主的发展,法治实施的状况会进一步改善,无论是执法、司法,还是全民守法,都会与我国经济社会发展的水平更相适应。

第七章　法治中国建设需要
严密的法治监督体系

习近平总书记指出:要解决中国政治发展过程中一些根本性问题,如权力滥用、权力腐败、特权现象等,"必须把权力关进制度的笼子里,坚持用制度管权管人管事。建立决策科学、执行坚决、监督有力的权力运行体系。把笼子扎得紧一点,严防'牛栏关猫',使权力运行守边界、有约束、受监督"。他还提出:"扎紧制度笼子,首先要做好顶层设计,合理分散权力、科学配置权力,形成科学的权力结构和运行机制"。①

历史一再证明,没有监督和制约,任何权力都会走向腐败。党的十八届四中全会首次提出建设中国特色社会主义法治体系,所谓法治体系包括完备的法律规范体系、高效的法治实施体系、严密的法治监督体系、有力的法治保障体系、完善的党内法规体系。在这五个体系中,对立法、执法、司法,以及物质保障等问题大家都很重视,解决问题的举措也很实在、到位。相比之下,法治监督要真正形成严密的体系,尚有许多问题亟待深入研究。形成严密的法治监督体系,是基于执政的深刻经验教训所提出的法治体系建设任务。

---

① 施芝鸿:《中共十八届四中全会〈决定〉的八大思想亮点》,《人民政协报》2014年12月9日,第3版。

现有的监督体系已经构建出来。但是,从实践上来看,关键是要在真正发挥监督效用上下功夫,使公权力在受到约束的同时,又能充分发挥其应有的功能和作用。党的十八届四中全会对监督体系的要求是"严密",这是很有针对性的。所谓严密,就是让制度性的监督发挥作用,减少疏漏。过去,有的监督形式上存在,可是,发挥的作用有限。严密的监督不是花拳绣腿,必须监督到位,有效的监督不仅可以防止和纠正权力乱作为、不作为、慢作为的发生,而且还为社会秩序的维护和充满活力提供了制度性和正当性的基础。

第一节　增强监督实效:将公权力关进制度的笼子里

一、增强监督实效

增强监督的核心命题是:如何运用现代法治来规制权力、驯化权力,要让政府在法律框架内活动,不越权,不乱作为。从宪法监督高度来有效解决公权力的规制问题,在当下是很迫切的任务。但是,我们也必须看到,改革开放之所以取得巨大的成就,与改革开放是以政府主导的密不可分。因此,这一制度性安排在规制公权力的过程中仍要充分发挥其深化改革、推动发展、化解矛盾、维护稳定功能。

如何通过有效监督来规制公权力,使其既能够在法律框架内得以有效行使,不被滥用,同时,让公权力特别是行政权具有活力和创新动力,促进经济社会可持续发展,是当前和今后我国监督的核心命题。

党的十八届四中全会在谈到宪法时,强调要全面贯彻实施宪法。这是很有针对性的。我国的宪法是一部好宪法,宪法的权威在不断加强,但是,现实生活中,宪法实施也常常遇到障碍。最常见的是公权力乱作为、不作为、慢作为,甚至导致腐败的发生,这些已经成为影响经济社会进一步发展、影响实现"两个一百年"目标的重要因素,广大人民群众对此也十分痛恨。为此,必须要提高宪法的硬度,加强宪法实施的力度。在制度层面,应当特别重视和推进法治监督体系建设,提高各种监督的有效性,让各种监督形成合力,充分发挥法治监督体系的整体效应。

为了有效实施宪法和法律,党的十八届四中全会《决定》强调对公权力的制约和监督,提出"加强党内监督、人大监督、民主监督、行政监督、司法监督、审计监督、社会监督、舆论监督制度建设,努力形成科学有效的权力运行和监督体系,增强监督合力和实效",这是很有现实意义的。在过去的岁月里,这八种监督对于保证依法执政、依法行政,惩治官员腐败都发挥了一定的作用,但各项监督都有进一步发挥作用的很大空间。最主要的是要提高法治监督体系发现问题的能力。有效的监督应当具有发现问题的能力,不能发现问题,监督就难免流于形式,徒有虚名。在发现问题后,还要有后续的衔接,要把问责做实。

二、完善法治监督体系

完善监督,首先,要站在国家治理体系和治理能力现代化的高度提高监督能力。改革开放以来,经济领域的市场化改革推动国家和社会的现代化,为中华民族的伟大复兴和中国梦的实现奠定了雄厚的物质基础和宝贵的精神财富。但是,现代化本身也是一把双刃剑。现代化进程不仅破坏传统结构、拉开贫富差距、加剧社会分化,而且还使在社会转型过程中如何实现社会再组织化或再整合等问题得以凸显。

在社会转型时期,现代社会与传统社会发生了位移。传统社会可以通过政府的管制来维持社会的秩序和稳定,对于如何保持社会活力则不是管理者所主要考虑的问题。而现代社会治理在通过法律或相关规则约束社会的同时,还得保持社会每一主体的正当而充分地发展,并且这种治理要由社会大众的参与,并得到他们承认和认可。在这个阶段,仅仅依靠传统政治权威的力量来驾驭和掌控全局,以期在社会变革中保持政治稳定已变得力不从心,而必须站在监督的高度,建立以法治为基础的现代政治权威。

国家治理现代化要求公权力行使的法治化、程序化。但是,公权力尤其是行政权在面对纷繁复杂的社会时,是最容易扩张的。政府在匆忙应对各种危机时,很可能忽略程序和法治的要求。这种情况在实践中大量发生。比如,面对上访的激增,往往以"搞定就是稳定,摆平就是水平,无事就是本事"作为工作要求,放任大量违反依法行政的行为和破坏社会秩序的行为,结果危害公平公正,损失公信力,传统国家治理方式在规制公权力上的局限性充分暴露出来。也正因为如此,使我们日益认识到革新治国理政观念,更新国家治理方式的必要性和紧迫性,进而自觉推动国家治理从传统转向现代、从单一转向多元,从管理转向治理。

其次,应当确立对人大制度的自信,充分发挥人大监督的作用。历史和现实反复证明:人大制度是适合我国国情的制度。但是,在与西方政治制度比较时,不少人缺乏自信。其实,西方政治制度并不真正依据"天赋人权"这一人类理性原则产生,而更多的是源于国情,这决定了它不具有适用于全世界所有国家的通用性。有人提出,实行多党制和三权分立可以根治腐败。事实上,在不同国家,腐败的特点和产生的原因是有差别的。

现在世界上,腐败最厉害的国家往往是最贫穷的国家,其中,有海地这样的独裁国家,以及被西方认定为逐步走上民主道路的伊拉克和阿富汗。一贯被西方视为不民主的新加坡,廉洁度在亚洲名列第一、全球第五。美国在多党制与三权分立制度之下，也如美国前总统奥巴马所承认的：竞选需要电视媒体和广告，这就需要钱，去弄钱的过程就是一个产生腐败影响的过程，拿了钱就要照顾提供金钱者的利益。在不同发展阶段，腐败的特点和产生的原因也是有差别的。就以我们国家为例，在计划经济条件下，实行的也是人民代表大会制度，可当时的腐败相对少。由此可见，实行三权分立制度还是人民代表大会制度，与腐败是否高发没有直接因果关系。针对现实矛盾，建立完善的监督制度，并且使之得到切实执行，才可有效遏制腐败。

综上所述，我们完全没有必要妄自菲薄，应在实践基础上加以总结，从而确立对人民代表大会制度这项根本政治制度的自信。盲目照搬别国的政治制度，不可能为本国带来繁荣，相反，可能带来灾难性的后果。正如邓小平所说："中国正处在特别需要集中注意力发展经济的进程中。如果追求形式上的民主，结果是既实现不了民主，经济也得不到发展，只会出现国家混乱、人心涣散的局面。"①

鉴于改革开放以来干部制度改革的经验教训，全方位多角度加强对各级国家工作人员的监督，已经成为社会广泛共识。在法律上，人大监督是法律上最高层次的监督，在掌握全面情况和拥有话语权方面具有优势，理应成为一种很好的监督形式。

所谓好的监督形式应当具有很强的发现问题的机制。可是目前，人大及其常委会的监督发现和揭露问题的能力并不强，这个现象值得引起高度重视。在健全和完善人大对国家机关工作人员的监督制度方面，还有很多改进空间，对弹劾制、问责制等法定监督形式的启动和运作程序要有明确规定，以使相关的程序在需要的时候便能及时启动和有效运作。

---

① 《邓小平文选》第三卷，人民出版社 1993 年版，第 284 页。

第二节　发挥各种形式监督的作用

我国现行的监督体系包括党内监督、人大监督、民主监督、行政监督、司法监督、审计监督、社会监督、舆论监督。增强这些监督的合力和实效,是今后一个阶段一项艰巨的任务。

一、发挥好党内监督的作用

各级党委,尤其是党的组织部门和纪检部门,要严格按照党的十八届三中、四中全会提出全面推进依法治国和建设法治中国的新要求,要带头尊法、学法、守法和用法,维护法律权威和统一,要通过对相关领导干部的考察、考核、提名、任命、监督,加强对本地区、办单位、本部门干部的管理,纠正相关工作人员不依法办事问题,并通过多种形式的教育,使其认识到问题的严重性。对领导干部的违法行为要及时制止,并给予相关责任人党纪处分,对于应当承担刑事责任的,要通过司法程序,依法追究相关者的法律责任。

二、发挥好人大监督的作用

要落实宪法和法律赋予人大的职权,充分发挥人大监督的作用,提高人大监督的有效性。首先,应通过违宪审查机制来纠正一些部门和地方违法立法的现象,在源头上确保政府依法行政和公正司法。其次,要强化人大对"一府两院"的监督,加大监督的力度,提高监督的有效性。在这方面,人大工作有很大的提升空间。不少地方发生的违法行政甚至腐败,与人大监督缺位或有效性不足有关。再次,要强化人大的内部监督。人大不是真空地带,也会有腐败发生,尤其是一些地方,人大定位不准,参与了不少经济活动。有的则是在立法中代表了某个利益集团,企图用条文固化他们的利益。更有甚者,还企图以贿选的方式直接进入国家权力机关,以期谋取利益。如2014年湖南衡阳贿选案。①因此,全面健全人大的监督职能,充分发挥人大监督作用,具有很强的现实意义。

三、发挥好行政监督的作用

各级行政机关要自觉利用相关行政法律制度资源,加强行政监督,提高依法行政能力和水平。通过行政复议、行政诉讼、行政监察、信访等渠道及时发现本地区、本单位、本部门在依法行政方面存在的问题,查处相关责任人违法违纪行为。尤其是在征地拆迁、房屋改造、环境保护、重大工程落地等重点领域,要严格根据相关行政法律法规来进行检查,一旦发现问题要及时纠正,防止和惩处滥用职权行为。

四、发挥好司法监督的作用

在现行的政治体制下,发挥好司法权在保证依法行政和化解社会矛盾,特别是官民矛盾方面的作用,是党的十八届三中、四中全会确定的一项改革内容。在以"权力制约权力、权力和谐运作"原则指导下,人民代表大会制度形成了国家权力有效分工与制约的模式,人民政府、人民法院、人民检察院,分别行使国家的行政权、审判权和法律监督权。如何发挥司法权对政府权力的监督作用,对偏离法治轨道的行政行为进行纠偏,需要进一步探索。《行政诉讼法》的修改将促使司法权进一

---

① 详细分析,参见莫纪宏:《直面"三个挑战":衡阳贿选事件的法理透析》,《法学评论》2014年第2期。

步提升对行政权运行的矫正能力,确保行政权能够在法治的轨道上顺利运行。当然,这对司法机关公正司法,提高司法公信力也提出了更高的要求。我们相信,目前正在进行的司法改革,必将大大提升司法机关履职的能力和水平。

五、发挥好审计监督的作用

审计是我国制度化的有效监督形式,在确保国家财经法律和纪律的遵守、确保资金安全和防止腐败方面,具有重要的作用。很多违法行政和官员腐败,是通过审计监督被发现的。但是,审计监督也有进一步提升的空间,需扩大覆盖面,加强过程监督,要防止出现选择性执法的情况,进一步提高审计监督的公信力和震撼力。

六、发挥好社会监督和舆论监督的作用

随着经济社会的发展,人民群众的物质生活水平迅速提高。与此同时,权利意识也有很大的提升,对社会公平正义的要求明显增强,群众举报已经成为发现腐败线索的重要渠道。社会监督和舆论监督也纠正了不少政府违法决策和违法行为。地方政府被民意"逼着走"的情况不时发生。近年出现的厦门、大连 PX 项目下马,启东造纸厂项目下马,都是政府被动接受民众抗议的结果。可见社会监督和舆论监督是监督体系中不可缺少的形式。

随着经济社会的进一步发展,民众对行政行为进行自发的合法性审查会成为常态,他们也会选择各种方式表达意愿,阻止在他们看来不合法的行为。这对各级政府依法行政提出了进一步的要求。可以预见,这类形式的监督将进一步发挥作用。面对这种来自社会的外部监督,政府应当充分认识它的正面作用,自觉接受。正确引导人民群众合

法理性表达诉求,拓展人民群众依法参与本地区改革、发展渠道,最大化地通过法治、理性的方式来吸纳民众意见,化解在改革发展中的矛盾和纠纷,也是对执政能力和水平的考验。

七、发挥监察委员会的作用

为了提高监督的有效性,国家监察体制实行了重大改革,就是设立监察委员会。2018 年 3 月,十三届全国人大一次会议第三次全体会议表决通过了宪法修正案,在国家机构一章中专门增加了监察委员会这一节。对监察委员会的产生、组成、性质、地位,以及它的工作原则、领导体制,包括与其他有关国家机关的关系都作出了规定。监察委员会是实现党和国家自我监督的政治机关,既不是行政机关,也不是司法机关,是行使国家监察职能的专责机关,依照法律规定,独立行使监察权。其依法行使的监察权,不是行政监察、反贪反渎、预防腐败职能的简单叠加,而是在党的直接领导下,代表党和国家对所有行使公权力的公职人员进行监督,既调查职务违法行为,又调查职务犯罪行为,其职能权限与司法机关、执法部门明显不同。

根据宪法,"国家行政机关、监察机关、审判机关、检察机关都由人民代表大会产生,对它负责,受它监督"。也就是监察机关由人民代表大会产生,对它负责,受它监督的内容。宪法还规定:"中华人民共和国设立国家监察委员会和地方各级监察委员会。监察委员会由下列人员组成:主任,副主任若干人,委员若干人。监察委员会主任每届任期同本级人民代表大会每届任期相同。国家监察委员会主任连续任职不得超过两届。"依据宪法规定,全国人民代表大会选举国家监察委主任,并且有权罢免国家监察委主任;全国人大常委会监督国家监察委的工作,根据国家监察委主任的提请,任免国家监察委的副主任、委员。

关于监察委的领导体制和工作机制,宪法规定:"中华人民共和国国家监察委员会是最高监察机关。国家监察委员会领导地方各级监察委员会的工作,上级监察委员会领导下级监察委员会的工作";"国家监察委员会对全国人民代表大会和全国人民代表大会常务委员会负责。地方各级监察委员会对产生它的国家权力机关和上一级监察委员会负责"。一方面,为保证党对反腐败工作的集中统一领导,党的纪律检查机关同监察委员会合署办公,履行纪检、监察两项职责,在领导体制上与纪委的双重领导体制高度一致。监察委员会在行使权限时,重要事项需由同级党委批准;国家监察委员会领导地方各级监察委员会的工作,上级监察委员会领导下级监察委员会的工作,地方各级监察委员会要对上一级监察委员会负责。另一方面,监察委员会由人大产生,就必然要对人大及其常委会负责,并接受其监督。

人大及其常委会对监察委工作的监督是以听取和审议本级监察机关的专项工作报告,以及组织执法检查等形式进行。

监察委员会依据监察法,明确监察范围,实现对所有行使公权力的公职人员监察全覆盖。监察的是"公职人员"而非公职人员所在的"机关",也就是说,监察的是公职人员行使公权力的职务行为,该公职人员所属的单位不是监察委员会的监察对象。

国家监察体制改革在北京、山西、浙江三地试点,试点的结果是较好的。监察委的监督力度比以往的监督更有效。监察委员会拥有监督、调查、处置等职责权限,可以采取12项调查措施,包括谈话、讯问、询问、查询、冻结、调取、查封、扣押、搜查、勘验检查、鉴定、留置。监察委员会的权力也是受制约的。监察法规定,"留置场所的设置和管理依照国家有关规定执行","监察机关发现采取留置措施不当的,应当及时解除";同时提出"采取留置措施后,除有可能毁灭、伪造证据,干扰证人作证或者串供等有碍调查情形的,应当在二十四小时以内,通知被留置人员所在单位和家属","监察机关应当保障被留置人员的饮食、休息和安全,提供医疗服务","违反规定发生办案安全事故,或者发生安全事故后隐瞒不报、报告失实、处置不当的",对负有责任的领导人员和直接责任人员依法给予处理。为保障被调查人合法权利,还规定,"冻结的财产经查明与案件无关的,应当在三日内解除冻结,予以退还","搜查女性的身体,应当由女工作人员进行","查封、扣押的财物、文件经查明与案件无关的,应当在三日内解除查封、扣押,予以退还","监察机关经过调查,对没有证据证明存在违法犯罪行为的,应当撤销案件"。还将可以采取技术调查措施的案件范围,限定在"涉嫌重大贪污贿赂等职务犯罪",并增加规定,"对于不需要继续采取技术调查措施的,应当及时解除"。

第三节 形成监督合力,增强监督的有效性

抓住党员领导干部这个少数,运用各种制度资源,推进监督的有效性和合力,是推进法治中国建设的重要内容。

一、注重领导干部的监督是增强监督有效性的关键环节

(一) 提高领导干部法治素养是增强法治监督有效性的基础

各级领导干部带头尊法、学法、守法、用法,对于实现法治具有重要的意义,对于实现有效的法治监督也具有重要的意义。

各级领导干部,要确立法治思维,提高运用法治思维和法治方式深化改革、推动发展、化解矛盾、维护稳定能力,牢固树立法律红线不能触

碰、法律底线不能逾越的观念,对法律要怀有敬畏之心。领导干部对待法律的态度和他们的办事方式,将对全社会形成办事依法、遇事找法、解决问题用法、化解矛盾靠法的良好法治环境产生重大影响。领导干部依法办事,政府运作的透明度将会提高,行政责任也会明晰,各种来自内、外部的监督更能发挥作用。

为了提高领导干部运用法治思维和法治方式解决问题的能力和水平,目前,必须从基础抓起。根据干部队伍的现状,需要用各种方法,强化法治教育。法治作为治国理政的基本方式,展示党和国家更为强调各级领导干部运用法治思维和法治方式能力,与依法治国的宏观要求相比,其侧重点在于对各级领导干部如何治国理政提出了更为明确和具体的要求。"法治从党领导人民治国的基本方略具体化为领导干部治国理政的基本准则。"①因此,各级领导干部要把握这一要求的深刻内涵,自觉地将已经习惯的行政思维、领导思维、管理思维转变为法治思维,将注重单一行政方式、命令方式、强制方式转变为与法治相结合的治国理政方式。这就要求领导干部成为尊法、学法、守法、用法的带头者、践行者和示范者。

在现实生活中,当讲到法律重要性时,几乎没有领导干部会反对,但做起事来则不然,法律往往会成为他们的累赘。在一些事关民众切身利益的发展决策以及一些执法重点领域,一些领导干部往往会片面地强调出政绩、摆平矛盾,而忽视解决问题方式、方法的合法性,最终导致矛盾多发,甚至激化,最终影响本地区的发展进程。领导干部非法治思维和非法治方式已经成为法治中国建设中的主要阻力。因此,我们要通过各种方式的教育,使他们具有法治思维,并自觉将这些理念内化

---

① 黄文艺:《十八大报告的法治新思想》,《瞭望》2012年第50期。

于心,外化于行。

法律素养不是天生的,只能通过系统的教育和训练才能养成。而具有一定的法律素养是培养和提升法治思维和法治方式能力的前提和基础。当下,从制度层面鼓励、督促领导干部自觉学习法律已经成为基础性要求。领导干部要处理好工作与学习的关系,不能借口工作繁忙而放弃学习。学习不走过场,才能取得预期成效。

从本质上而言,法治是一种实践理性,而这种实践理性的习得不仅是掌握一些法律知识和条文,还需要确立相应的文化理念和价值观念以及生活方式。也就是说,法治思维和法治方式的养成和提升离不开具体的法治实践,法律知识的学习只是为了更为准确和恰当地把握法治实践的要义。正是在这个意义上而言:"法律的生命与其说是一种逻辑,不如说是一种经验。"①正因为如此,是否推行法治实践也成为检验和判断领导干部是否运用法治思维治国理政的标准或基准。

法治实践就是主体运用法律对具体问题进行分析、解决的能力,主要表现为运用法律的程度和依法办事的水平。如何将"纸面上的法律"转变为"行动中的法律",则是法治实践的重大理论和实践问题。但是,我们很多领导干部还囿于传统计划管理体制中行为惯性:注重单一行政命令、政策,用上级命令对下级进行治理等。这种行为习惯还需要在推行法治的实践中进行扬弃。广大领导干部必须具有根据法律规定的内容和程序、法律原则和法治精神进行决策、执法和司法的意识,这些意识一旦形成,法治监督的有效性就有了充分的基础。同时,用一些反面案例警示教育干部也十分必要,将那些有法不依,滥用职权,给国家

---

① [美]霍姆斯:《普通法》,冉昊、姚中秋译,中国政法大学出版社 2006 年版,"前言"。

和公民合法权益造成重大损害、损失的领导干部犯罪事实作为教材,则可以起到事半功倍的效果。

(二)建立适合法治要求的领导干部成长机制,是提高法治监督有效性的重要条件

应当通过推动相关制度的建设和完善,建立适于法治思维与法治方式运用的领导干部成长机制。在制度建设方面,可以从以下几个方面进行切入:

首先,在领导干部的入口,要有制度化的对依法办事能力的考核标准。在各级公务员招录中,在事业单位以及国有企业招录领导干部中,要逐渐加大宪法、法学理论、行政法等法律知识的考察比重。与此同时,要结合所招录岗位的特点、根据岗位设定需要,加大对运用法律的能力方面的考察。在党政领导干部选拔和任命时,将是否具备一定的法律知识和运用法律的能力作为考核的内容。

2010年10月15日,国务院印发的《关于加强法治政府建设的意见》要求"行政机关工作人员特别是领导干部要带头学法、尊法、守法、用法,牢固树立以依法治国、执法为民、公平正义、服务大局、党的领导为基本内容的社会主义法治理念,自觉养成依法办事的习惯,切实提高运用法治思维和法律手段解决经济社会发展中突出矛盾和问题的能力。要重视提拔使用依法行政意识强,善于用法律手段解决问题、推动发展的优秀干部。"而善于将法治思维和法治方式的运用于立法、执法、司法和守法的实践之中,则需要反复学习和不断锻炼。同时,应把好领导干部入口关,注重法治思维和法治方式的培养和训练,这样,领导干部的整体法治素养将会有显著提高。

其次,将"法治指标"引入绩效考核之中。过去政绩考核体系多重视经济、社会、环境等诸方面,缺少对依法执政、依法行政、依法决策等内容的考核。有些地方领导干部为了谋求政绩,考虑较多的是 GDP 增长,缺少对法治建设的关注。因此,需要建立科学的干部政绩考核和选拔任用机制,建立与"法治作为治国理政基本方式"要求相适应的干部绩效考核评价机制。

改革开放以来,有些地方已经做过这方面的探索,如干部上岗任职前的法律知识考试、行政首长行政诉讼出庭统计、工作案例法治评估等,有的已经具有推广价值,可以将这些成功经验转化为相关考核指标。当然,设置考核指标,一定要注意科学性,突出对其运用法治思维、法治方式解决问题的能力考察。与此同时,把领导干部运用法治思维和法治方式深化改革、推动发展等情况,与奖励惩处、任免挂钩,作为领导干部调动、提拔和奖励的依据。考核指标是引导干部行为的指挥棒,运用得好,可以提升领导干部运用法治思维和法治方式的能力和水平,成为推进依法治国的动力和抓手。

再次,建立健全对领导干部违法行为的责任追究制度。各级领导干部要按照法治中国建设的要求,不断提升治国理政的水平和能力。对那些不屑尊法守法,滥用权力的领导干部,要及时采取措施;对造成严重后果者,要依法追究领导干部的法律责任。

经济社会的发展,使得现在面临的问题具有高度的关联性、复杂性,民主决策、科学决策的要求日益提高。可是,实践中,"拍脑袋决策,拍胸脯保证,拍屁股走人"的情况屡见不鲜,给国家带来巨大损失。因此,一方面要健全科学决策的程序;另一方面,要加大责任追究的力度,要让问责制落到实处。对那些不依法办事,给国家、社会和公民利益带来重大损失的领导干部,要严格追究其法律责任,促使广大干部确立法治思维,提高运用法治思维和法律方式治国理政的能力和水平。

二、强化法治监督体系的有效实现方式

（一）设置科学、可行的考核指标

科学有效的考核，对强化法治监督体系具有重要意义。改进现有公权力的考核机制，形成严密的法治监督体系的基础性工作。针对现状，需要认真研究考核指标问题。在这方面，我们是有教训的。过去，由于对 GDP 增长的考核，导致有些党政干部把发展理解为经济发展，把经济发展理解为 GDP 增长，形成唯 GDP 论。其后果是经济与社会发展脱节，与生态环境建设脱节，引发一系列社会矛盾和问题。如设定一些不可行的指标，特别是"一票否决制"的泛化，导致与考核初衷相悖的情况大量出现。例如，"命案必破"的考核压力，诱发"不破不立"（不破案便不立案），或冤案错案的发生。"零上访"的考核压力，引发地方上用"盯牢、看死"的方法限制上访人员的人身自由，甚至导致国家信访局的官员成为寻租的对象。更大的危害是，不恰当运用"一票否决"的办法，会使得本来很好的纠错机制发生扭曲。很多地方刻意压低行政诉讼中政府部门的败诉率，其结果是，官民矛盾没有化解，行政诉讼的纠错功能被削弱了。

（二）充分发挥法治监督体系的整体效应

有效的监督应该具有发现问题的能力，为此，各种形式的监督要相互协同。所谓体系，应该是内部结构合理，相互协调的，而不是单打独斗的，是能够具有发现问题的。不能发现问题，监督就难免流于形式，徒有虚名。贪腐行为总会有蛛丝马迹显露出来，一旦察觉，就需要顺藤摸瓜、紧追不舍。如果监督是铁路警察，各管一段，那么，一些迹象、线索会被忽略。因此，发现问题，还要有后续的衔接，工作要坐实。否则，一旦出现问题，就已经"数额巨大"了。对此，应当按照法治体系建设的

要求,进一步加强监督体系建设,让其符合"严密"的要求。目前,各项监督提升的空间是很大的,各管一段,仍然有不少的空隙,很多时候,不是监督越位或者太过,而是监督缺失或者不到位。这与办关系案、人情案,甚至金钱案还不是一回事。

(三) 应当加强重点领域和关键环节的权力运行监督

对政府公权力的制约,尤其是重点领域和关键环节的监督制约,是当前法治政府建设的重点和难点。如对财政预算和公共资金缺乏必要的监督,使国家遭受巨大的损失,也使政府的权威大量流失。在过去的三十多年里,政府主导的经济体制改革所取得的成功,以及依法治国方略的实施近三十年来,民主与法治建设取得的巨大成绩,使政府积累了一定的政治资源。但是,由于公共财政制度不健全,以及对财政预算和公共资金的监督不到位,致使一些地方政府在涉及利益争执的社会矛盾中,往往成为利益争执的一方。

政府处于利益争执之中,其政治权威自然会受损,调处社会矛盾的能力也会减弱。再加上官民之间的信息不对称,群众对政府的信任感会进一步消减,于是相互之间很容易形成冲突。当政府处于利益争执之中,无力化解社会矛盾时,社会矛盾就会升级,导致无政府状态的出现;或者因矛盾的一方对当地政府缺乏信任而寻求上级政府的介入,形成上访。

根据现有的条件,在现存制度框架内,进一步加强对财政预算和公共资金的监管是有工作基础的。首先,各级政府日益重视提高公共财政的使用效率;其次,加强对财政预算和公共资金的监督有制度基础。在改进预算监督方面,还应当将预算外资金纳入监督范围,现在预算外资金不受制约是导致腐败高发的重要原因,也使得人大对于预算编制的信息掌握得很不充分,和政府间存在着信息不对称的情况。人大在行使预算审查监督权方面,应当从形式审查转向真正触及具体内容的实质审查发展。

结　　语

法治中国是多少代志士仁人向往的状态和境界。近代以来,一百多年的艰苦探索,并未使中国摆脱人治的枷锁,走向法治,法治梦仍然与现实很遥远。

1978年实行改革开放以来,中国社会发生了翻天覆地的变化,法治的需求空前旺盛,实现法治的条件以前所未有的速度在成就。特别是党的十八大以来,习近平总书记提出了"把权力关进制度的笼子"这个体现法治核心价值的重要理念,并成为全党的共识。社会主义法治规范体系的各项内容正在得到有效实施,党内法规体系也在发挥作用,执政党成员滥用手中掌握的权力的情况得到了有效遏制,权力不受制约的情况正在改变。全面依法治国,建设社会主义法治国家这个治国方略在逐步得到实施,威力在日益发挥。可以说,现在是距离法治中国梦最近的时代。

法治已经成为经济社会发展的内在需求。市场经济是法治经济,法律为市场经济的正常运行,提供了基本运行规则和秩序,满足了经济社会发展的需要。随着经济社会进一步发展,人们互动和交往会出现新的问题,需要法律介入加以处理,经济越发展,对法律的要求也越高。法治中国建设,进入了这样一个必须适应经济社会发展新需求的阶段。

　　法治已经成为广大人民群众的强烈呼求。改革开放之初,我们没有几乎经历商品经济社会,社会成员的平等、民主、权利意识普遍薄弱。长期的计划经济之下,人们有"单位"概念,什么事都靠单位,自己也属于"单位",完全没有自我。经历四十年改革开放,随着市场经济的确立和发展,人们的民主、平等、自由、权利、法治意识普遍得到提高。广大人民群众在物质生活改善的同时,对精神文明、制度文明、生态文明有了更高的需求,对更美好的生活有着憧憬和向往。实现法治中国的梦,就是对美好生活的向往和追求。

　　经济社会的发展,为法治中国的实现奠定了一定基础。法治对于极度贫穷的社会是奢侈品。今天的中国,已经成为世界第二大经济体,但是,我们仍然是发展中国家,我们的人均 GDP 排在世界第 70 位。为此,我们还要坚持改革开放,努力把经济和社会发展搞上去,尽早进入世界强国之列。法治与发展是同步的,相信经过几代人持续的努力,实现法治的基础会更趋坚实,法治实施的软环境也会更加理想。党的十九大提出,在 2020 年全面建成小康社会的基础上,再用两个十五年,到 2050 年,也就是新中国成立 100 年的时候,把我们国家建成社会主义现代化强国。这为实现法治中国提供了厚实的基础。届时,全社会的物质文明、精神文明等都是今天所不可比拟的。这使我们对未来充满信心,对经过几代人的努力,将中国建成法治国家持乐观态度。

　　"罗马城不是一天建成的",法治中国不可能在短时期内建成,我们要做的工作还很多。我们清醒地看到,我国缺少法治的历史传统。漫长的五千年历史,并没有给我们留下法治的传统,封建社会强调"君君臣臣父父子子"、"普天之下,莫非王土,率土之滨,莫非王臣"的人伦秩序,这样的文化无形中侵害着党和国家健康的肌体,即使在现在,仍很多人对"权利"、"权力"认识错位,对公民权利漠视,而对公权力顶礼膜拜,认为有权力就有一切,他们蔑视法律,蔑视对公权力的制约。党的十八大以来查处大批腐败分子的事实证明了这一点。

"熟人社会"这一在中国普遍的社会现象,影响着法治的实施。至今,不仅在农村,即使在城市,讲关系、打招呼之风仍很盛行。讲关系、打招呼,实际上是谋求差别对待,这是与法治精神完全相悖的。讲关系、打招呼盛行的程度,也与工作责任心强弱有很强的相关性。如果大家普遍具有很强的工作责任心,把手头的工作都做到尽可能精细,甚至无可挑剔,讲关系、打招呼也就失去意义了。可惜,现实与理想状态有差距。资源稀缺、工作责任心不强、服务精神缺失,等等,都会导致"熟人"文化有滋生的空间。由此可见,法治的实现与文化等因素密切相关,而文化的改变不可能在短期内实现,这也决定了法治建设的艰巨性、长期性。

在本书即将完稿时,全国观众从电视上看到了一出惊心动魄的惨剧。因为要公交车违规中途停车的要求没被满足,一名妇女用手机砸司机脑袋,司机腾出手还击,导致车辆失控,冲过大桥护栏载入长江,车上十余名乘客的生命瞬间消失。更严重的是,在这惨剧发生后不足一个月的时间里,全国陆续出现二十余次相似的情形。可见,法治中国建设的起点是不高的。

法治中国建设的希望在未来。过去,几代人间都差异不大,相同的价值观,相同的处事方式,使得代际之间的进步相对缓慢。现在,代际差异在扩大。"80 后"会认为与"90 后"有很大差异,"90 后"又认为与"00 后"存在很大差异。这种现象说明,社会发展和进步很快。现在的青年人规则意识、权利边界意识普遍较强,系统的教育也使他们的学识也好于前辈,这都是实现法治的有利条件。

更主要的是,中国共产党作为执政党,高度重视法治建设,重视社会主义法治体系建设，全面依法治国，通过各种措施，力图管住领导干部这个关键少数。同时，扎扎实实地从法治建设的基础做起，加强弘扬优秀传统文化，强调修身、齐家，让社会主义核心价值观不断渗透到社会生活中，以实现每个人的全面发展。这是符合法治中国建设之需的正确道路。

习近平总书记强调"不提不切实际的口号，不提超越阶段的目标，不做不切实际的事情"。在大家对法治抱有极高期望的当下，这几句话显得格外清醒，具有醍醐灌顶的作用。法治建设任重道远，既不能好高骛远，又不能无所作为。只有抓紧当下，做好正在做的事，才能最快地接近法治中国的目标。

后　记

　　本书导论、结语由沈国明撰写;第一章由汪娜撰写;第二章与第三章第一、二节由宋伟哲撰写;第三章第三节至第六节与第四章至第七章由沈国明、孙建伟撰写。

　　全书由沈国明总统稿,宋伟哲参与部分统稿。

　　由于时间仓促,书中的不足和缺点,还恳请广大读者批评指正。

沈国明

2018 年 11 月 30 日

图书在版编目(CIP)数据

探索中的法治道路/沈国明著;上海市中国特色社
会主义理论体系研究中心,上海市社会科学界联合会编
.—上海:上海人民出版社,2018
(法治中国建设)
ISBN 978 - 7 - 208 - 15603 - 6

Ⅰ.①探… Ⅱ.①沈… ②上… ③上… Ⅲ.①社会主
主法制-建设-研究-中国 Ⅳ.①D920.0

中国版本图书馆 CIP 数据核字(2018)第 279204 号

责任编辑 秦 堃
封面设计 一本好书

探索中的法治道路
沈国明 著
上海市中国特色社会主义理论体系研究中心
上 海 市 社 会 科 学 界 联 合 会 编

出 版 上海人民出版社
　　　　　(200001 上海福建中路 193 号)
发 行 上海人民出版社发行中心
印 刷 常熟市新骅印刷有限公司
开 本 720×1000 1/16
印 张 19
插 页 2
字 数 222,000
版 次 2018 年 12 月第 1 版
印 次 2019 年 8 月第 2 次印刷
ISBN 978 - 7 - 208 - 15603 - 6/D·3333
定 价 75.00 元